铁军风采

中国石油化工集团有限公司
石油工程金银牌队伍管理经验案例

2020-2021

中石化石油工程技术服务股份有限公司◎著

中国经济出版社
CHINA ECONOMIC PUBLISHING HOUSE
中国石化出版社
HTTP://WWW.SINOPEC-PRESS.COM

图书在版编目（CIP）数据

铁军风采：中国石油化工集团有限公司石油工程金银牌队伍管理经验案例／中石化石油工程技术服务股份有限公司著．--北京：中国经济出版社：中国石化出版社，2023.10

ISBN 978-7-5136-7467-6

Ⅰ.①铁… Ⅱ.①中… Ⅲ.①石油化工企业-工业企业管理-案例-中国 Ⅳ.①F426.22

中国国家版本馆 CIP 数据核字（2023）第 180071 号

策划编辑 姜 静
责任编辑 孙晓霞
责任印制 马小宾
封面设计 任燕飞

出版发行 中国经济出版社
印 刷 者 北京富泰印刷有限责任公司
经 销 者 各地新华书店
开　　本 787mm×1092mm 1/16
印　　张 19.5 **彩　页** 3
字　　数 400 千字
版　　次 2023 年 10 月第 1 版
印　　次 2023 年 10 月第 1 次
定　　价 198.00 元
广告经营许可证 京西工商广字第 8179 号

中国经济出版社 **网址** www.economyph.com **社址** 北京市东城区安定门外大街 58 号 **邮编** 100011
本版图书如存在印装质量问题，请与本社销售中心联系调换（联系电话：010-57512564）

撰稿指导委员会

主　　任　陈锡坤　袁建强

副 主 任　张锦宏　王　军　程中义　杜　坤　孙丙向

撰写组

主　　任　柯越华

副 主 任　张瑞民　刘子勇　张晓刚　朱于清　肖正国　陈　渝　余中岳　柯　涛　王兴文　梁　涛　钱惠杰　龚利波

撰写人员　梁　伟　田其中　宁　波　赵立新　张　强　吴延泽　袁　哲　毋　焱　宋国涛　刘　军　肖本利　徐向东　胡小明　刘　郢　杜秋霞　李　平　雷巨鹏　王雅璇　李　梅　李华伟　成华强　张国亮　许军富　熊立新　王曙光　李育双　朱　举

序

“基础不牢、地动山摇”。“三基”工作是石油石化行业的优良传统和管理基因，是夯实基础管理工作、推进企业发展的“传家宝”。“抓‘三基’、强基础”不仅是中国石化坚决贯彻习近平总书记确保安全生产重要指示精神的具体举措，更是石油工程公司传承石油精神、弘扬石化传统，打造世界一流技术先导型油服公司的必由之路。

十年栉风沐雨，十载春华秋实。在共同庆祝中国石化成立40周年的关键节点，石油工程公司也迎来了十周岁生日。近年来，公司以“服务勘探开发、保障国家能源安全”为己任，持之以恒抓“三基”，以“标准化现场、标准化管理、标准化操作”基层标准化体系建设为重点，固本培元，扬优势、强弱项；以“四提”“五化”为核心，全面实现稳油增气降本迈上新台阶；以“两池两库一平台”为依托，创新高效管理体制机制，持续提高项目盈利能力和市场竞争力。公司新签合同额、钻井进尺和营业收入连创新高，深化改革、精简机构、优化队伍、盘活用工红利逐步释放，成功进入“中国上市企业前200强”，掀开了石油工程波澜壮阔的改革发展新篇章。

“芳林新叶催陈叶，流水前波让后波”。作为“抓‘三基’、强基础”的重要抓手，自2002年开始，集团公司在系统内开展以“金银牌基层队评比”

为主要内容的打造石油工程铁军工作。历次精心编著的《铁军风采》，收录了受到集团公司表彰的千余支优秀基层队的典型经验和亮点做法，展示了几代石油工程人将苦干实干、“三老四严”、求真务实、精细严谨的铁军精神融入时代血脉，助力赋能高质量发展的豪情壮志。特别是刚刚过去的两年，在严峻的疫情形势下，十万铁军守初心、讲奉献、敢担当，以骄人的业绩拓市图强、攻坚克难、创新求变，其经验更具推广价值和应用实效，希望大家在实践中认真学习借鉴，全面提升驾驭企业和应对复杂多变环境的能力和水平。

征程万里风正劲，重任千钧再出发。“抓‘三基’、强基础”，打造石油工程铁军不可能一蹴而就，贵在坚持不懈、与时俱进、务实重效。广大石油工程铁军要以千锤百炼始成钢的决心和毅力，牢记嘱托绘新卷、满怀信心再启航，在新的历史起点上踔厉奋发，高质量建设世界一流技术先导型油服公司。

关于表彰中国石油化工集团有限公司 2020—2021年度石油工程金牌标杆基层队 金银牌基层队和优秀基层管理者的决定

2020—2021年，石油工程系统深入学习贯彻习近平总书记视察胜利油田重要指示精神，以端牢能源饭碗为使命，全面增强勘探开发保障能力，全力推进“四提”“五化”，涌现出一批“基础扎实、素质过硬、管理领先、务实高效”的基层队伍及管理人员。

为了表彰先进，树立典型，根据《中国石油化工集团公司创建石油工程金银牌基层队活动管理办法》（中国石化工〔2011〕80号），决定授予胜利石油工程公司黄河钻井总公司70183SL队等12支基层队“金牌标杆基层队”称号，授予中原石油工程公司钻井一公司70132ZY队等100支基层队“金牌基层队”称号，授予江汉石油工程公司钻井一公司50143JH队等156支基层队“银牌基层队”称号，授予古秀留等100名同志“优秀基层管理者”称号。

希望受到表彰的集体和个人珍惜荣誉、戒骄戒躁，在新征程上再创佳绩。石油工程各单位要广泛宣传推广先进典型经验，激励基层队伍对标一流、奋勇争先，持续夯实“三基”工作，打造石油工程铁军，推动石油工程高质量发展，为中国石化建设世界领先洁净能源化工公司再做新贡献。

附件：1. 2020—2021年度石油工程金牌标杆基层队

2. 2020—2021年度石油工程金牌基层队

3. 2020—2021年度石油工程银牌基层队

4. 2020—2021年度石油工程优秀基层管理者

中国石化集团公司

2023年2月8日

附件 1

2020—2021 年度石油工程金牌标杆基层队
（12 支）

胜利石油工程公司黄河钻井总公司 70183SL 钻井队

胜利石油工程公司井下作业公司海洋试修工程部试油一队

中原石油工程公司海外工程公司 SINO-25 队

江汉石油工程公司井下测试公司地层测试中心

西南石油工程公司钻井一分公司 70142XN 钻井队

华北石油工程公司井下作业分公司 HB-YL201 压裂队

华东石油工程公司工程技术分公司 HD605 固井队

海洋石油工程公司上海钻井分公司勘探三号平台

地球物理公司胜利分公司 SGC2101 地震队

石油工程建设公司石油工程设计公司海洋工程设计所

石油工程建设公司河南油建公司华南项目管理部

经纬公司胜利测井公司 SLCJ6-C-2-L 队

附件 2

2020—2021 年度石油工程金牌基层队
（100 支）

金牌钻井队（44 支）

胜利石油工程公司黄河钻井总公司 40569SL 队

胜利石油工程公司黄河钻井总公司 40577SL 队

胜利石油工程公司黄河钻井总公司 50869SL 队

胜利石油工程公司渤海钻井总公司 40217SL 队

胜利石油工程公司渤海钻井总公司 50619SL 队

胜利石油工程公司渤海钻井总公司 50691SL 队

胜利石油工程公司塔里木分公司 70650SL 队

胜利石油工程公司塔里木分公司 99101SL 队

胜利石油工程公司西南分公司 70176SL 队

胜利石油工程公司海洋钻井公司胜利十号钻井平台

胜利石油工程公司沙特项目部 SP160 队

胜利石油工程公司科威特项目部 SINOPEC-212 队

中原石油工程公司钻井一公司 70132ZY 队

中原石油工程公司钻井一公司 70333ZY 队

中原石油工程公司钻井二公司 50487ZY 队

中原石油工程公司钻井二公司 50737ZY 队

中原石油工程公司钻井二公司 70227ZY 队

中原石油工程公司钻井三公司 40599ZY 队

中原石油工程公司钻井三公司 40728ZY 队

中原石油工程公司塔里木分公司 70172ZY 队

中原石油工程公司塔里木分公司 90107ZY 队
中原石油工程公司西南钻井分公司 70117ZY 队
中原石油工程公司西南钻井分公司 90106ZY 队
中原石油工程公司海外工程公司 SINO-11 队
江汉石油工程公司钻井一公司 70231JH 队
江汉石油工程公司钻井一公司 70765JH 队
江汉石油工程公司钻井二公司 70222JH 队
江汉石油工程公司钻井二公司 70635JH 队
江汉石油工程公司钻井二公司 90108JH 队
西南石油工程公司重庆钻井分公司 70148XN 队
西南石油工程公司重庆钻井分公司 70219XN 队
西南石油工程公司湖南钻井分公司 70687XN 队
西南石油工程公司钻井一分公司 70149XN 队
华北石油工程公司五普钻井分公司 40837HB 钻井队
华北石油工程公司河南钻井分公司 30908HB 钻井队
华北石油工程公司河南钻井分公司 70828HB 钻井队
华北石油工程公司西部分公司 90105HB 钻井队
华北石油工程公司西部分公司 90152HB 钻井队
华北石油工程公司国际公司 SINOPEC259 钻井队
华东石油工程公司江苏钻井公司 40767HD 队
华东石油工程公司江苏钻井公司 70461HD 队
华东石油工程公司六普钻井公司 50516HD 队
华东石油工程公司六普钻井公司 70268HD 队
海洋石油工程公司上海钻井分公司勘探七号

金牌地震队（5 支）

地球物理公司胜利分公司 SGC2102 地震队

地球物理公司华北分公司 SGC2113 地震队

地球物理公司华东分公司 SGC2121 地震队

地球物理公司南方分公司 SGC2131 地震队

地球物理公司国际业务发展中心 SINOPEC351 地震队

金牌测井队（7 支）

经纬公司胜利测井公司 SLCJ3-C-13-L 队

经纬公司胜利测井公司 SLCJ4-C-1-L 队

经纬公司中原测控公司 ZYCJ203 队

经纬公司江汉测录井分公司 JH-QY003 队

经纬公司西南测控公司 XN302 队

经纬公司华北测控公司 HB001 队

经纬公司华东测控分公司 HD211 队

金牌射孔队（2 支）

经纬公司胜利测井公司 SLCJ2-S-14-S 队

经纬公司江汉测录井分公司 JH-SK006 队

金牌录井队（10 支）

经纬公司胜利地质录井公司 SL211 队

经纬公司胜利地质录井公司 SL223 队

经纬公司胜利地质录井公司 SL274 队

经纬公司中原测控公司 ZY613 队

经纬公司中原测控公司 ZY813 队

经纬公司中原测控公司岩屑图像录井队

经纬公司江汉测录井分公司 JH-LJ023 队

经纬公司江汉测录井分公司定测录导一体化技术中心

经纬公司西南测控公司 XN062 队
经纬公司华北测控公司 HB003 队

金牌固井队（4 支）

胜利石油工程公司固井技术服务中心固井四中队
胜利石油工程公司钻井工艺研究院石油完井研究所
中原石油工程公司固井公司西南项目部
江汉石油工程公司钻井一公司西南固井队

金牌定向井队（4 支）

经纬公司胜利定向井公司定向工程一部
经纬公司胜利定向井公司定向工程二部
经纬公司江汉测录井分公司定向技术服务中心
经纬公司华东测控分公司定向技术服务项目部

金牌酸化压裂队（5 支）

胜利石油工程公司井下作业公司酸化压裂 1 队
中原石油工程公司井下特种作业公司 ZY- 酸化压裂七队
江汉石油工程公司井下测试公司 JH-YL106 酸化压裂队
西南石油工程公司井下作业分公司酸化压裂三队
华东石油工程公司华美孚泰公司 HMFTYL-01 队

金牌试油（气）队（3 支）

胜利石油工程公司井下作业公司试油作业 22 队
中原石油工程公司井下特种作业公司 ZY-SY811 队
西南石油工程公司井下作业分公司试油（气）九队

金牌修井队（1 支）

中原石油工程公司井下特种作业公司 ZY–DX844 队

金牌连续油管队（1 支）

江汉石油工程公司页岩气开采技术服务公司 JH–CT101 队

金牌海洋船舶队（1 支）

海洋石油工程公司上海船舶分公司勘探 312 轮

金牌侧钻队（1 支）

胜利石油工程公司井下作业公司浅钻（侧钻）4 队

金牌石油工程建设队（12 支）

石油工程建设公司胜利油建公司第四项目管理部

石油工程建设公司胜利油建公司第七项目管理部

石油工程建设公司中原油建公司电气分公司

石油工程建设公司胜利建工公司第一项目管理部

石油工程建设公司胜利建工公司第三项目管理部

石油工程建设公司中原建工公司沙特工程项目管理部

石油工程建设公司江汉油建公司山东管网南干线项目部

石油工程建设公司江苏油建公司华北区域项目管理部

石油工程建设公司江苏油建公司东非区域项目管理部

石油工程建设公司石油工程设计公司工程勘察公司

石油工程建设公司中原设计公司地面工艺设计所

石油工程建设公司江汉设计公司西南项目部

附件3

2020—2021年度石油工程银牌基层队
（156支）

银牌钻井队（62支）

胜利石油工程公司黄河钻井总公司40179SL队

胜利石油工程公司黄河钻井总公司40536SL队

胜利石油工程公司黄河钻井总公司40537SL队

胜利石油工程公司黄河钻井总公司40548SL队

胜利石油工程公司黄河钻井总公司50107SL队

胜利石油工程公司黄河钻井总公司70185SL队

胜利石油工程公司渤海钻井总公司30426SL队

胜利石油工程公司渤海钻井总公司40540SL队

胜利石油工程公司渤海钻井总公司40600SL队

胜利石油工程公司渤海钻井总公司50689SL队

胜利石油工程公司渤海钻井总公司50775SL队

胜利石油工程公司塔里木分公司80121SL队

胜利石油工程公司塔里木分公司80123SL队

胜利石油工程公司西南分公司70778SL队

胜利石油工程公司海洋钻井公司新胜利五钻井平台

胜利石油工程公司科威特项目部SINOPEC-281队

中原石油工程公司钻井一公司50707ZY队

中原石油工程公司钻井一公司70225ZY队

中原石油工程公司钻井二公司50206ZY队

中原石油工程公司钻井二公司50753ZY队

中原石油工程公司钻井二公司 70719ZY 队
中原石油工程公司钻井三公司 50592ZY 队
中原石油工程公司钻井三公司 70811ZY 队
中原石油工程公司塔里木分公司 70136ZY 队
中原石油工程公司塔里木分公司 70730ZY 队
中原石油工程公司西南钻井分公司 70165ZY 队
中原石油工程公司西南钻井分公司 70167ZY 队
中原石油工程公司西南钻井分公司 70339ZY 队
中原石油工程公司海外工程公司 SINOPEC174 队
中原石油工程公司海外工程公司 SINOPEC285 队
江汉石油工程公司钻井一公司 50143JH 队
江汉石油工程公司钻井一公司 50785JH 队
江汉石油工程公司钻井一公司 70130JH 队
江汉石油工程公司钻井一公司 70221JH 队
江汉石油工程公司钻井二公司 50806JH 队
江汉石油工程公司钻井二公司 70126JH 队
江汉石油工程公司钻井二公司 70152JH 队
江汉石油工程公司钻井二公司 70209JH 队
江汉石油工程公司国际合作公司 SINOPEC219 队
西南石油工程公司重庆钻井分公司 50129XN 队
西南石油工程公司重庆钻井分公司 70138XN 队
西南石油工程公司重庆钻井分公司 90131XN 队
西南石油工程公司重庆钻井分公司 70141XN 队
西南石油工程公司湖南钻井分公司 70196XN 队
西南石油工程公司湖南钻井分公司 SP271 队
西南石油工程公司钻井一分公司 50772XN 队
西南石油工程公司钻井一分公司 70789XN 队

西南石油工程公司钻井一分公司 70839XN 队
华北石油工程公司五普钻井分公司 50407HB 队
华北石油工程公司五普钻井分公司 50846HB 队
华北石油工程公司河南钻井分公司 70187HB 队
华北石油工程公司河南钻井分公司 30406HB 队
华北石油工程公司西部分公司 90103HB 队
华北石油工程公司西部分公司 70191HB 队
华北石油工程公司国际公司 SP229 队
华东石油工程公司江苏钻井公司 40671HD 队
华东石油工程公司江苏钻井公司 50768HD 队
华东石油工程公司江苏钻井公司 70833HD 队
华东石油工程公司江苏钻井公司 80103HD 队
华东石油工程公司六普钻井公司 50510HD 队
华东石油工程公司六普钻井公司 50512HD 队
海洋石油工程公司上海钻井分公司勘探六号

银牌地震队（9 支）

地球物理公司胜利分公司 SGC2104 地震队
地球物理公司胜利分公司 SGC2105 地震队
地球物理公司胜利分公司 SGC2109 地震队
地球物理公司华北分公司 SGC2116 地震队
地球物理公司华东分公司 SGC2118 地震队
地球物理公司南方分公司 SGC2138 地震队
地球物理公司南方分公司 SGC2141 地震队
地球物理公司地理地质信息勘查分公司 SGC2127 地震队
海洋石油工程公司上海物探分公司勘 407 轮

银牌测井队（18 支）

海洋石油工程公司上海特殊作业分公司 SH-CJ101 队

经纬公司胜利测井公司 SLCJ3-C-14-L 队

经纬公司胜利测井公司 SLCJ4-C-8-L 队

经纬公司中原测控公司 ZYCJ102 队

经纬公司中原测控公司 ZYCJ118 队

经纬公司中原测控公司 ZYCJ308 队

经纬公司江汉测录井分公司 JH-CJ005 队

经纬公司江汉测录井分公司 JH-CJ022 队

经纬公司西南测控公司 XN301 队

经纬公司西南测控公司 XN304 队

经纬公司西南测控公司 XN306 队

经纬公司华北测控公司 HB002 队

经纬公司华北测控公司 HB006 队

经纬公司华北测控公司 HB015 队

经纬公司华北测控公司 HB018 队

经纬公司华东测控分公司 HD203 队

经纬公司华东测控分公司 HD210 队

经纬公司华东测控分公司 HD301 队

银牌射孔队（5 支）

经纬公司胜利测井公司 SLCJ1-S-6-S 队

经纬公司胜利测井公司 SLCJ2-S-17-S 队

经纬公司中原测控公司 ZYCJ415 队

经纬公司江汉测录井分公司 JH-SK005 队

经纬公司江汉测录井分公司 JH-SK010 队

银牌录井队（14 支）

经纬公司胜利地质录井公司 SL218 队

经纬公司胜利地质录井公司 SL227 队

经纬公司胜利地质录井公司 SL234 队

经纬公司胜利地质录井公司 SL238 队

经纬公司中原测控公司 ZY220 队

经纬公司中原测控公司 ZY615 队

经纬公司江汉测录井分公司 JH-LJ009 队

经纬公司西南测控公司 XN001 队

经纬公司西南测控公司 XN039 队

经纬公司华北测控公司 HB039 队

经纬公司华北测控公司 HB079 队

经纬公司华北测控公司 HB084 队

经纬公司华东测控分公司 HD110 队

经纬公司华东测控分公司 HD011 队

银牌固井队（3 支）

胜利石油工程公司固井技术服务中心固井三中队

西南石油工程公司固井分公司固井三队

华北石油工程公司井下作业分公司 HB-1401 固井队

银牌定向井队（4 支）

经纬公司中原测控公司定向技术服务中心

经纬公司西南测控公司定向技术服务中心

经纬公司华北测控公司南阳项目部定向队

经纬公司华北测控公司鄂北项目部定向队

银牌酸化压裂队（7 支）

胜利石油工程公司井下作业公司酸化压裂 3 队

中原石油工程公司井下特种作业公司 ZY- 酸化压裂五队

中原石油工程公司井下特种作业公司 ZY- 酸化压裂六队

江汉石油工程公司井下测试公司 JH-YL103 酸化压裂队

江汉石油工程公司井下测试公司 JH-YL107 酸化压裂队

西南石油工程公司井下作业分公司酸化压裂一队

华北石油工程公司井下作业分公司 HB-YL203 压裂队

银牌试油（气）队（8 支）

胜利石油工程公司井下作业公司试气作业 1 队

胜利石油工程公司井下作业公司试油作业 10 队

胜利石油工程公司井下作业公司试油作业 11 队

胜利石油工程公司井下作业公司试油作业 15 队

中原石油工程公司井下特种作业公司 ZY-SY805 队

中原石油工程公司井下特种作业公司 ZY-SY809 队

中原石油工程公司井下特种作业公司 ZY-SY812 队

江汉石油工程公司井下测试公司 JH-SY158 试油（气）队

银牌测试队（2 支）

胜利石油工程公司井下作业公司地层测试二中队

江汉石油工程公司井下测试公司 JH-DJ001 地面计量队

银牌修井队（6 支）

中原石油工程公司井下特种作业公司 ZY-DX849 队

中原石油工程公司海外工程公司 RIG2064 队

中原石油工程公司海外工程公司 SINOPEC992 队

江汉石油工程公司井下测试公司 JH-XJ107 队

华北石油工程公司国际公司 SP994 队

华东石油工程公司海外业务中心 SINOPEC984 队

银牌连续油管队（2 支）

中原石油工程公司井下特种作业公司 ZY- 连续油管作业 1 队

江汉石油工程公司页岩气开采技术服务公司 JH-CT108 队

银牌侧钻队（1 支）

胜利石油工程公司井下作业公司侧钻 3 队

银牌石油工程建设队（15 支）

石油工程建设公司胜利油建公司第三项目管理部

石油工程建设公司胜利油建公司第五项目管理部

石油工程建设公司胜利油建公司东营项目管理部

石油工程建设公司胜利油建公司巴州项目管理部

石油工程建设公司胜利油建公司海洋工程公司

石油工程建设公司胜利油建公司泰国区域项目部

石油工程建设公司中原油建公司普光气田地面工程应急抢修中心

石油工程建设公司中原油建公司华北工程项目管理部

石油工程建设公司中原油建公司内蒙工程项目管理部

石油工程建设公司中原油建公司江浙工程项目管理部

石油工程建设公司中原设计公司濮阳区域项目部

石油工程建设公司石油工程设计公司管道工程设计所

石油工程建设公司石油工程设计公司油气工艺设计所

石油工程建设公司石油工程设计公司新疆分公司

石油工程建设公司江汉设计公司设计部

附件4

2020—2021年度石油工程优秀基层管理者
（100名）

古秀留	张　龙	于　洋	渠红勇	李松年	廖　悠	段明德
张洪文	刘安军	董广华	李洪友	朱伟委	韩　韬	李小勇
毛志亮	王宏义	朱于清	刘荣贵	周军伟	杨臣金	刘长江
潘　斌	赵春来	杜高举	方　康	周亚军	梁应红	韩海燕
王　鹏	刘　浩	陈士云	彭　浩	刘　郢	左　城	刘　杰
陈　然	薛凤龙	栾风顺	江建兵	朱传云	林　川	张　俊
刘振兴	陈　磊	李小龙	马　焦	杜秋霞	吴显盛	翟腾飞
郑泽民	陈　鹏	李红伟	姚长青	吉　翔	周伟锋	王强业
王海涛	雷巨鹏	盛　杰	陈　鹏	贺　杨	刘军康	姜道勇
刘　艺	杲慧军	史吉辉	张异彪	曹太云	宋　盟	吕长春
曹　鹏	李　浩	杜广滨	倪志敏	李汉光	李明忠	李　梅
李金洪	冯春健	李广志	张　忱	卢　明	金永旺	李行行
吴　强	周　铨	王忠刚	闫　涛	黄珊珊	秦　磊	王国庆
李　峰	李红创	石　锦	刘殿清	王栋承	曹家卫	蔺秀明
成华强	徐明杰					

铁军风采

12 支标杆队

施工

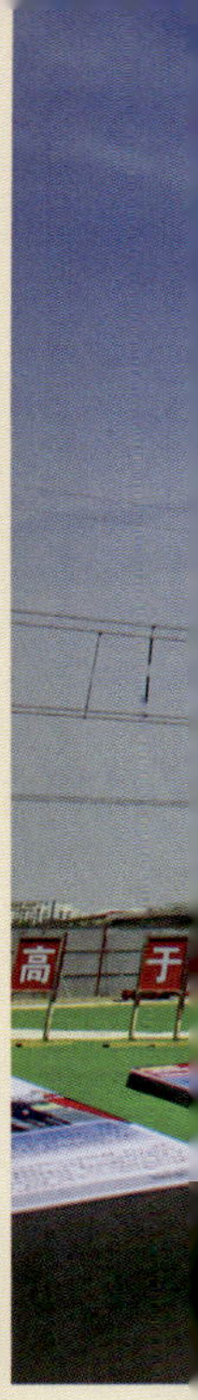

1. 战功卓著“功勋队”

——胜利石油工程公司黄河钻井总公司 70183SL 钻井队

面对胜利页岩油钻探诸多世界级难题，该队迎难而上、攻坚克难，创新实施“三联”工作法，为“向地球深部进军”积累了有益经验。2021 年 10 月 21 日，习近平总书记视察该队时，强调“石油战线这面旗帜，还要在新时代继续飘扬”“大庆精神、铁人精神就是整个石油战线的精神”。该队牢记总书记殷切嘱托，高质量打造非常规、高难度井标杆工程，再立新功，再创佳绩，在保障国家能源安全、服务油田增储上产中扛红旗、争一流，成为中国石化集团公司和石油工程公司对外展示形象的窗口。先后获中石化“先进基层党组织”“金牌标杆基层队”“青年文明号”“美丽石化—清洁美丽基层”钻井队、胜利石油工程公司“十大铁军队伍”“胜利页岩油开发功勋队”等荣誉称号。

授课

会商

集团公司党组书记、董事长马永生（前排右4），党组副书记、总经理赵东（前排右3）等同 70183SL 钻井队干部员工在丰页 1-17HF 井合影留念

铁军风采

12 支标杆队

宣誓

迎风展旗

施工作业

现场试验

签订承诺书

坚守岗位

正衣冠 保安全

铁军风采

12 支标杆队

2. 严细精准“海蛟龙”

——胜利石油工程公司井下作业公司海洋试修工程部试油一队

面对胜利埕岛海域油水井试油、作业、大修艰巨任务，该队始终把“三基”当作强作风、强本领、创佳绩有力抓手，通过深耕厚植严细文化，铸就团队发展之魂，逐渐培育形成“严、细、精、准”为核心内涵的“严细”文化，并把文化植入管理、融入流程、化为制度，引导员工切实做到岗位尽责、管理升级、创新创效，打造成一支“严细成风”胜利铁军旗舰团队，被甲方赞誉为“最放心施工队”“海蛟龙”。先后试出千吨井 3 口、百吨以上井 21 口，创 26 项行业高指标，“海上自升式作业平台预压载防倾斜自动操作系统”等 3 项成果获山东省设备管理成果一、二等奖。先后获全国“工人先锋号”“青年文明号”、中国石化“基层党支部建设示范点”“金牌标杆基层队”等称号。

班前会

夜间演练

创安全纪录

夜间施工

搬迁

3. 海外市场“领头雁”

——中原石油工程公司海外工程公司 SINO-25 队

面对沙特马尼法施工区块管网密布、作业面狭窄、钻机整搬受限等不利现状，该队坚持“安”字当头，强意识、控风险、治隐患，夯实创效基础；“快”字为重，实施“三个超前”，实现岛内搬迁提速增效；“优”字为要，抓住开源节流，拓宽创效渠道，实现经济效益最大化，逐步打造成为海外市场一支标杆队伍，多次创区域搬迁新纪录，实现收入 3.75 亿元，较同类型钻机年均收入高 4551 万元、年均利润高 1791 万元；在沙特阿美公司综合业绩评比中，以 101.4 分成绩名列第一，成功获 10 年长期合同，成为海外市场“领头雁”。先后获中石化石油工程公司“比学赶帮超”活动海外队伍第一名、第二名，先后获中国石化“金牌标杆基层队”、中原石油工程公司“先进集体”“海外标杆钻井队”等称号。

排查隐患

施工现场

铁军风采

12支标杆队

讲解

放喷

4. 励新图强“王牌军”

——江汉石油工程公司井下测试公司地层测试中心

面对超深超高压高温油气井及各类重难点井日益增多现状，该中心牢固树立“成就甲方就是成就自己”服务理念，以“咬定青山不放松”韧劲，以“不破楼兰终不还”拼劲，以“手握铁骨闯天下”干劲，励新图强，敦行致远。通过技术创新、质量建设、队伍建设“三招并用”拓市场，在群雄逐鹿的西北市场日益擦亮“江汉测试”品牌，逐步打造成为一支作风扎实、服务优质、技术过硬、竞争力强“王牌军”。两年施工 1660 井次，创产值 2.6 亿元。其中顺北 4-5H 井，创分段酸压完井管柱最深纪录；顺北 84 斜井，创亚洲千吨井第一深井纪录；城探 3 井，创西北工区桥塞坐封位置 206℃最高温度纪录。先后获中国石化“金牌标杆基层队”、江汉石油工程公司“思想政治工作先进集体”等称号。

考试

研讨

铁军风采

12支标杆队

测试

授课

5. 创新求变“先锋队”

——西南石油工程公司钻井一分公司 70142XN 钻井队

该队以“学、做、严”三字诀为核心，创新“123”“三秒”工作法，推动“三基”工作见实效。“学”字为先，班前学、班后学、集中学，学思用贯通、知信行统一，充分激发个人创造力；“做”字为本，坚持问题导向，把教育培训作为能力提升抓手，提升队伍战斗力；“严”字当头，把“从严治队”融入日常工作，打造一支作风过硬、技术精湛、经营高效石油工程铁军，提高队伍执行力。先后参加元坝、川西会战，优质高效完成元坝 22 井、元坝 221 井等 7 口重点井，被评为西南油气分公司彭州气田开发项目部“‘比学赶帮超’劳动竞赛优秀队伍”。先后获中国石化“青年文明号”“工人先锋号”“‘三基’管理先进基层队”“川气东送功勋基层队”等称号，并获得“元坝会战一等功”。

修泵

铁军风采

12 支标杆队

班前会

模拟井喷演习

施工现场

应急演练

压裂现场

安装

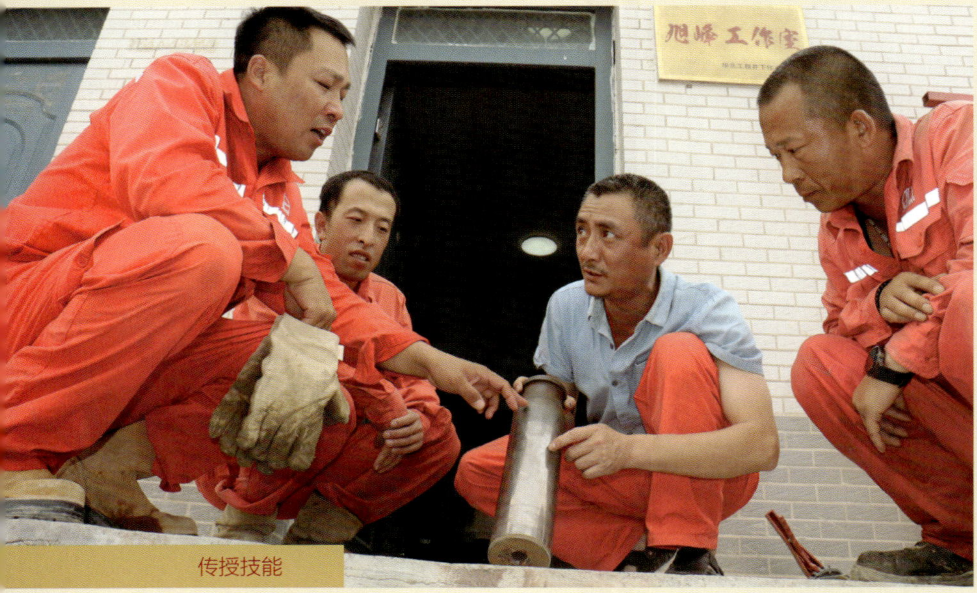
传授技能

比武

6. 大漠压裂“一面旗”

——华北石油工程公司井下作业分公司 HB-YL201 压裂队

在强手云集的西北酸化压裂市场，该队直面酸压施工井“超深、超高压、超高温”难题，始终牢记“成就甲方就是成就自己”服务理念，秉承“三老四严”优良传统，探索形成以“‘施工泵压、施工套压、施工排量’三条曲线”为主线“三线工作法”，时时处处以战时状态扛起铁军责任，以打造“优秀工程”为出发点，将“稳质创优”质量目标，落实在为甲方提供优秀服务上，用业绩诠释标兵队伍永站排头使命担当，铸就“华北压裂铁军”品牌。在超大规模、超高压酸压施工中，动用 2500 型压裂车组及配套设备 80 余台套，入井液量 2810 方，最高施工压力 120.1 兆帕，最大施工排量 11.5 方 / 分钟，历时 8 小时，顺利完成作业。连续 18 年业绩排名第一，成为大漠戈壁一面猎猎作响的红旗。

检修

铁军风采

12支标杆队

固井现场

校核

准备管线

出征

警戒

全家福

铁军风采

12 支标杆队

7. 固井市场“领跑者”

——华东石油工程公司工程技术分公司 HD605 固井队

随着市场规模逐年扩大，该队对标先进企业和行业标杆，以“标准化建设”为切入点，制定铁规矩，划出硬杠杠。通过开展“标准化”员工培训，锻造过硬技能本领；建立“标准化”生产运行，树立过硬技术标杆；提供“标准化”管理服务，彰显过硬保障能力。打造一支勇毅前行、担当有为行业标杆，擦亮“华东固井”品牌，市场份额和工作量年均以 20% 增速增长，连续 3 年产值破“亿元”大关，固井质量优质率保持在 90% 以上，多次创中石化固井新纪录，成固井市场“领跑者”。先后获石油工程公司“金牌基层队”“金牌标杆队”、江苏省“模范职工小家”“青年安全示范岗”、华东石油工程公司“双文明先进集体”“双文明标杆队”“先进基层单位”“HSE 先进集体”等称号。

8. 海洋油气“拓荒牛”

——海洋石油工程公司上海钻井分公司勘探三号平台

勘探三号平台是我国首艘自主设计建造的半潜式海上钻井平台，投产以来，通过强化组织建设，促进技术安全水平双提升；强化基础工作，促进服务保障能力双提升；强化基本功训练，促进队伍品牌建设双提升。累计施工 191 口井，进尺 60 余万米，先后发现“平湖”“春晓”“恩平”“东方”“乐东”等大型油气田和含油气构造，完成多个极限挑战，被业界誉为“针尖上的舞者”，成为海洋油气“拓荒牛”。与监督组及各服务商党员创建的海上融合共建党支部荣获中国石化“管理现代化创新三等奖”。先后获中央企业“先进集体”“红旗班组”“全国工人先锋号”、中国石化“金牌标杆基层队”、上海市“劳模集体”“先进基层党组织”、中国海油“优秀钻完井服务商”等称号。

吊装

铁军风采

12支标杆队

上下货

为党庆生

勘探三号
1921
2021
庆祝中国共产党成立100周年
100th Anniversary of the Founding of
The Communist Party of China

现场

勘探三号
上海
海洋
ZA-5

查看数据

9. 地震勘探“排头兵”

——地球物理公司胜利分公司 SGC2101 地震队

该队始终牢记“为国找油”初心使命，以“扎根胜利本土，服务油田高效勘探”为己任，围绕团队建设、精细管理、提质增效三大要点，通过聚焦根基，打好团队建设“持久战”；精准施策，打赢项目管理“精准战”；靶向发力，打胜提质增效“攻坚战”。全力打造敢打硬仗、能打胜仗的物探铁军。先后完成纯化三维、博兴南三维地震勘探项目，连续刷新胜利东部探区有缆施工有效日均施工最高纪录，营业收入 4.08 亿元，上缴利润 2.2 亿元，实现项目效率效益双提升，为老区增储稳产作出重要贡献，被誉为“贯彻油田要求最彻底队伍”，成为地震勘探“排头兵”。先后获胜利油田“十大功勋集体”“基层建设十面红旗”等称号，连续三届被评为中石化石油工程公司“金牌标杆队”。

放线

全家福

党员先锋岗

铁军风采

12支标杆队

夜间施工

研讨

埕岛中心三号平台

老 168 海油陆采平台

技术服务

10. 青年才俊“训练营”

——石油工程建设公司石油工程设计公司海洋工程设计所

海洋工程设计所是高精尖人才聚集之地。该所把握青年成长规律，把青年成长与自身优势相结合，个人发展与岗位需求相结合，在环境推动、制度保障、实践锻炼方面形成“四三二”工作法，即通过“四项工作”完善青年人才培养机制、“三化培养”搭建青年人才培养平台、“两个并重”助力青年人才快速成长，造就一支素质高、能力强、作风硬人才队伍，成为青年才俊“训练营”，有效促进中心工作提升。海洋业务连续 2 年增长超过 20%，人均产值 150 余万元，获授权专利 35 项，行业协会专有技术 14 项，主编国家及行业标准规范 10 项，是石油天然气行业滩海油田指导性设计单位，被评为中国石化“基层党支部建设示范点”，连续 4 届被评为中石化石油工程公司“金牌标杆基层队”。

青东 5 进海路

茂名石化海底管道施工

铁军风采

12 支标杆队

11. 工程建设“华南旅”

——石油工程建设公司河南油建公司华南项目管理部

该部积极践行“安全、质量、进度、廉洁、维稳、服务、形象和执行力”文化理念，积极开拓，选项策划抢市场；精益管理，提质增效树标杆；用心服务，固本强基亮形象；党建引领，凝心聚力创品牌。优质服务华南地区 12 家建设单位，作业区跨 3500 公里，完成年均 300 万以上项目 30 余个，实现工期符合率 100%、一次验交合格率 100%、一次投产成功率 100%，收到甲方书面表扬信、业绩证明、奖牌锦旗 37 项，在甲方组织的“百日劳动竞赛”中排名第一，分获中国石化“优质工程奖”和石油工程建设公司“工期突出贡献奖”，被誉为“优秀承包商”“油建铁军”“华南劲旅”。先后获中国石化“金牌标杆基层队”、石油工程公司“工人先锋号”和石油工程建设公司“先进基层党组织”等称号。

考试

茂名光伏发电项目

广州天然气珊田线施工现场

南宁站搬迁项目

铁军风采

12 支标杆队

师带徒

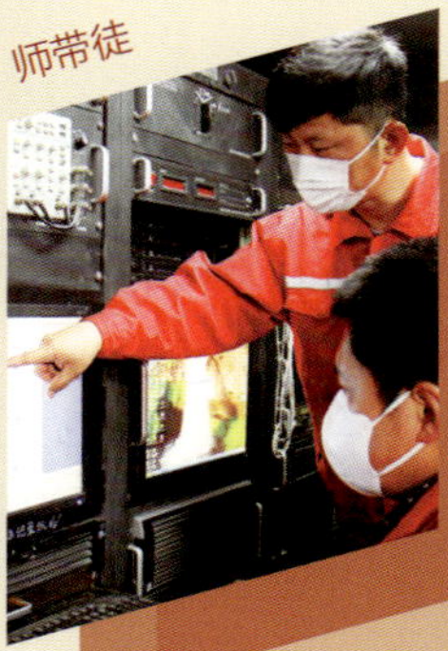

『深地一号』测井

把关质量

测井现场

传授技能

配接下井仪器

青年突击队

12. 测井市场“标杆队”

——经纬公司胜利测井公司 SLCJ6-C-2-L 队

该队坚持“永争第一，永葆标杆”信念，通过“三查三到位”抓实现场管控，“两重一细除隐患”抓牢设备维保，“云问诊”抓细正点到达率和测井一次成功率，战疫 3 月完成测井施工 21 井次，抗疫保产业绩卓著。施工的中石化重点风险探井——且深 1 井，创井底温度 190℃高指标；在塔深 5 井，创亚洲测井井深最深、垂深最深纪录（9017 米）；顺北 71X 井获高产油气流，被甲方通报表扬；顺北 9X 等两口井被评为“优质测井工程”；首用“一趟快测”技术，为顺北 81X、84X 等井节省单井建井周期 100 小时。先后获“‘提质提速提效’立功竞赛‘优秀基层队’”“重大油气发现奖”“工人先锋号”“测井承包商标杆队”等称号，连续 10 届获“金牌队”、3 次被评为“金牌标杆基层队”。

铁军风采

12 支标杆队

目录

CONTENTS

第一篇 管理创新成果

第二篇　基层队管理典型经验案例

一、基层党建

二、班组建设

三、精细化管理

四、标准化管理

五、项目化管理

六、生产运行管理

七、技术装备管理

八、安全管理

九、特色管理

十、能力建设

十一、文化建设

第一篇

管理创新成果

创新是一个民族的灵魂，是一个国家兴旺发达的不竭动力。中华民族自古以来就是一个富有创新精神和创新能力的民族，是勇于和善于创新的民族。创新必须和继承（守正）结合起来，做到吐故纳新、守正创新、推陈出新。二者共生互补，辩证统一。继承（守正）是创新根基，发挥主导作用；创新是继承（守正）补充，相辅相成。企业守正创新，必须在坚守传统的基础上，寻求新思路新方法，推进改革发展理念与实践，在守正基础上创新求变，寻求更高质量发展。由此可见，无论企业或人，唯守正不移，方能行稳致远；唯创新求变，方为时代先锋。这届创建活动，我们收到众多单位递交的创新成果，列举企业需要解决的问题，诠释其主要做法及实施效果。这些不同层面的创新成果均视野开阔、剖析问题深刻，具有较高理论性、指导性和强烈思辨色彩，编者撷取十三篇创新成果收录本书，仅供大家学习参考。

编者按

面对新冠疫情和油价下跌双重考验，胜利石油工程公司以革命性思维和创新性举措，刀刃向内抓改革，全方位、全过程管控外委费用，举全公司之力推进外委转自营，持续建立完善外委项目公示抢单承揽机制、业务外委规范管控机制、资源盘活优化机制、分析评价机制、协调处理机制、考核激励机制，推动外委费用管控措施落实到位、外委费用不断降低、外委转自营能力不断提升。

外委费用管控机制的创建与实施

胜利石油工程公司

一、需要解决的问题

问题一：外委费用占比相对较高

该公司不断加大创收力度，扩大经济总量，但经济效益没有实现同步增长，仍然面临收入规模增长快但效益不高的困境。其中，外委费用额度、外委费用占比居高不下，直接影响创效水平和盈利能力。严控外委费用在成本管控、提升效益中的重要作用越发明显。

问题二：内部资源统筹配置作用发挥不足

该公司不同程度存在施工能力过剩、后勤人员富余、历史包袱重、创效能力不高等短板，内部资源潜力没有得到充分发挥，人力资源、房产资源、设备设施资源还有一定挖潜空间，特别是辅业后勤还未真正实现扭亏脱困。同时，还存在部分内部工作量外委社会队伍施工现象。

问题三：管控不规范、不精细问题依然存在

近年来巡视巡察、内审外查发现，外委费用支出存在应招未招、未签合同先施

工、与改制企业往来不规范等问题，外委管控欠规范，管理精细化不够，存在潜在效益流失风险。

二、主要做法

措施一：建立外委项目公示抢单承揽机制，加大外委转自营力度

1. 制定外委项目公示管理办法。进一步规范必须公示项目范围，建立公示范围动态调整机制，明确金额超过5000元的单个项目外委前必须进行公示，并将项目公示作为对外招标、合同签订、费用支付的前置条件，未经公示项目一律不得外委。

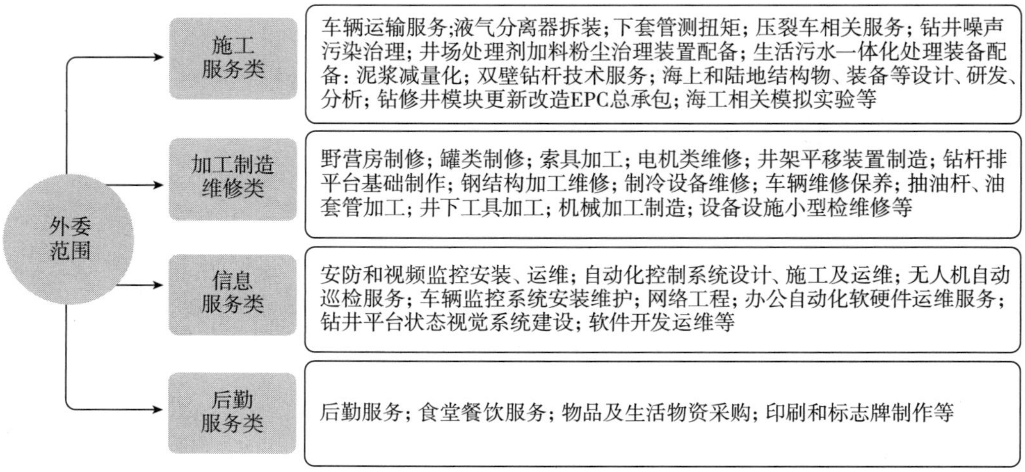

图1　外委项目公示管理平台

2. 搭建外委项目公示管理平台。突出信息化管理，建立外委项目公示、内部单位抢单、议单、承揽、评价、统计分析流程一体化管理平台，明确不同业务类别公示期限、抢单后落实承揽时间要求，项目公示后形成外委项目公示信息表，作为项目外委招标、合同签订的必备附件。

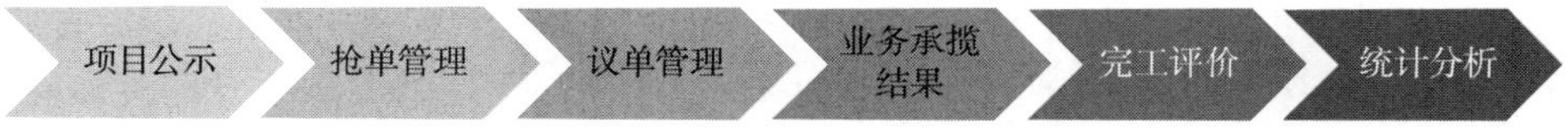

图2　外委项目公示平台运行流程

3. 打造外委项目"阳光工程"。公示平台结合机关部门、所属单位、后勤辅业基层单位管理运营实际设置不同权限，满足项目公示、单位间抢单承揽需要；为各层级领导设置查询权限，满足管理监督需要；为机关业务部门设置对应业务权限，

满足监控分析需要；为集团公司网上监督员，纪检、审计等部门设置查询权限，满足监督需要。

措施二：完善业务外委规范管控机制，提升依法合规经营能力

1. 强化专业经营单位外委公示管控。坚持“自己的活自己干”，各专业经营单位专门成立外委费用管控小组，建立外委项目公示审查机制，将项目外委纳入领导班子集体研究内容，做到能自营的坚决不公示、不外委。

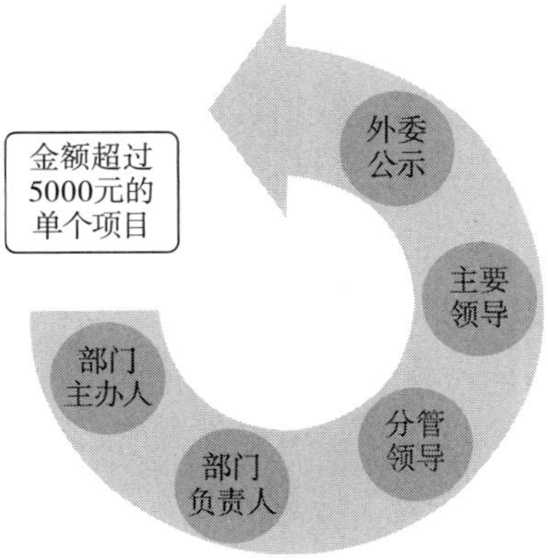

图3　专业经营单位外委公示管控审查程序

2. 强化内控管理。持续完善内控体系，开发内控审批信息系统，维修、租赁等18个外委审批事项审批效率提升30%以上；系统梳理和重新配置CMIS系统合同审批流程和权限，做到CMIS系统与内控手册规定相匹配。

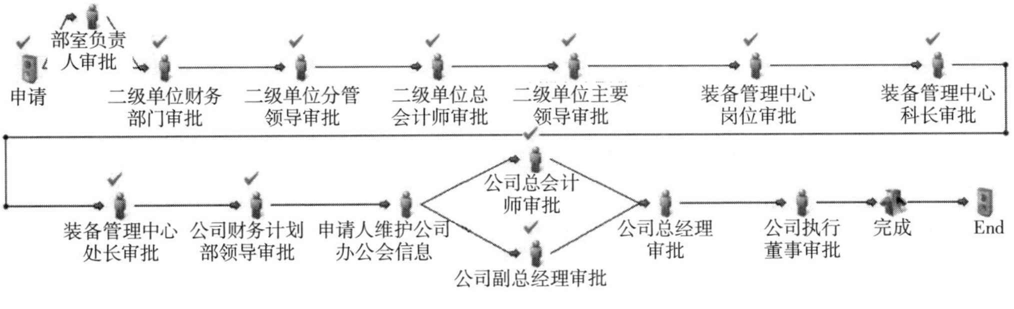

图4　维修费内控审批流程

3. 规范选商管理。2020年以来，该公司两次修订招标管理实施细则，全面落实“能招尽招”“应招必招”。2020年成立招标中心，规范招标流程、招标模板、评标专家库，推行限额以上项目公开招标；2021年进一步调整限额以上公开招标、邀请招标、竞争性谈判等选商要求，完善电子招标系统，限额以上项目招标选商占比同比提高 13.13%、节资率 5.54%；2022 年限额以上项目招标选商节资率5.32%。

4. 强化监督检查。业务部门、财务、纪检、审计等部门同向发力，将外委费用纳入年度重点监督事项，列为年度专项审计内容，持续抓问题揭示、整改追责。围绕外委项目选商、合同签订，进行全覆盖专项检查，2021 年扣罚相关责任人绩效工资12.97 万元。

措施三：完善资源盘活优化机制，挖掘内部资源潜力

1. 持续推进专业化发展，提升内部资源配置效率。先后对固井、管具、培训、检测、仓储配送、搬迁、办公用车、钻井液、动力服务等业务实施专业化重组，推进专业经营单位辅业后勤同质化业务归并整合，加快专业化发展，优化专业资源统筹配置，促进外委转自营能力持续提升。

2. 实施承包经营，激发辅业单位自营潜力。持续推进辅业承包经营，进一步划小核算单元，核准经营指标，严明承包责任，完善承包人竞争上岗、内部价格体系、考核激励机制，调动各单位内部自营、单位之间抢单承揽的积极性。

3. 提升自营能力，助推辅业后勤扭亏脱困。扎实推进“六个一批”（依法合规清理一批、尊重意愿退出一批、严格制度规范一批、体现价值调剂一批、外委转自营盘活一批、低端项目退出一批）、“七个加大”（加大“双严”治理力度、加大先进定员力度、加大精准治理力度、加大外委转自营力度、加大集团市场开发力度、加大社会市场拓展力度、加大项目扶优扶强力度）、“八个不停步”（深化用工“双严”治理不停步、扩大自营项目规模不停步、推进岗位价值评估不停步、拓展业务承揽市场不停步、严控辅业后勤定员不停步、创新劳动组织形式不停步、强化“入池”动态管理不停步、加大考核奖惩力度不停步），深入梳理外委项目，不断退出低端对外劳务输出业务，加大外委项目自营力度。2020—2021 年通过劳务型项目外委转自营分别节约外委费用1.07 亿元、1.8 亿元。

4. 探索建立“负面清单”。经过 2020—2021 年持续管控、梳理优化，2022 年构建检测、维修、租赁、招标代理、信息平台运维等业务外委“负面清单”，实现统筹运行；围绕“246”产业布局和“胜利天工”品牌建设，在加工、维修、产品制造等方面，进一步统筹运营，培育特色化能力，实现扶优扶强。

5. 持续整合资源。根据管控措施推进情况，持续整合资源、明确单位分工、提升承揽能力，避免“各自为战”，对野营房与标志牌制作、印刷、视频监控安装维护等业务实现资源整合，逐步推进业务规模化发展。

措施四：完善外委管控分析评价机制，提升外委费用过程管控能力

1. 建立外委项目月度分析通报机制。围绕外委项目公示、抢单、承揽，每月分单位、分类别分析未抢单项目的业务类别、施工内容、资质要求，特别是对内部单位存在施工潜力的项目，查找未抢单原因，深挖内部施工潜力；对抢单后未落实承揽的每个项目分析原因、分清责任，找出问题根源，落实抢单承揽措施，分析报告向该公司领导、机关部门和各单位推送。同时将外委费用管控情况列入季度经济活动分析会内容，加大监督力度，努力提高抢单承揽率。

2. 建立外委项目选商、合同管理季度评价机制。围绕外委项目选商全过程合规性、合同签订规范性、定价合理性等，每季度对外委项目的招标情况、合同签订情况进行跟踪分析，分析外委项目的选商方式是否依法合规，是否存在应招未招现象；强化合同管理季度分析，分析外委项目合同签订依据是否齐全，合同金额与外委公示金额是否相符，结算价格、结算标准与往年同类业务结算价格是否下降，做到价格不降不签合同，确保外委费用进一步降低。

3. 建立问题整改提升机制。建立由审计、纪检监督部门牵头，各业务部门分工负责、相关单位具体落实的问题整改机制，确保各项问题得到及时有效整改。同时，组织审计、纪检、经营、财务等部门组成联合检查督导组，跟踪督导各专业经营单位整改措施落实到位、问题整改到位。坚持整改问题和建章立制并重，不断完善制度，落实长效机制，切实以整改的不断深入促进各项工作不断改进，提升外委费用管控水平。

措施五：完善内部承揽协调处理机制，深挖内部自营潜力

1. 强化外委公示平台运行协调管控。加强业务部门联动，紧盯每个公示项目运行，分析“能不能自营”、内部单位之间“能不能承揽”；对有自营和单位间承揽潜力的项目，及时督促相关单位实施；对抢单项目跟踪督导双方单位落实。2020 年，内部单位之间累计抢单承揽原外委项目 212 个，金额 2.46 亿元；2021 年新增 179 个，金额 2.01 亿元；2022 年新增 151 个，金额 3.44 亿元。

2. 建立项目组季度运行督导机制。成立成本及外委费用管控项目组、人力资源优化项目组、依法合规经营项目组，签订责任书，明确责任指标、考核办法，细化管控措施。建立季度例会制度，总结通报项目组工作措施推进情况，各项指标完成情况，特别是外委费用预算执行情况及存在的问题，找出自营潜力点、增效点，对费用预算执行偏差较大的单位进行预警，提出改进措施。

3. 从严管控劳务型业务外委。定期召开座谈会，解剖各单位现有劳务型外委项目，打通业务外包转内部业务承揽的渠道，全面清理胜利本土区域后勤服务业务外包用工，最大限度挖潜后勤人员岗位，提供给单位之间承揽，降低外委费用。

措施六：完善外委费用管控激励机制，提高内部自营积极性

1. 完善外委费用管控责任体系。将外委费用预算指标细化分解落实到机关部门、相关单位，强化预算执行过程管理，进行月度考核通报。

2. 完善外委项目抢单承揽激励约束机制。对原外委支出项目由内部单位抢单承揽的，对项目公示单位、承揽单位分别按照结算金额的20%、30%考核认增效益指标，2021年专项考核奖励580万元。严禁转包、严控分包，对抢单项目外委分包部分超过50%的，扣除相应考核奖励并退出项目。

3. 完善劳务型外委项目转自营激励约束机制。制定《人力资源统筹优化考核办法》，下达年度管控指标，实施“项目+人员”双向奖励政策，对减少的外委费用，按照20%的比例对相应单位进行奖励；对完不成指标的单位，按欠额的20%扣减绩效工资。对内部业务承揽人员按照不同区域的人均标准分别对输入单位、输出单位进行月度奖励。2020年、2021年奖励额度分别达到4000万元、5000万元。

三、实施效果

效果一：外委费用持续降低，盈利能力不断提升

同口径对比，2020年累计减少外委费用3.87亿元，百元收入变动成本同比降低1.97元，低成本竞争优势更加突出，发展质量和效益不断提升，确保了年度生产经营目标任务圆满完成。

效果二：外委转自营积极性得到有效激发

牢固树立“自己的活自己干”“依靠外委求生存、自主经营谋发展”理念，各专业经营单位加大外委转自营力度，生活服务、卫生保洁、治安保卫、零星加工维修、胜利市场下套管服务等业务全部实现自营，野营房、循环罐、井队浴室维修、钻杆排制作、泥浆罐改造、平移装置加工、钻井队井场安全围栏、视频监控安装维护等项目基本实现自营，自营能力持续提升。

效果三：依法合规管理体系建设日益完善

严格落实“管业务必须管风险”，持续推进合规管理体系建设，积极推行公开招标，严格控制非招标选商，促进选商规范化、合规性不断提升，降本减费效果明显，全年无重大内控缺陷，未发生重大经营风险事件。合同上线率、法律审核率均达到100%，合同签订及时率同比提高5%，先施工后补签合同现象得到有效遏制，合同管理指标排名继续位列石油工程公司第一。

编者按

单井是公司创效源泉、持续发展基础。如何聚焦单井，建立上下联动、高效运行的管理机制，是石油工程企业面临的共同问题。在长期市场竞争与磨砺中，公司逐步建立以单井（单项目）考核定额为基础，自下而上、上下联动的绩效考核体系，通过定额考核，实现单井（单项目）全生命周期有效管控，为市场决策、过程管控、绩效考核、责任追究提供目标依据，引导激励各层级全力实现市场突破、技术突破、盈利能力突破，凝聚项目管理合力，持续提升单井管理水平和创效能力。

单井（单项目）考核定额实践与应用

中原石油工程公司

一、需要解决的问题

问题一：单井（单项目）全过程管控成效、激励作用不足

如何评价单井（单项目）市场开发水平高低、组织运行效率高低、成本管控水平高低；如何激发一线主观能动性、创新性，评价各层级、各单位的贡献；工作失误、履职不力如何有依有据地进行责任追究；如何引领各区域市场业绩水平持续提升，缺乏目标引领。

问题二：单井（单项目）考核兑现难以实现公平公正

各区域市场创效水平先天存在差异，部分领导依据单井盈利能力衡量基层队施工业绩、绩效兑现高低，对处在微利市场的基层队有失公平。基层队主要负责施工周期及成本的管控，对市场没有决定权，不管是高效市场还是低效市场，只要达到区域平均先进施工水平，绩效兑现应保持一致。

问题三：基层队存在“大锅饭”的思想

多数基层队存在成本管控好不好、单井创不创效和我没关系的错误思想，活干了，付出劳动了，就得正常发绩效，没有树立“绩效工资是自己挣出来、管出来的，要想绩效工资高，就得多做、做好”的理念。

问题四：项目管理合力没有形成

各管理层级考核兑现往往参照去年兑现水平进行发放，没有与一线工作量、业绩，自身效益完成情况进行挂钩联动，管理层级绩效兑现与基层兑现存在“两张皮”的现象，导致各管理层级不去关注现场、基层，项目管理合力难以凝聚。

二、主要做法

（一）聚焦项目精益管理，科学制定考核定额

公司施工队伍点多面广，存在同一区域市场各单位投标价格不一致、成本管控目标不一致、绩效考核兑现不一致等问题，为科学衡量市场开发能力、施工业绩水平，公司以国内外主要工区 1000 余口井的成本数据为基础，把与单井消耗有关的 102 项成本，划分为 54 项固定成本和 48 项变动成本，将设备折旧摊销、工资及附加、上级管理费等按统一标准纳入定额体系，统一科目名称、核算口径；以区域平均先进水平为基准，按井型、井别、井径、地质层位等确定各个作业工序的定额周期，结合历史数据、技术模板和操作规程确定各项成本消耗定额标准，制定国内 4 大区域市场、海外 4 大规模市场 60 个区块考核定额，给基层队提供公平公正的竞争平台，实现“同区域同一标准、同一政策，不同区域同一业绩、同一兑现水平”考核目标。结合“四提”情况定期修订更新，确保考核定额始终能够引领先进、激发干劲。

（二）聚焦项目市场开发，发挥考核定额决策支撑作用

考核定额可以有效反映公司各区域市场的施工能力和盈利平衡点，投标前根据定额体系，输入甲方设计周期、工程数据后，套算出施工成本定额，依据“边际效益是红线、盈亏平衡是底线、追求效益最大化是目标”市场决策原则，决定是否进行投标，如甲方合同额能够包住全成本（含管理费），可参与投标；只能够包住井队成本，根据市场布局选择性投标；连变动成本都包不住，即没有边际效益的井，

坚决不予投标。以定额为基础进行市场决策论证，可以拿好井、拿高效井，从源头保证盈利能力，用市场可持续推动公司发展可持续。

（三）聚焦项目过程管控，发挥考核定额目标引领作用

发挥考核定额在过程管控中的目标引领作用，引导各管理层级一切围着项目转，一切为了项目干，加强成本分析、强化生产运行、持续技术创新，加强内部挖潜，实现“人人都是经营者、处处都是利润源”，从过程管控中实现项目效益最大化。

1. 以考核定额为目标，促进提速提效

制定区域提速模板，依托定额对标各区域内排名前30%队伍的施工业绩平均值，形成区域提速模板和区域钻井液操作规范的提速模板，成为各工区可借鉴、易推广、即学即用的“教科书”。成立区域技术保障专家组，坚持“领导不大于专家、行政不大于技术”原则，成立区域提速提效、重点工区、防漏堵漏专家团队，开展专家“一线行”，重点井派专家驻井督导，发挥专家专业领军、区域领衔作用，确保单井优质安全施工。建立技术双线保障机制，将技术部门牵头的每周技术例会和直通重点井的每日网络碰头会相结合，及时优化措施，解决“瓶颈”难题，实现“线上日运行＋线下周运行”的双重保障，确保单井高效运行。

2. 以考核定额为抓手，实现运行创效

建立生产运行机制，依据考核定额，编制单井运行大表，排出各工序时间节点，发挥生产指挥中心生产监控、运行调度、预警报警、应急指挥、远程支持和视频会议功能，加强生产过程监管，形成快速响应、及时处理、部门联动生产运行机制。建立生产运行分析、对标机制，每日召开生产运行会，监测重点项目，加强生产组织，确保生产运行高效率；充分利用信息平台大数据，对比搬安、生产指标，对标区域作业标准时间，找差距定措施，提升生产运行效率。建立“公司管总、工区管战、单位管建、项目主战”体制机制，成立西南、西北工区指挥部，实行生产、技术、装备统一管理，市场、安全、党建齐抓共管，实现区域统一管理与单位支撑保障有机融合，促进国内市场管理质量硬提升、运行费用硬下降。

3. 以考核定额为标尺，实现降本增效

树立“大道至简、现场致胜”理念，一线实施“一卡三线”管理。施工前，编制下达单井定额通知单，确定施工周期、固定及变动成本管控目标；基层队细化分解成本指标，对照考核政策测算单井预期创效，让员工看得懂、算得清，显化目标激励。施工中，实施“一卡三线”管理。基层队实时绘制定额成本、预算成本、实

际成本三条曲线，动态反映单井成本控制水平；以定额周期为依据，编制生产运行大表，紧盯搬迁安、作业标准时间等指标，抓异常、找差距，定措施、提时效，严格成本管控。完井后，对照定额分析成本节超。纵向上对“表”分析异常，找准效益流失点；横向上对“标”赶超先进，找出降本增效发力点，制定改进措施，持续提升成本管控能力。

（四）聚焦项目业绩贡献，发挥考核定额激励约束作用

公司始终坚持以安全为前提，以效益为中心，以单井（单项目）定额考核为基础，各管理层级与一线员工绩效挂钩、与自身责任和贡献挂钩，自下而上、上下联动的绩效考核体系，贯通项目效益与员工利益，以价值分享促进价值创造。

1. 一线实行单井定额考核，激发基层创效热情

合理确定考核政策，周期节约1天奖励基层队5000元；固定成本、变动成本节约，分别按30%、50%兑现基层队绩效，引导和激励基层队提速降本，为甲方创造价值、为公司创造效益，为自身争取工作量及收益。坚持严考核硬兑现，完工后及时归集成本，根据成本消耗、施工周期、柴油节超等进行总考核硬兑现（月度可按进度、开次进行预考核），实现一井一定额一考核，周期越短、成本节约越多、质量越好，兑现越高，上不封顶，科学公正评价单井施工水平、业绩差异，激励基层队干好活、打好井。科学进行绩效分配，对基层队操作岗位，根据技能要求、劳动强度，建立不同岗位绩效工资分配系数，结合个人表现及贡献进行浮动；基层队领导根据员工兑现水平高低，在1~4倍浮动，引导基层队领导发挥核心作用，带领队伍出业绩、创效益、挣绩效。

2. 各层级与一线挂钩联动，形成管理创效合力

各层级以一线平均绩效的一定比例为基数，结合管理职责、管理难度、管理业绩考核兑现。

项目部是区域创收创效实施主体，一般管理人员绩效工资以所属基层队平均绩效工资的80%为基数，项目部正职绩效工资以所属基层队正职平均绩效工资为基数，考核收入、利润、应收账款及合同资产、人均利润、单井利润率、有效钻机动用率，鼓励其“找到活、找好活、干好活，要到钱”。

专业经营单位是市场开拓、提质增效的责任主体，机关绩效工资以单位一线平均绩效工资的60%为基数，与管理系数（考核系数+目标系数）挂钩；单位党政正职绩效工资与公司员工人均收入、单位考核系数、目标系数、个人业绩考核档次挂

钩；考核收入、利润（考核利润完成率、人均利润、利润贡献三个维度）、自由现金流、资金等指标，引导各单位同自身历史水平对标、同行业先进水平对标，持续系统优化、系统提升，提高经营质量和人均劳效。单位考核系数根据实现收入、利润、人均利润、资产、用工等确定（0.5～1.5）；目标系数根据利润指标完成情况确定（完成基本目标1.2，完成挑战目标1.4，未完成基本目标为1.2×利润基本目标完成率）。

公司机关是公司市场开拓和管理运行的总体设计和服务保障主体，机关部门正职绩效工资以专业经营单位正职平均绩效工资的85%为基数，主要考核公司总体效益指标、业务成本管控目标、部室责任目标、上级奖惩、经费控制、党组织建设、约束性指标等，引导机关落实管理“大道至简”理念，持续转变作风，强化服务意识，聚焦基层、服务现场，提升参谋、协调、指导、服务功能。机关员工月度绩效工资为公司所属单位平均绩效兑现水平；年度高级主管、主管、主办绩效工资分别按部门正职绩效工资的0.45、0.36、0.3考核核拨，部门自主分配。

3. 健全层级责任追究机制，促进全员履职尽责

以考核定额为基准，客观公正评价市场开发、施工组织等各环节，基层队、项目部等各层级贡献，做到精准激励、精准问责，体现业绩差异，实现责权利对等。基层队，属自身原因造成的单井考核亏损，对正职给予黄牌警告并诫勉谈话；连续两口井发生亏损，确属管理不善，解聘正职职务长周期井按开次预考核时，亏损严重的对正职给予黄牌警告并诫勉谈话，确属管理不善，扭亏无望的，解聘正职职务。区域项目部，连续3个月累计考核未完成效益指标或出现亏损，对项目部正职黄牌警告并诫勉谈话；连续6个月累计考核未完成效益指标或出现亏损，对该项目部进行全面剖析，确属经营管理问题，扭亏无望的，解聘项目部正职职务。专业经营单位中层干部，未完成利润基本目标，领导班子成员个人业绩评价考核直接为D档。

三、实施效果

效果一：做实单井目视化管理

定额体系的建立，将单井周期及各项成本视觉化、公开化，把周期、每项成本控制目标客观、公正、透明地传递到各岗位、各业务系统，实现自主管理、精准控制。2022年钻头米费、泥浆米费、钻后治理米费重点成本同比分别下降30.3元、57.8元、94.8元。

效果二：实现单井全生命周期有效管控

区域定额的标准化，实现市场开发、各项成本管控目标一致；区域定额的实用性，激发现场技术提升、管理创新、成本挖潜管控能力；区域定额的激励性，最大限度地激发队伍活力，增强工作动能，促进单井提速、提效、提质、提产。2021年，单井定额成本同比下降8.7%，施工成本同比降低9.5%；2022年，单井定额成本同比下降14.7%，施工成本同比降低16.1%。2022年，海外钻修井平均日费率提高至99.51%，队均利润增加40万元。

效果三：实现市场化分配

2020—2022年，单井台月兑现最高是最低的19.2倍，钻井队年兑现最高是最低的10.8倍，平台经理年兑现最高是最低的11.4倍，激励作用有效促进基层队向施工水平高、效益好的队伍对标看齐，形成了比学赶超浓厚氛围。

效果四：凝聚项目管理合力

2020—2022年，刷新石油工程纪录和区域高指标265项；连续16年跻身ENR国际承包商250强，位列第106。2022年，“三北一川”及中原工区完成井机械钻速同比提高12.04%，平均钻井周期缩短16.45%，施工水平持续提升。

效果五：品牌实力、影响力持续提升

2020—2022年，在“深地一号”工程交出10口千吨井，协同落实顺北两个亿吨级油气区；在东濮助力建成华北最大储气库群；承钻的新页1井助力川东南开辟集团第二个万亿立方米资源阵地；金石103HF井助力川南建设储量超千亿方的深层威荣气田；雷页1井助力川东北落实6500亿立方米资源量，首次在二叠系大隆组地层实现海相深层页岩气勘探突破；央视《新闻联播》接连报道了普陆3井、顺北52A井、顺北71X井、顺北42X井中原工程施工队伍，公司品牌实力、影响力进一步提升。

编者按

在国家能源转型发展和勘探开发需求变化大背景下，如何实现持续有效发展成为石油工程企业面临的紧迫课题。该成果围绕集团公司“五化”发展要求，构建以“特色技术为引领、特色业务为主体、特色管理为根基”的特色化发展模式，带动服务保障能力、市场开发能力、低成本竞争能力持续提升，为高质量发展奠定坚实基础。

特色化发展模式的创新实践

江汉石油工程公司

一、需要解决的主要问题

问题一：传统石油工程服务保障能力面临重大挑战

按照习近平总书记“大力提升国内勘探开发力度、保障国家能源安全”指示精神，国内勘探开发对象向“深地海非”转移，集团公司全面加大四川盆地页岩气和塔里木盆地深层勘探开发力度，西南、西北两大工区成为国内增储上产主战场，页岩气、深层高温高压两大领域工程技术“瓶颈”亟待突破。

问题二：国内石油工程业务同质化问题突出

由于历史原因，国内石油工程企业不论规模大小、技术高低，所包含的专业服务链、技术研发方向都高度相似。石油工程板块专业化重组时，定位是为石油公司提供石油工程施工服务的工程承包商，按照油气勘探开发区域，组建8家地区公司。各家企业亟须根据自身技术优势，培育特色业务，实现扶优扶强和差异化发展，避免走低水平重复建设、中低端业务盲目扩张的老路，加快从工程承包商向技术服务商转型升级。

问题三：传统管理模式与特色化发展要求不相适应

石油工程原为单一上游业务板块，重组后转为公司制运行，在管理提升上较其他行业难度更大、矛盾更突出。特色化发展模式确定后，涉及业务、市场、队伍、装备等各方面结构调整，亟须在组织架构、绩效考核、资源配置等方面，加快管理模式和管理方法创新。

二、解决问题的主要措施

措施一：践行“四化”路线，推进特色技术领先

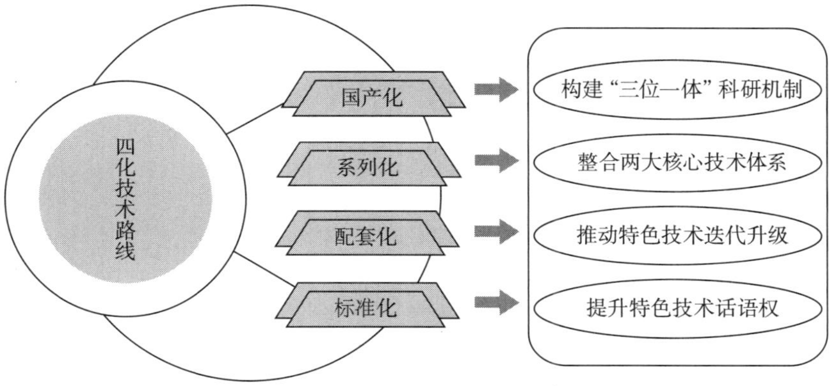

图1　“四化”技术路线

1. 构建“三位一体”科研机制，加快特色技术国产化

一是建立科研管理决策机制。成立科学技术管理委员会，明确各专业关键技术攻关、新技术引进推广职责和指标体系，组建国内首家页岩气开采技术服务公司，形成研究开发、成果孵化、知识共享、转化创效一体化能力。

二是建立“四个面向”立项管理机制。面向石油工程行业科技前沿，加快前瞻性基础研究和技术储备。面向勘探开发需求，强化超深超长水平井钻井、深层压裂等关键技术攻关。面向特色发展需要，在页岩油气压裂增产、高温高压试油测试、环保等方面加大攻关力度。面向工程施工现场，以“四提”为核心，强化现场技术支撑保障能力。

三是完善全过程科技创新激励机制。出台公司科技奖励管理办法，明确科技成果界定、成果创效奖励计提、奖励分配、奖励审批等内容，实现从立项到成果转化全过程考核激励。

2. 整合两大核心技术体系，加快特色技术系列化

一是强化内部联合。统筹公司、专业化公司研究所、重点实验室三级研发资源，成立国内首家页岩气开采技术服务公司，建成各类研究机构 13 个，形成集研究开发、成果孵化、知识共享、转化创效于一体的联合研发平台。

二是实施协同创新。坚持开放搞科研，承建中国石化、湖北省、中国地质调查局等 4 个页岩气技术创新平台。与中石化塔里木油田分公司共建“高温高压井下工具检测中心”，性能指标达到国内最高等级（V0 级），解决了工具入井安全检测和高端工具国产化“卡脖子”难题。

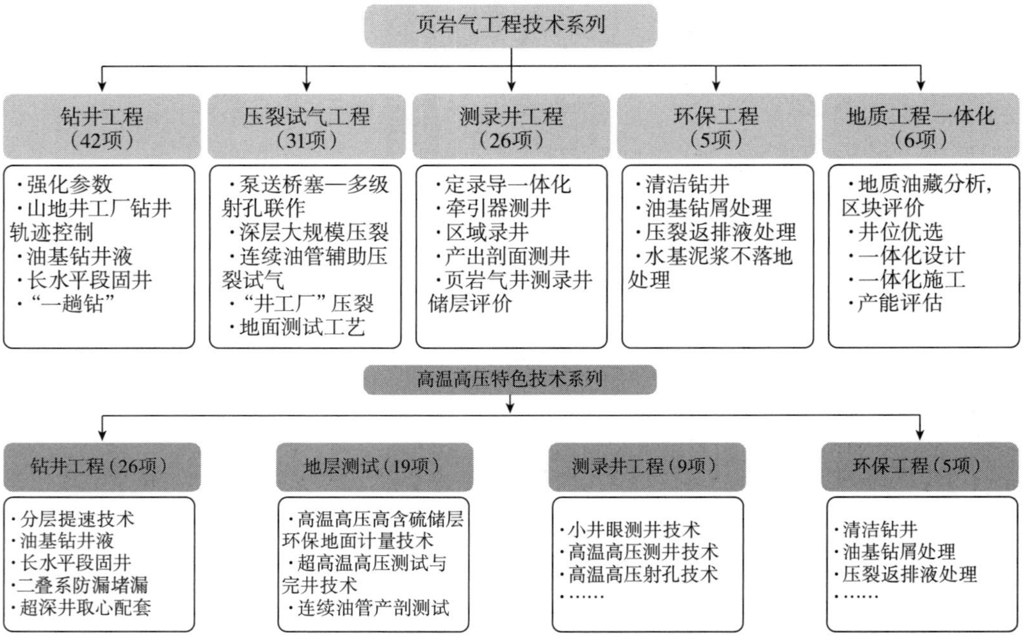

图 2　技术创新平台

3. 围绕技术工艺工具集成，加快特色技术配套化

一是钻井提速技术配套。全面推广激进（强化）参数钻井，大力实施“一趟钻”技术研究，通过优选钻头螺杆，优化钻井液性能、井眼轨迹，强化排量、钻压、转速等钻井参数，实现钻井大幅提速。

二是加快关键工具研发。针对强化参数及储层埋深增加对入井工具性能提出的要求，联合石化机械等单位，建立合作攻关机制，加快研发耐高温、长寿命的高性能个性化工具，实现优快钻井工具配套，为提速降本提供基础保障。

三是开展大型压裂配套技术研究应用。启动隶属国家“十三五”重大科技专项的5000型成套电动压裂装备工业试验，通过升级施工设备、优化工序流程、应用配套工具，形成可推广的电驱高效井工厂压裂技术。

4. 持续提升技术话语权，加快特色技术标准化

一是推进技术管理标准化。与石油公司搭建“风险共担、利益共享”工作机制，通过实施工程地质、方案设计、生产运行、现场决策、信息共享“五个一体化”，推动石油工程从施工方转变为油藏管理的参与者、技术方案的制定者。

二是推进技术方案标准化。强化“大方案”理念，加强不同工区施工案例收集与分析，形成区域方案模板，强化工区联动、专业配合，做好方案论证与技术优化。

三是推进技术经验标准化。坚持分专业、分区域开展技术研讨，全面对标先进指标，总结技术经验，并固化为各种标准和规范。积极牵头或参与行业标准、产业规范制定，增强技术话语权和影响力。

措施二：遵循“三化”路径，做大做强特色业务

1. 坚持市场导向，推进规模化应用

一是完善市场目标管理机制。构建主要领导统筹、分管领导主抓、其他班子成员齐抓共管，全员参与的市场目标管理机制。制定队伍动用率、市场份额、装置产能达标率提升，新业务突破的“三升一突破”工作方案，大力巩固国内增储上产主阵地工作量占比。

二是实施一体化服务模式。紧盯重点区域产能建设、重大勘探开发项目，发挥井筒服务一体化优势，提升设计施工一体化能力，为甲方提供“一揽子”解决方案，以页岩气特色钻井、压裂两大主体专业优势，带动其他业务突破市场壁垒。

2. 坚持问题导向，推进产业化发展

一是优选商业模式。针对特色产品自主制造能力不足、相关资质证照难办理等问题，引进专业团队，创新“研发＋组装＋应用”成果转化模式，突出“设计在我、加工多元、组装测试、特色服务”的研发思路，确保知识产权为我所有、为我所用，加快推进产业化进程。

二是建强专家团队。根据产业化发展需要，组建21支创新团队。完善以攻关项目为主体的授权放权机制，探索实施“揭榜挂帅”，提高成果转化效率，推动油气核心业务技术、专业服务优势向自主知识产权转化，为产业化提供支撑保障。

3. 坚持价值导向，推进品牌化创建

一是注重品牌策划。统筹规划公司自有各级实验室、科研机构及特色工具产品线建设，严格规范资质申报主体和名称，自上而下合力打造统一品牌形象。

二是注重专利手段。用好自主知识产权，主动到市场前沿推介，承办国际连续油管学术研讨、石油工程技术交流等重要会议，打开广阔市场空间。

表 1　特色业务体系

特色业务体系	特色技术服务	连续油管、牵引器、多吸射孔 环保业务、高温高压测试、定测录导一体化
	特色施工	页岩气工程钻井、压裂 深井超深井高温高压钻井、测试
	特色工具产品	桥塞、液压坐封工具、连续油管工具等井下工具钻井液、水泥浆等井筒工作液

措施三：瞄准“四精”目标，构建特色管理体系

1. 聚焦机构精简，着力破解效率难题

一是组织架构扁平化。搭建“公司—专业经营单位—基层队”的三级管理组织体系，实现组织架构扁平化。实行管理“三下沉”，即机关干部下沉项目部、项目部管理人员下沉基层队、基层队大班下沉班组，弥补基层管理力量的不足。

二是机构设置标准化。撤销专业经营单位常设的分公司、大队级中间管理机构，改为非常设性项目部。推行机关“大部制”，实行岗位标准化设置。推行项目部标准化设置，对规模小、长期停等的项目部实行跨地区合并精简。

2. 聚焦考核精准，着力破解活力难题

一是成本核算到“五单”。划小核算单元，通过钻井业务到单井、井下作业到单队、环保业务到单车、海外业务到单机组、技术服务业务到单项目，确保指标分解到基层、核算到基层。

二是考核分配到个人。实行基层“工效挂钩 + 工时挂钩”考核模式，钻井队关键岗位人员与单井效益挂钩，操作岗位人员与工作量挂钩；井下专业实行个人“积分制”考核，根据施工类型、技术含量和工作量等制定积分标准，激励员工多挣积分多拿钱。

三是挖潜增效到项目。成立项目过程管控、内部结算协调、人力资源管理等挖潜增效项目组，签订年度考核责任书，确保挖潜增效工作责任见人、措施见效、效益见账。

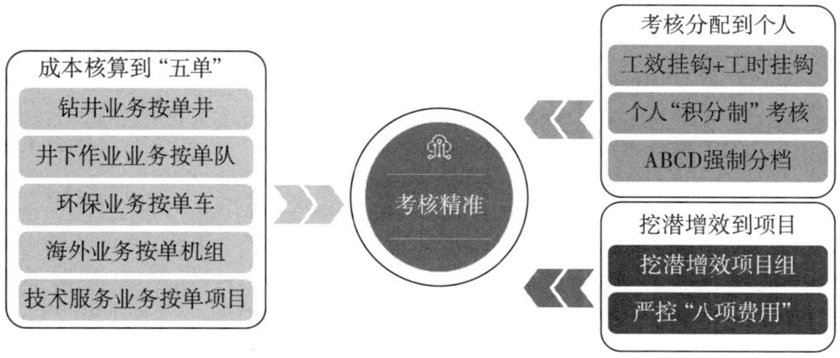

图 3　精准考核方案

3. 聚焦装备精良，着力破解装备难题

一是建立特色设备配置机制。坚持“总量控制、特色优先、注重回报、防控风险”原则，投资向高温高压测试装备、连续油管、环保等设备倾斜。坚持租赁为主、购置为辅，调配改造传统专业设备，推动主体设备向电动化、自动化转变，提升特色发展保障能力。

二是推进特色装备管理规范化。加强设备标准化体系建设，结合各工区不同技术工艺需求，分工区、分专业制定井下测试装备、连续油管装备、环保装置配套标准。推行设备 NPT 管理模式，设备现场运行管理水平显著提高。

4. 聚焦人才精优，着力破解人才难题

一是运用市场化手段，加大外部引进力度。建立社会化人才引进机制、市场化劳动用工机制，在井下特种作业专业和新业务开展试点，压缩传统业务队伍的同时，推动传统业务向特色业务转型。

二是实施“百千人才”计划，加大内部培养力度。推进百名专家人才培育工程，建设专家培养、专家选拔、专家评价、作用发挥机制；强化骨干人才梯队建设，

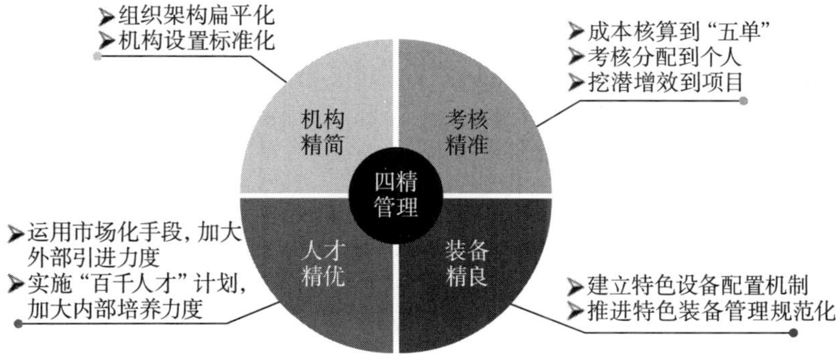

图 4　“四精”管理

分专业（工种）建立人才梯队和人才库，加快储备各专业紧缺人才。

三、实施效果

效果一：页岩气工程技术实现国内领跑

页岩气工程关键技术国产化率达到95%以上，形成110项特色技术、142项专利授权和119项标准规范，整体达到国内领先水平，成为中国石化石油工程页岩气中心、连续油管中心，获国家科技进步奖一等奖、二等奖。通过关键工艺技术国产化，助力涪陵主体区块平均钻井周期从建设初期的98天下降到40.4天，推动技术服务价格平均下降50%。

效果二：实现从工程承包商到技术服务商转型

近3年来特色业务收入持续增长，培育了页岩气钻井、页岩气压裂2个20亿元规模，高温高压测试、牵引器、连续油管、环保工程4个5亿元规模特色业务，收入占比超过80%。随着特色业务做大做强，非钻井业务收入占比超过50%，在地区公司中率先实现业务结构的特色化。

效果三：经营质量效益持续提升

通过特色化发展，公司“两利四率”和绩效考核保持处在石油工程板块前列，是石油工程板块唯一连续10年考核盈利的地区公司。截至2022年底，收入利润率为4.3%，达到行业先进水平；人均创收、创效同比增长39%、97%，总资产报酬率为5%，净资产收益率为11.8%，保持在石油工程公司所属单位前列。财务状况持续向好，与成立之初相比，公司付息债务由23.79亿元降至5.16亿元，降幅达78.3%；财务费用由1.14亿元降至0.1亿元，降幅达91.2%。

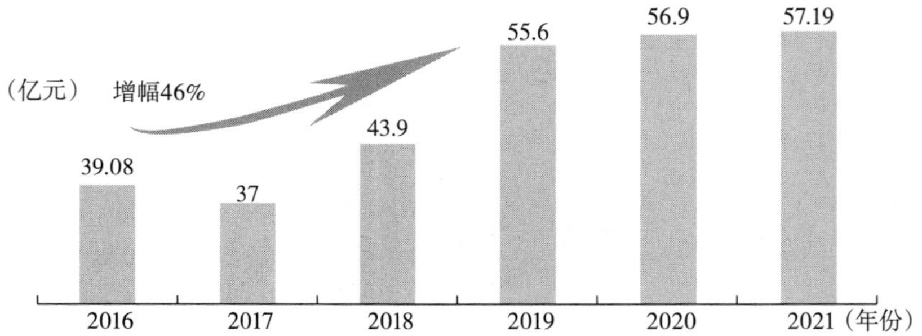

图5　2016—2021年利润情况对比

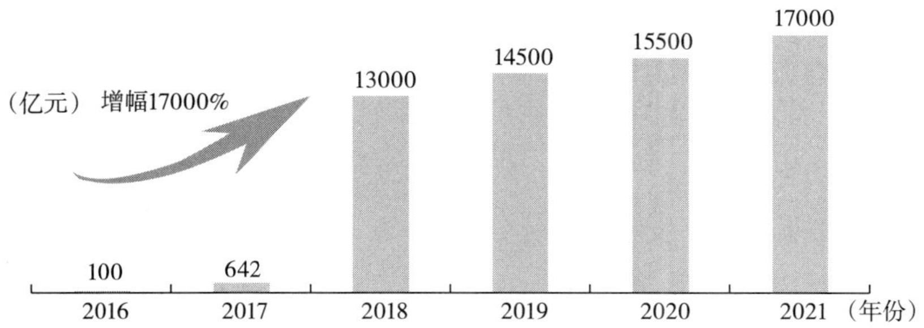

图 6　2016—2021 年收入情况对比

编者按

“导师带徒”在员工成长中扮演着重要角色。该成果聚焦海洋物探人才成长，运用现代人力资源管理办法，健全工作机制、构建各类带教平台，建立导师人才库并分类定级，采用量化、分级考核机制，量身制订培养计划并全程跟踪管理。实现“一人一策”个性化培养，构建教、学、练一体化人才培养链条，培养体系更加科学完善，不断增长才干，加快人才队伍建设，形成尊重知识、人才的良好氛围，为公司转型发展提供坚实人才保障。

海洋物探基于创新员工培养模式的实践与应用

海洋石油工程公司物探分公司

一、需要解决的问题

问题一：培养模式老旧单一，亟须创新转变

该公司现行“导师带徒”模式运行近 30 年，已不能满足实际需要。传统“一带一”结对形式，新员工的增多致使“师少徒多”，单一模式不能满足实际需要。教学内容上更倾向专业或者岗位适应性训练，在思想、安全、情感等方面关注较少，徒弟对企业认知弱，责任意识不强，心理困惑多。

问题二：制度机制不完善，考核作用不明显

在签订“导师带徒”协议后，过程管理不够，具体检查与考评措施较少，未形成完整的运行机制。师徒双方经常在时间和空间上产生不一致，导致活动停滞或中断，致使徒弟长期无人带。师徒档案尚不健全，考核定性内容多，定量要求少，加上检查、监督等环节的缺失，“导师带徒”活动浮在表面的多，导师带好带坏一个样，良师的价值没有得到充分体现，尊师重教的人文氛围不够浓厚。

问题三：培养平台有限，员工技术水平下滑

公司野外作业全部在海上，以船舶作为载体进行施工作业，受天气、洋流、渔业等环境影响，作业窗口有限。专业技术人员的培养周期也因为这些特殊原因，无法实现连续性培养。自2015年至2018年，公司专业技术人员流失，新进大学生减少，人才队伍技术出现了断层，技能水平出现下滑，后续虽然加大人才引进力度，但因海洋物探专业技术人才培养周期较长，其专业技术水平短时间内无法满足生产需要。

二、解决问题的主要措施

措施一：分类定级，创新导师带徒模式

1. 优化导师师资队伍。以建立一支结构合理、素质优良、能满足各专业人才队伍和各层级岗位需求的导师队伍为目标，建立首届导师人才库，按照带教目标、带教人才层次的不同，分别建立骨干人才导师库和基础岗位人才导师库，旨在进一步提高导师人力资源利用效率。

一是骨干人才带教导师库主要针对基层管理人员、中高层次的专业技术和技能操作人员的带教，帮助公司骨干人才提高业务管理和技术技能水平，提升专业技术职称或技能操作等级，加强公司中高层次骨干人才的储备和人才梯队建设。骨干人才带教导师库按照经营管理、专业技术和技能操作三个序列进行分类，但不进行分级管理。

二是基础岗位人才导师库主要针对公司各层级岗位的新进、转岗和见习人员的带教，帮助公司新进、转岗和见习人员较快适应新岗位的任职要求，加快公司青年人才成长步伐，保持公司优良传统和优秀经验技术的有序传承。在导师分类上，基础岗位人才导师库以专业和岗位为基础进行分类。根据公司基层一线的专业类别，导师分为船舶驾驶、轮机管理、导航定位、仪器操作、可控震源、海洋地质、资料处理、钻井技术八类。在专业分类的基础上，根据岗位层级进行细分，具体细分类别与各专业实际岗位设置保持一致。在导师定级上，基础岗位人才导师库根据导师的专业技术能力、业务水平、带教数量和带教效果等情况，将导师库内的导师分为“一级”“二级”两个级别。导师级别由人力资源部组织专家组进行逐一评定。

2. 充分重视现场培训。在带教过程中，各基层单位充分利用生产项目中的班前

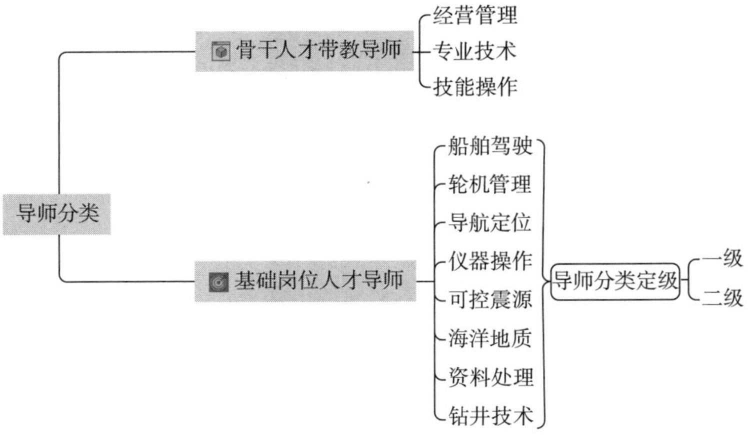

图1　导师分类

和班后会、安全活动日、技术学习培训等措施，开展现场技术教育培训和实际操作培训，针对性地完成岗位安全生产、应急救援、初期火灾、危险源辨识及其他安全注意事项等学习，全力提高员工现场安全管理水平和安全风险管控能力。其中，重点关注被带教徒弟安全意识培养情况。此外，利用班组内部培训、技能等级鉴定、技能训练等多种形式，在其业务技能上给予加强，实现在短时间（半年内）能达到的技术水平。

3. 着力强化带徒效果。在导师分类定级的基础上，一是推进基础式带教，对于新进、见习和转岗类员工在技术岗位上的，必须全部指定导师带教，包括岗位技术指导、全程跟踪培养，使其尽快达到岗位要求。二是推进提高式带教，对于工作一段时间、具有一定技术业务水平、基础较好的员工，分层次、分岗位、针对性地安排业务水平高、职业素质好、经验丰富的员工给他们担任导师，带教协议中把重点内容放在提高徒弟的岗位技能上。三是推进去尾式带教，对岗位技能欠缺、主动性不够的员工，安排经验丰富的同志给他们担任导师，目的是不放弃任何一位想成长的员工，让其能够提高专业素质，提升操作技能。

措施二：健全组织机制，激活导师带徒活力

1. 明确机关部门组织职责。公司人力资源部牵头，公司分管领导负责对导师带徒制度进行指导、审核，并对中高层级骨干人才导师带徒的师徒结对、带教计划等内容进行审核。人力资源部负责制定和完善“导师带徒”制度和方案，组织建立导师人才库，开展导师分类定级工作，负责日常管理，收集、整理“导师带徒”相关材料和记录，并组织座谈交流等。党群工作部负责协助和参与师徒结对、制订培养

计划、跟踪督导，提出需带教的培养人才推荐名单，帮助被带教员工选择导师，协助和参与“导师带徒”评选表彰和优秀典型宣传等工作。

2. 明确基层船队落实职责。以带教过程连续为重点，各基层船队在“导师带徒”实施中，确保在学成之前，师徒双方都能连续在船工作为导师选择提供建议，与导师保持沟通，定期监督和管理导师带徒实施过程，完成“导师带徒”的月度跟踪考核和期满鉴定考核工作。

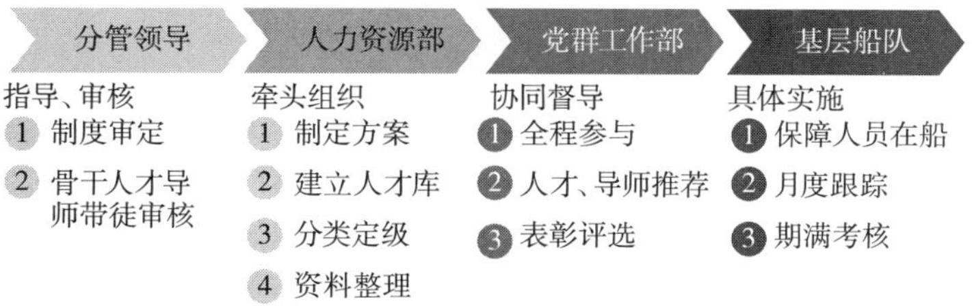

图 2　月度跟进和鉴定考核

3. 丰富“导师带徒”内涵。一是对于导师带徒的带教内容，不局限于业务技能和安全知识的培养，把培养徒弟兴趣爱好、关心徒弟家庭生活、身心健康、个人情感、心态引导等纳入导师带徒的范畴。二是对于导师带徒的对象，不局限于新进、见习和转岗员工，把经营管理、专业技术和技能操作序列中，工作业绩和综合表现突出、具有较大发展潜力，需要进一步提高业务管理能力和技术技能水平的骨干人才也纳入带教范畴。

措施三：完善考评机制，细化激励约束办法

1. 完善导师带徒活动的考核评比机制。导师带徒活动师徒鉴定实行分级考评，先由基层单位进行考核，再由公司人力资源部进行综合评价，同时党群工作部对考核过程进行监督。出徒前基层单位根据实际带教情况（包括导师教学表、徒弟学习心得表、徒弟总结报告等）进行一次综合性出徒鉴定，后由人力资源部根据导师履行协议评价标准和徒弟履行协议评价标准对其进行考核评定。分出“A”“B”“C”“D”四个等级（A 为优秀，B 为良好，C 为合格，D 为不合格）。基层单位的考核鉴定根据不同工种的实际采取理论考试、实际操作、口头问答等多种形式进行。

2. 细化导师带徒活动的激励约束机制。公司人力资源部不定期对导师带徒进行评比表彰奖励。考核结果为“C”及以上的，按照规定标准兑现带教津贴；考核结果为“A”的，公司额外给予师徒相关物质和精神奖励；考核结果为“D”的，按

照规定进行延期带教；延期带教期间考核结果仍为“D”的，终止带徒协议，并由人力资源部根据实情对师徒做出相关处理意见，如对导师进行重新评定，徒弟退回原单位、降级等。考核结果将作为徒弟转正定级、职位选聘、技能竞赛推荐、岗位晋升以及导师级别晋升、评优评先、岗位竞聘、岗位晋升的重要依据。在协议履行期间，徒弟出现违纪违规、安全事故等情况，不予发放带教津贴，同时对导师予以降级、调整出库等处理。

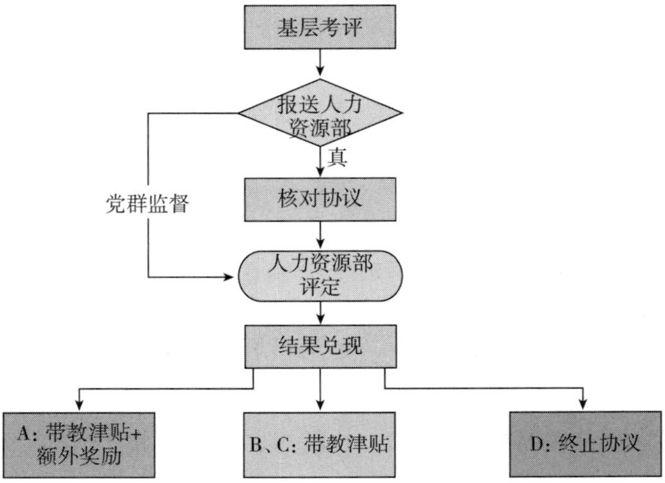

图3　基层考评体系

措施四：构建平台，提升导师带徒水平

1. 构建导师带徒活动培养平台。深入落实《“导师带徒”管理实施细则》，注重强化现场教学和实操演练，明确带教目标，不定时监督检查。公司人力资源部坚持协调师徒同船工作或共同参加项目，各基层单位深入开展基本功训练活动，包括安全技能、业务知识、工作经验、团队意识、心态引导等方面，进一步提升徒弟的综合能力水平。

2. 构建导师带徒活动交流平台。通过微信、技术论坛、物探工作室等平台，实现导师带徒活动在线上和线下的信息横向交流。通过开展职业培训、技能大赛、技能鉴定、创新创效、争当青年岗位能手等活动，实施青年安全素质提升行动，举办导师带徒活动交流会、技术论坛交流会，邀请技术大拿、青年岗位能手、铁军名匠等专家授课，促进师徒不断学习新知识、掌握新技能、实现新提高。

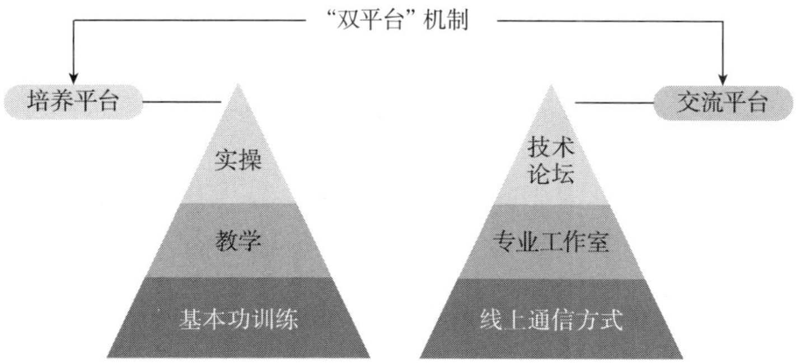

图4 "双平台"机制

三、实施效果

效果一：专业技术素养得到提升，人才结构显著优化

自新修订的导师带徒制度实施以来，公司专业技术职称评聘申请人数较以往提升80%以上，通过量明显增多。2021年来先后通过评审的有正高级1人、高级工程师11人、中级工程师5人，专业技师20人。一线专业技术素养得到明显提升，提高了公司各序列专业技术水平，为公司发展奠定了坚实人才基础。

效果二：生产科研成果丰硕，新技术新工艺取得突破

2021年，公司承担科研项目8项，其中集团公司级科研项目1项、工程公司级4项、局级3项。新获授权专利2件，新获受理专利6件，新获软件著作权2项，发表论文9篇，其中核心期刊1篇。2021年3月，公司勘407轮针对性设计研制50钻杆自动拧卸装置，配合改进优化后的锤击取芯设备，施工效率和质量大幅提升。工程勘探船勘407轮执行阳江海上风电勘察项目中，以4倍于同工区作业船舶的施工效率，抢得46.3%的工作量。在2021年7月韩国钻探项目中，创该轮最大水深（112.5米）作业和100米以上水深全断面取芯最深（200.3米）钻孔两项新纪录，打响公司海洋地质钻探业务进军国际市场的第一枪，为公司打造技术先导企业提供人才支撑。

效果三：挖掘内部潜力，培养出更多复合型人才

通过人力资源优化，在完成转岗培训并取得相应证书后，再对其进行专业技能上的导师带徒，2021年至今共培养出一岗多能专业技能操作人员56人，充分缓解

了用工压力，减少招聘成本、降低用工成本、提高员工收入，提升了员工综合素质和自身竞争力。

效果四：大力开展管理输出，实现向技术管理要效益

2021 年 4 月，公司中标“中国三峡 101”海上自升式勘探试验平台运行与维护管理项目，依托技术和管理优势，公司在轻资产运营方向上不断探索创新。2021 年至今，公司共签署对外技术服务项目 10 余个，创造产值 850 余万元，为自然资源部、中国地质调查局等多家单位提供技术服务，派遣作业技术人员参加国家海上科研调查项目，在发挥公司物探技术优势同时，提升人力资源利用效率。

编者按

进度管理体系是项目管理“铁三角”中的核心内容，它使项目能够在有限资源限定条件下，实现或超过设定进度和期望。针对威－荣区块压裂项目，以项目分解结构（Work Breakdown Structure，WBS）为基础，建立甘特图、里程碑计划及关键路径，通过组织流程再造、关键环节安全管控、设备工艺创新及薪酬分配激励等措施，积极消除生产过程浪费和非价值生产环节，以解决用有限作业队伍实现多个区域、多种工艺、不同业主方条件下高效施工模式，同时培养“一专多能”综合性工程管理人才，最终实现作业效率和业务利润双提升。

威—荣深层页岩气井压裂进度管理体系构建与实践

西南石油工程公司井下作业分公司

一、需要解决的主要问题

问题一：区域压裂工作量释放不均衡，与现有作业能力匹配存在较大差距

威—荣一期高峰时期压裂作业规模达到4个页岩气压裂平台同时作业，二期在2022年1—2月将达到6个压裂平台同时压裂施工的规模。在严格控制队伍规模、刚性压减单井成本等要求背景下，该公司将面临压裂工作量快速释放以及工作量成倍增加带来的管理风险与挑战。

问题二：项目化管理界面不清晰，生产运行效率提升受限

页岩气平台井压裂项目未开展标准化任务分解，各环节工作内容、责任主体、优先等级等未明确，管理界面不清晰；公司—部门—基层单位存在内部信息沟通渠道不畅，甚至是多头管理等问题；压裂项目价值创造流程未理顺，存在冗余环节，各环节完成时间节点需要优化。

问题三：项目关键环节未明确，作业相关的安全、质量、效率管控措施难以落地

平台井压裂项目未建立项目关键链，对关键环节未赋予相应的权重，未建立由事前审批、事中监控、事后总结所构成的HSE闭环监管机制；未有效发挥工艺优化、设备改进、技术完善等措施对项目关键环节提升的积极影响；未发挥人力配置、工作协调、后勤保障等因素对压裂项目的协同支撑作用。

问题四：项目考核激励机制不健全，全过程成本管控与全员绩效考核互融互促不够，内外部协同配合效率有待提升

平台井压裂项目未开展业务分解、各环节成本核算，项目预算与决算存在较大差距；未将每一道工序的成本分解并落实到具体岗位，未形成岗位目标责任成本，在“责、权、利”奖惩制度建设方面存在不足；未将辅助队伍、机关部门与主体作业队伍的绩效考核进行挂钩，未实现考核联动。

二、解决问题的主要措施

措施一：系统规划，抓好进度管理顶层设计

1. 充分调研，做好进度管理框架设计。结合威–荣区块压裂作业经历，以EPC项目管理模式和项目管理Ⅱ型基本框架为基础，建立威–荣深层页岩气井压裂进度管理体系。一方面，对原有管理体系进行简化，剔除生产运行工作程序中冗余部分，畅通内部信息传递和决策流程，明确公司领导、各职能部门以及基层单位在生产运行管理中的逻辑关系。另一方面，对公司相关部门的部分管理权限进行下放，做实压裂生产一线指挥机构和作业队伍功能，有效加快现场决策进度。通过分阶段实施计划进度与实际进度的对比和优化，形成进度管理纠错、审核、审批、再执行机制。

2. 认真谋划，做好进度管理组织建设。该公司以精简业务流程、缩短信息路径、降低冗员为导向，建立矩阵式与职能型相融合的新型组织结构。在此基础上，设立“川南页岩气压裂工作组”，代表该公司在川南地区负责页岩气压裂相关工作的统一组织、资源调度以及对外协调工作。针对超出该公司柴油压裂机组作业能力的额外压裂工作量，在新型组织结构的内部建立“子动态组织机构”，即建立1个“全电动泵压裂管理团队”负责对电动泵承包商的整体管理和电动泵压裂作业的日常运营。

3. 统筹协调，做好进度管理责任划分。以压裂项目启动、计划、组织、指挥、

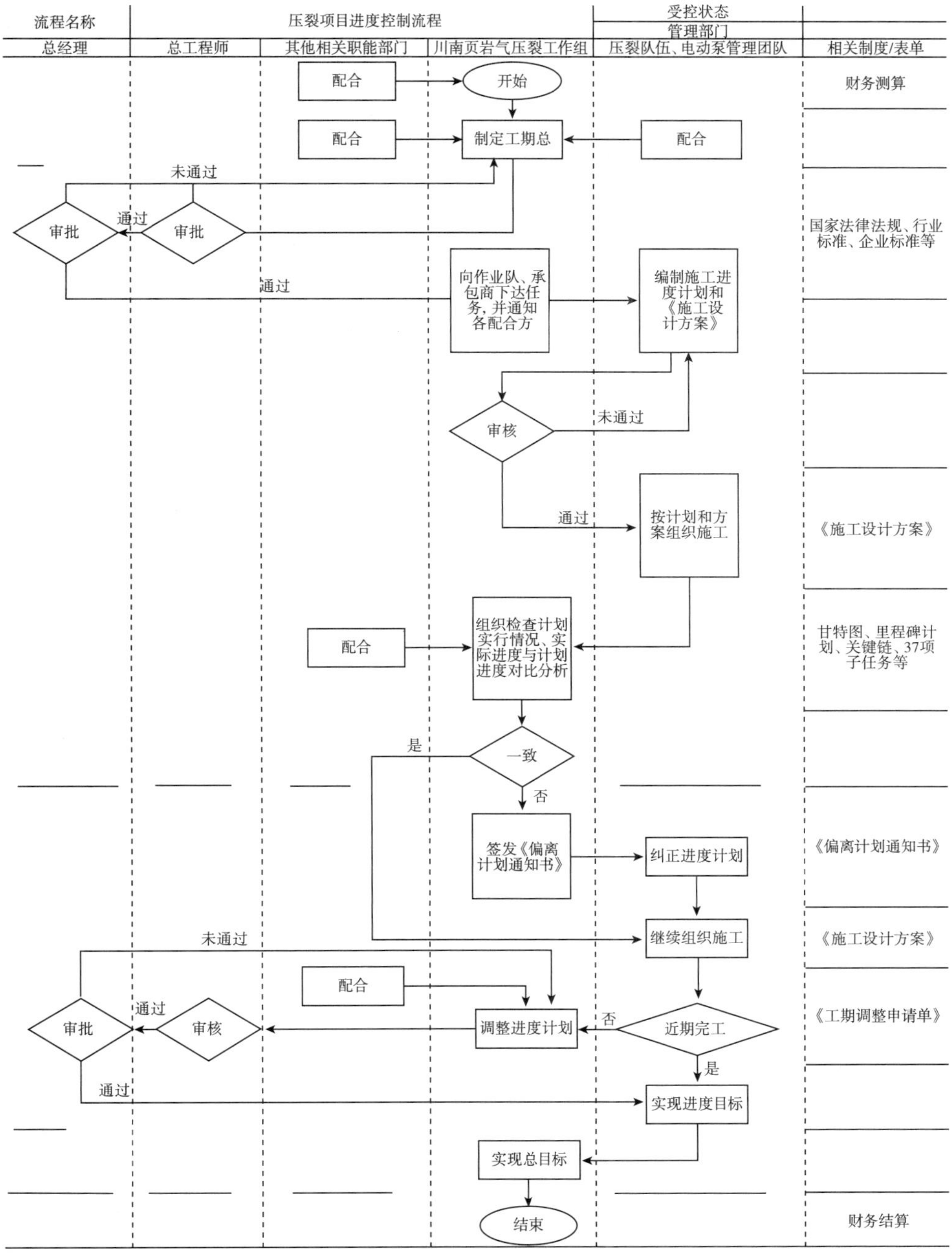

图1　威—荣深层页岩气井压裂进度管理体系

协调、控制、评价7个阶段为划分依据，建立压裂项目分解结构，首次将压裂项目细分为37项标准化子任务，厘清各子任务工作内容以及各子任务之间的工作界面。在此基础上，明确各子任务之间的优先级、时间节点、岗位责任归属，设置里程碑事件。同时，依据37项子任务的工作内容、专业属性，结合员工教育背景、职业资格、工作经历等进行任务动态匹配、权限设置以及责任落实，从而形成压裂项目责任矩阵。

表 1　威—荣深层页岩气井压裂进度管理的责任矩阵

任务序号	任务级别号	任务名称	压裂平台经理	技术负责	综合员	物资设备人员	安全环保人员	压裂主体队	……	压裂辅助队
1	êê	学习招标文件、可行性评价	P	S	S	S	S	S		
2	ê	联合踏勘现场					S	P		
3	êê	制定投标策略（选队伍、落实资源）	P	S						
4	êê	编写、审核标书（编写、审核、打印）	R	P				S		
5	ê	参与投标	P	S						
6	ê	跟踪设计		P				S		
7	ê	井筒准备（刮管、洗井、试压、安装压裂井口）						R		
8	ê	落实水源、确定水质	R					S		
9	ê	提交基础施工方案	R	R				S		
10	ê	场地复勘及场地平整						S		
11	ê	交接井						P		
……	……	……								
32	êêê	拆试气流程	R							
33	ê	钻后治理	R							
34	ê	交井	R							
35	êêê	工作量验收	P	S				S		
36	ê	分包方验收及评定	P	S						
37	êêê	压裂平台/单井成本利润考核	P	S	S	S		S		

措施二：科学统筹，抓好进度管理过程优化

1. 抓关键环节，严控时间节点。在 37 项标准化子任务执行过程中，部分子任务存在同步实施的情况。因此，制订出适合该区块压裂作业的进度计划甘特图。对于可控子任务，重点突出自主创新应用，实施技术挖潜包括工艺优化、设备改进、技术完善等。对于非可控子任务，重点是强化人力资源配置、工作协调、后勤保障等工作。同时，通过专家咨询分析各标准化子任务作业内容的影响权重和优先级，建立页岩气压裂关键链项目管理（Critical Chain Project Management，CCPM）网络

图，以抓好37项标准化子任务中的关键环节作业内容为突破，对具有全局性影响的子任务进行人力、设备、后勤等资源倾斜，尤其是对重点工序实施干部值班和HSE提级管理，对难点工作实施业务骨干牵头突击攻关，对核心部件和耗材强化日常适当储备或采取厂家零库存寄售，对关键设备实施预维修保障等。

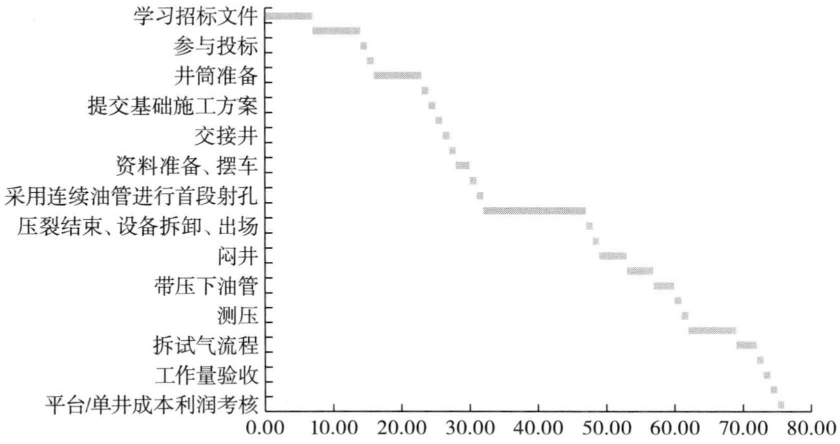

图2　威—荣深层页岩气井压裂进度计划甘特图

2. 抓工艺优化，提升作业效率。针对32项可控子任务，重点优化生产组织方式和工艺流程：实施连油“一趟钻”作业优化；开展“三同时”压前准备，将连油通、刮、洗“一趟钻”作业，地面试气流程安装，压裂设备进场准备3项作业内容同时进行；探索“压采一体化”作业模式，实现同一页岩气平台各井筒之间压裂、排液、输气一体化作业；采取“管输＋重复利用”方式处理压返液，提升压裂平台井压返液重复利用率，实现提速和降本增效。

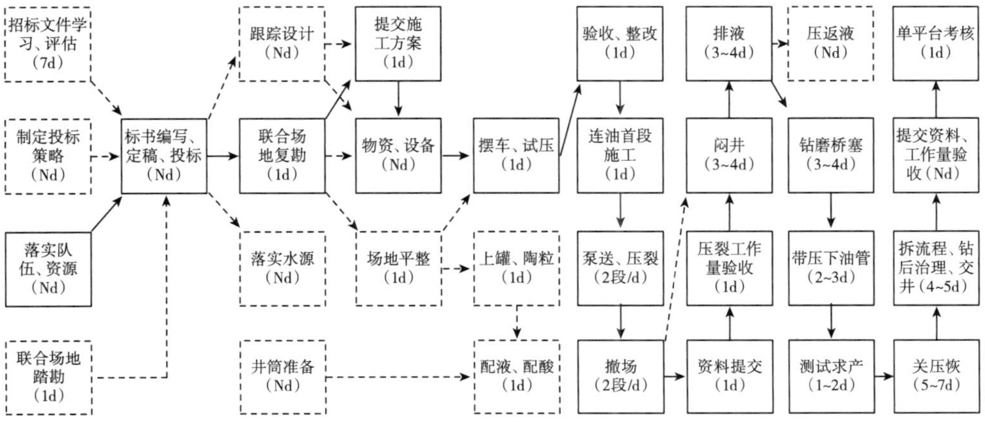

图3　威—荣深层页岩气井压裂项目关键链网络图

3. 抓创新应用，实现技术提速。针对页岩气压裂施工现场部分设备作业效率低、保养频率高、能耗消耗大等特点，积极创新应用研究，实施技术提速：研制多通道测试流程远程控制及监控系统、高压件信息化管理系统、180－15K 高低压管汇撬、智能储砂和输砂设备、燃油智能加注装置、压裂液罐自动化储供系统等，多措并举实现技术提速创效。

4. 抓安全环保，保障进度落实。依据事故发生的四要素，即人的不安全行为、物的不安全状态、环境因素以及管理缺陷，以压裂项目关键链所涉及的业务流程为主线，以天、周、半月、月、季度、年为时间细分项建立 HSE 工作运行大表，将繁

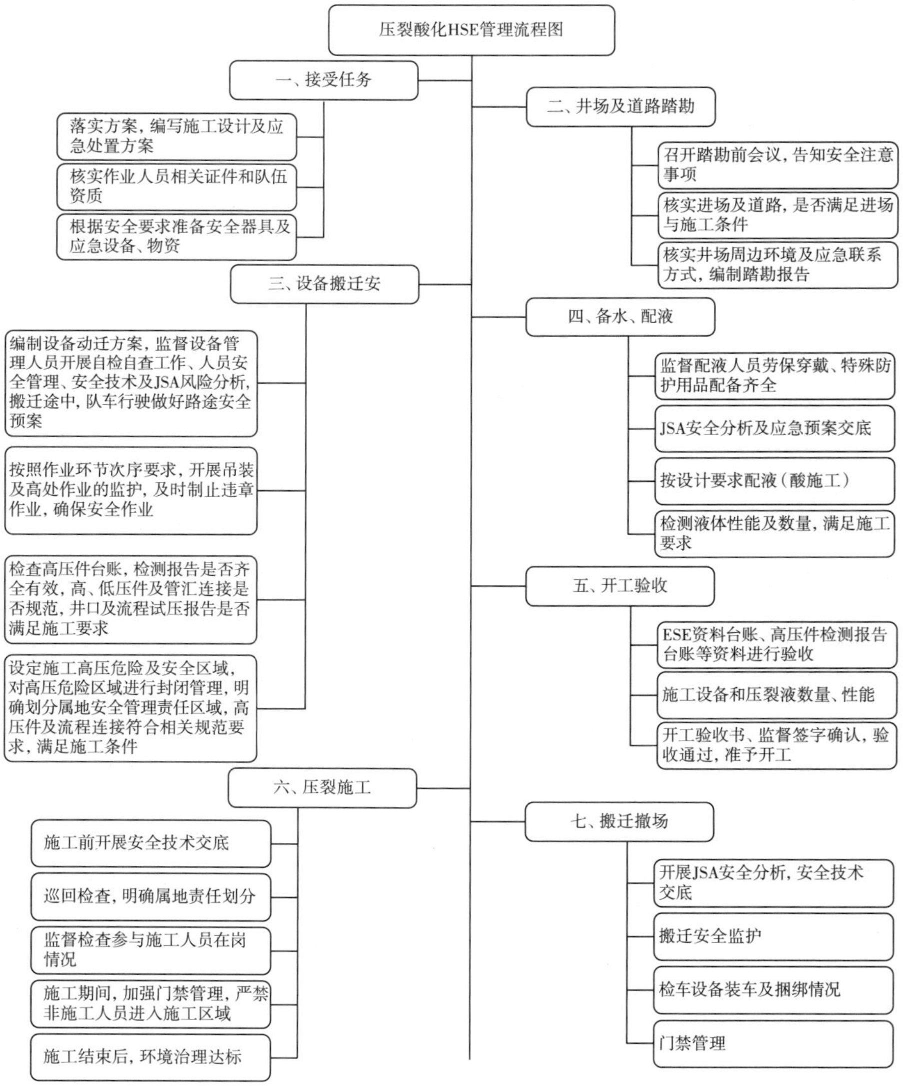

图 4　威一荣深层页岩气井压裂项目 HSE 监管流程

杂的 HSE 监督工作梳理和分解为日常模块化工作。同时，依托关键链网络图在项目执行过程中以主要工序为管理对象，建立安全积分管理体系，重点对关键路径上关键环节所涉及的设备本质安全管控、日常维护、操作步骤及员工培训等进行考核。

措施三：全面管控，抓好进度管理结果考核

1. 立足财务数据分析，建立考核基准。以压裂项目实施“业财融合”和“全面预算管理”为突破口，积极推进工程作业队伍财务转型。一方面，财务人员下沉一线熟悉压裂工艺技术和作业流程，增强财务人员对现场工艺技术的了解和掌握。在参与压裂项目投标过程中，按照“全面预算管理”原则做实各类成本，做到“事前算赢”。另一方面，挑选专业技术人员学习基础财务知识，增强技术人员对石油工程定额、各类物资材料成本的了解和掌握。同时，公司委托服务商建立单井成本管理系统，并组织开展 ERP、ERS 等系统及财务基础知识培训。

2. 强化关键指标权重，建立考核体系。以“鼓励价值创造”为原则，以压裂项目经营结果为导向制定绩效考核方案，涉及进度、质量、成本、环保等七大类 12 项绩效考核指标，重点考核进度管理、社会贡献、质量管理三类主要工程指标。同时，针对 12 项指标的数据敏感性、重要程度、可改进性、工作艰苦程度等进行综合考虑，设置不同的权重系数，以此反映员工在工作开展过程中的贡献大小、努力程度、工作效率、降本效果等真实情况。

3. 开展全员绩效考核，促进提速降本。以“威－荣深层页岩气井压裂绩效考核体系”为基础实施全员绩效考核，激发职能部门、工作组、基层作业队等相关方的活力，在压裂项目“质量－成本－进度”铁三角管理方面取得显著成效。

三、实施效果

效果一：生产经营情况显著提升

2020 年，该公司入地酸液、入地液量、入地砂量比 2019 年分别提升 99.4%、110.6%、124%。压裂准备时间缩短 25%，设备利用率提高 10.7%，整体压裂效率提高 20% 以上，通过上述措施该公司产能、设备动用率及生产效率取得大幅提升。2019—2022 年，该公司压裂作业产值以平均每年 10.28% 的速度增长，利润以平均每年 33.92% 的速度增长，压裂作业创收及创效能力保持稳步增长。

效果二：施工纪录指标显著提升

项目实施以来，威页 29－4HF 井，水平段长 2000 米、单井液量 82133.14 立方米、单井砂量 2617.73 立方米，刷新中石化威—荣页岩气工区 3 项纪录；丁页 3－1HF 井，压裂效率最快 3 段/天、平均 2.43 段/天，刷新中石化威—荣页岩气工区柴油压裂机组施工 2 项纪录；永页 8－5HF 井和永页 8－6HF 井，单段砂量 226 立方米，单段最高加砂强度 2.41 立方米/米，平均加砂强度 2.01 立方米/米，刷新中石化威—荣页岩气工区电动压裂机组施工 3 项纪录。

效果三：队伍整体素质显著提升

该公司建立 2 个电动泵压裂团队和 3 个柴油机泵压裂团队，5 个压裂团队均具备独立带队作业能力，并逐步探索出电动泵压裂相关技术和操作流程。自开展“持续攻坚创效”活动以来，3 次获甲方专函表扬，3 支队伍分获西南石油工程公司集体一等功、二等功、三等功，1 名员工获西南石油工程公司个人一等功，2020 年 1 支队伍获集团公司“石油工程金牌标杆基层队”称号。

编者按

习惯性违章是引发生产安全事故主因之一，难以根治。该成果通过深入剖析习惯性违章成因，聚焦全员履职、全员宣贯、全员培训、全员考核导向，推行“强责任、强意识、强技能、强考核”四项举措，推动反习惯性违章在领导层、管理层直至基层岗位内化于心、外化于行，凝聚整治习惯性违章工作合力，全方位、多层次织密扎牢安全生产防护网。

以“四强”推动习惯性违章整治的探索和实践

华北石油工程公司五普钻井分公司

一、需要解决的主要问题

问题一：管理体系思维不强

业务部门、基层单位对体系要素管理要求理解不深入，部分职能部门对专业主管职责定位不准，对业务范围内作业标准执行情况检查帮扶不到位，“三管三必须”责任未能有效压实，整治违章违规的管理合力还未形成。

问题二：思想认识有待提高

部分基层管理人员重生产轻安全、重进度轻防护、重效益轻管理，对习惯性违章听之任之。作业人员思想松懈，对习惯性违章的危害认识片面，忽视日常安全意识和操作技能的提升，不懂得用理论指导实践、用意识规范行为。

问题三：岗位安全培训不实

培训计划和重点不结合现场需求，员工被动接受导致认识问题不全面，主管部门对培训效果跟踪复查不严。部分管理人员、作业人员对操作规程和作业程序理解不透，部分班组长、专业大班等骨干凭借经验干活，上行下效，习以为常。

问题四：考核“指挥棒”效果较差

公司和基层单位考评手段单一，无论是对高标准、新经验、好作风的规范操作，还是对低标准、老毛病、坏习惯的违章作业，都缺乏有效的奖惩手段，干好干坏一个样，奖优罚劣作用未有效发挥，考核机制有待进一步优化和完善。

二、解决问题的主要措施

措施一：坚持协同联动上下贯通，强责任落实治理违章

将分解落实全员岗位安全责任作为重点，构建上下贯通、纵向到底、横向到边的责任体系，层层传导压力、逐级压实责任，实现业务领域专业管理与安全管理的有效融合，打造齐抓共管整治违章的责任链条。

1. 推动各级安全生产责任层层落实。公司领导班子制订个人安全行动计划，带头发挥安全示范引领力，提高安全管理履职能力和意识，推进管理重心前移，履行好检查监督、风险管控等职责。专业部门强化技术支撑及指导帮扶，开展本专业安全风险识别管控和安全隐患排查治理，严查违章违规并跟踪督导整改；关键节点、重点环节安排专业主管人员值班带班，加强对作业现场人员的不安全行为监管与纠正。安全监督重点督促作业现场操作规程和风险防控措施落实，关注作业全过程人员操作行为，发现违章隐患苗头及时制止纠正。基层各岗位对照责任清单履行岗位职责，遵守操作规程和作业程序，做到“有岗必有责，上岗必守则”，增强岗位责任心，提高工作执行力。

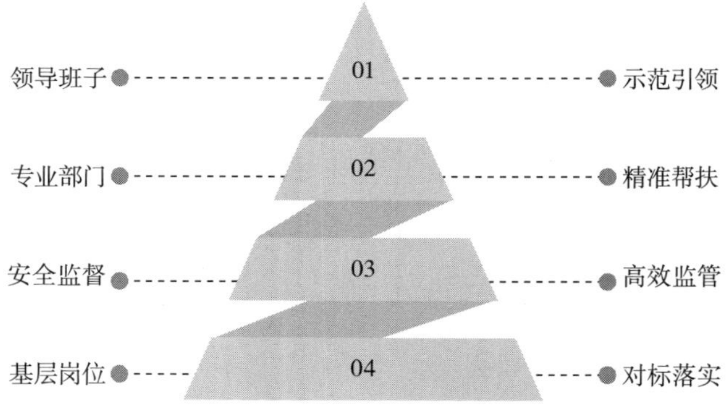

图 1　压实各层级安全责任

2. 党建引领助力反违章专项整治。各级党组织落实主体责任，发挥党员对生产班组的联系带动作用，把党的政治优势转化为推动安全生产的组织优势，积极开展“党员身边无事故、干部身边无违章”活动，扎实推进习惯性违章专项治理行动，着力整治现场违章行为，提升现场安全管控质效，有效降低违章率。强化责任担当，发挥好党支部战斗堡垒作用，引领员工严格执行作业规程和标准规范，争做遵章守纪的模范。

3. “1+N”专项督查促进基层HSE责任落实。结合阶段工作重点和要求，制定每日专项督查内容，明确基层队对应的专业负责人，由1名安全监督联合基层队的1名或N名专业人员按照“1+N”专项督查清单，共同开展专项督查，治理现场习惯性违章及重复隐患，强化“管业务必须管安全”的意识，推动基层干部、专业大班及岗位员工HSE责任落实。

4. “123”工作法压实高风险作业专业主管责任。严明“一个清单、两条主线、三个层级”管理，明确高风险作业管控流程，压实各层级管控责任。一个清单：指视频监控室根据基层队高风险作业实际，每日统计高风险作业清单，报送各业务主管部门及分管领导。两条主线：从“分管领导—业务部门—基层专业管理人员”三个层级，压实高风险作业各级管理主体责任；从“视频监控室—安全监督站—驻井安全监督”三个层级，压实各级监管责任。严控高风险作业过程中人、物、环、管的不安全因素，纠正违章违规，实现高风险作业安全可控。

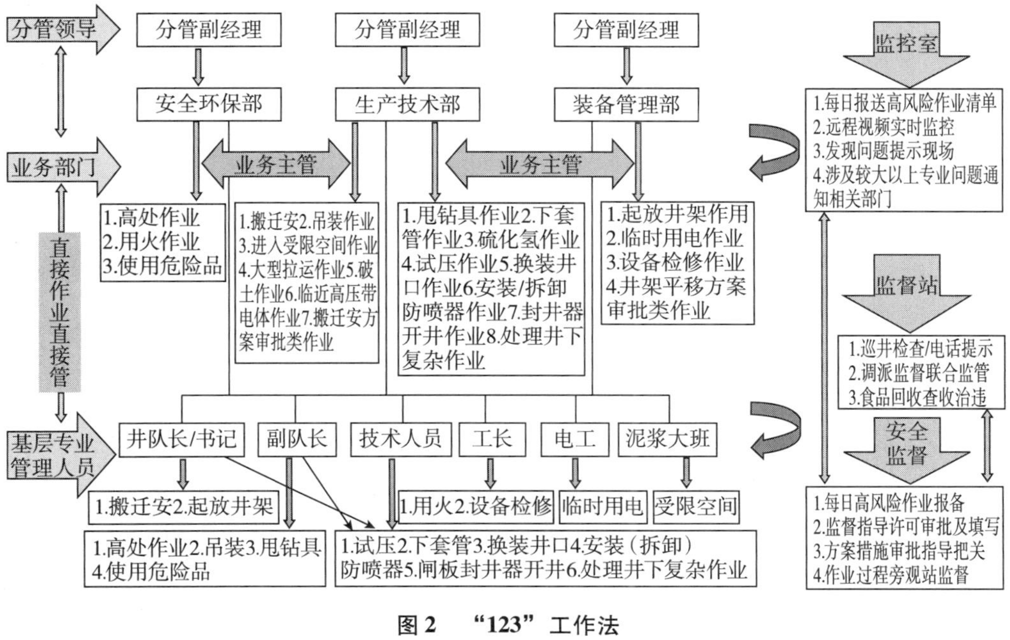

图2 “123”工作法

措施二：坚持融合多重宣教平台，强思想意识治理违章

从预防入手，加强全员教育宣贯，提高员工安全意识和素养，营造良好的安全文化氛围，对人的不安全行为自我控制预防，减少习惯性违章。

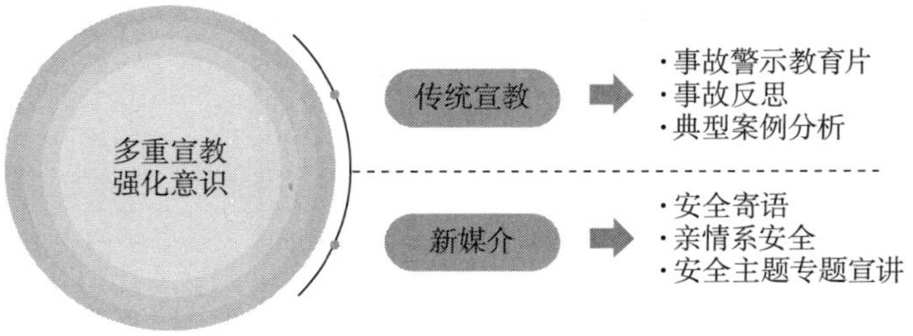

图3　融合多重宣教平台

1. 运用传统宣教平台开展警示教育。把开展事故警示教育活动纳入员工常态化安全培训，通过观看事故警示教育片、开展事故反思讨论等形式，对员工进行事故警示教育，增强全员安全意识。用典型案例分析违章作业危害，启发员工自觉遵章守纪，增强自我保护意识，自查自纠身边的违章行为、事故苗头和事故隐患。

2. 借力新媒介营造安全文化氛围。利用融媒体宣传优势，在公司官微开设“安全寄语”专栏，发布安全典型经验、亮点做法；开展“亲情系安全”活动，构建单位与家庭联动机制，让员工时刻牢记“安全为了谁”，用亲情文化提升安全意识；举办安全主题专题宣讲，营造浓厚安全文化氛围，让员工认同公司安全文化，树牢遵章守纪意识。

措施三：坚持构建多维培训模式，强技能提升治理违章

立足现场实际，以抓实“三基”工作为切入点，压实基层主体培训责任，强化班组安全培训和员工技能培训，有效提升员工素质，夯实反习惯性违章的能力根基。

1. 联合推动抓实基层主体培训。由安全监管部门联合人力资源部门，落实基层队培训主体责任，以员工关键实操技能提升为突破口，按照“缺什么、学什么、补什么”原则，因岗因人完善培训矩阵和实操重点，增强培训计划针对性、培训方式多样性，不断提升培训成效。

2. 突出重点抓实班组安全培训。抓好班组长安全教育培训，重点培养提升班组长对安全生产的认知程度、安全技能水平、组织协调等综合能力，做好自身表率，监督员工遵章守规，严查“三违”，促进班组全员安全意识和操作技能的提升。抓好班前班后会，会前安全教育五分钟做实安全警示教育，班前会明确安全生产任务

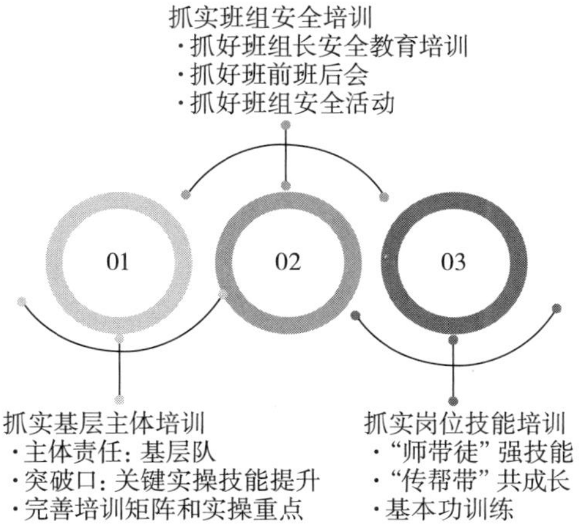

图4　构建多维培训模式

和职责分工，识别安全风险、落实防控措施；班后会对工作执行、“三违”整治、员工行为讲评总结。抓好班组安全活动，以“强技能、爱学习、提素质、严管理”为标准，坚持开展强化技能培训、岗位练兵等活动，以隐患违章曝光台、安全经验分享、安全事故案例分析讨论等多种形式对员工进行安全培训，以先进带动落后，班组员工互促共进，查漏补缺，不断提升自身能力素质。

3. 有的放矢抓实岗位技能培训。开展好“师带徒”强技能、“传帮带”共成长工作，通过扎实有效的基本功训练，将正确规范的安全操作技能转化为日常操作习惯，杜绝误操作和违章操作，提升操作人员的操作技能和应急处置能力，确保员工知规程、懂标准、明风险、不违章。

措施四：坚持统筹考核有效奖惩，强结果运用治理违章

注重正向激励添活力、反向倒逼施压力，科学制定奖优罚劣的考核指标，形成导向正确、简约实用的考核机制，坚持激励与约束并重，引导全员遵章守纪、杜绝违章、规范作业，形成创优争先的浓厚氛围。

1. 统筹基层单位考核。抓好月度（单井）安全考核，突出问题导向，考核结果与月度（单井）绩效挂钩，纳入年度绩效综合考核。值班干部和安全监督对班组进行量化考核和评比，考核结果与班组安全奖挂钩，对当月安全作业无违章、排查整改隐患较多的班组加大奖励力度；对履职不到位或出现严重违章的班组给予相应处罚，激励各班组履行职责，遵章守纪。

2. 统筹员工个人考核。强化违章行为责任追究，将考核与个人安全绩效挂钩，井队先进优先从当月安全操作无违章、排查隐患多的员工中挑选，激励员工养成执

行标准、规范作业的好习惯。以表彰奖励、典型培树、正向激励作为有效抓手，及时挖掘各基层队工作亮点和突出事迹，通报表扬、奖励表现优异的人员和好的做法，发挥“正向激励”导向作用，达成全员参与安全、全员保安全共识。

三、实施效果

效果一：HSE 体系运行质效持续改善

通过规范 HSE 管理体系运行，坚持领导首抓、专业部门常抓、安全监督严抓、基层班子具体抓，发挥领导干部示范引领作用，专业部门主动履职，安全监督高效监管，基层岗位全员尽责，对习惯性违章严防死守，有效解决 HSE 责任落实“上热、中温、下凉”问题，推动习惯性违章整治取得实质成效。2022 年，圆满完成安全生产各项目标任务，获华北石油工程公司“HSE 先进单位”荣誉称号。

效果二：全员安全意识得到明显增强

通过多种形式的安全宣贯及警示教育，进一步增强员工安全意识、安全操作的责任感和规范作业的自觉性，营造“人人争上标准岗、个个争干标准活、全员争做安全人”浓厚氛围。

效果三：岗位安全培训取得显著成效

在近年来各级安全管理监督检查中，基层习惯性违章类问题大幅减少，员工安全操作技能和风险辨识能力持续提高，作业行为不断规范。2021 年华北石油工程公司石油钻井工职业技能竞赛中有 7 人获“技术能手”称号；2022 年现场安全管理问题较 2021 年减少 50% 以上；2023 年中国石化基层安全员业务竞赛（石油工程板块）中安全监督赵帮民以个人总分第二夺得金牌。

效果四：考核“指挥棒”作用充分发挥

通过严格考核、奖优罚劣，以考核促落实，以考核促提升，进一步激发班组团队活力，有效调动员工积极性，督促全员杜绝违章、规范作业。2023 年 1—6 月，累计发放安全奖励 178 万元，评先评优 136 人次；下达违章处罚单 17 份，罚款 3 万元。

编者按

华东石油工程公司东北项目部扎根东北地区36年，积极践行“为甲方创造价值”承诺，按照石油工程公司“加快建设项目化管理体系”部署，坚持树立新理念、确立新思路、建立新模式，聚焦“经营项目、经营井”这一主线，着力推动“组织、运营、支撑”三大体系建设，切实发挥区域项目部市场、队伍、技术、装备等资源统筹职能，不断提升项目管理水平和运营质量，在项目化管理进程中推进提质增效。

完善三个体系建设　赋能项目高质量运营

华东石油工程公司东北项目部

一、需要解决的主要问题

问题一：项目盈利能力转弱，亟待管理破题

随着国际油价低位徘徊、东北油气分公司持续推进低成本战略，以及传统的项目管理方式带来的资源配置效率不高、效益导向不强等问题叠加影响，东北项目部的盈利能力转弱甚至亏损，又是公司核心效益支撑，直接影响着公司年度经营和可持续发展，迫切需要推进项目化管理，强化核心资源统筹，打通管理、技术、信息等壁垒，破解项目管理创新性发展难题。

问题二：资源配置能力较弱，亟须统筹协同

东北工区施工队伍13支，全口径用工406人。传统项目管理模式下，涉及钻井、固井、压裂等多个专业，项目管理相对独立，没有在地区公司层面进行区域统筹管理，区域内资源配置效率不高，项目整体竞争实力和盈利能力较弱。迫切需要创新组织和运行方式，强化系统思维，实现区域内资源共享、统筹配置，以及专业

单位、项目部、基层单位的集约化运营，实现人才流、物装流等有效协同，保障项目化管理高效运行，提升项目盈利能力。

问题三：价值创造意识较弱，有待激励强化

传统模式下，价值创造和效益导向的“指挥棒”作用发挥不够明显，“干好干坏一个样”的“大锅饭”“躺平”等消极思想还在部分员工中顽强存在；“企业不消灭亏损，亏损就消灭企业”的经营理念，以及“经营项目、经营井”观念还没有强烈地深入人心，迫切需要以项目化管理为契机，突出用价值创造评价员工绩效的导向，形成人心思盈、人心思进的积极氛围。

二、解决问题的主要措施

措施一：聚焦效率提升，建立完善项目组织体系

坚持目标引领，推进钻井公司项目化改造、高效运营，全力支撑东北工区勘探开发。

1. **强化区域化管理支撑**。从优化区域市场资源配置出发，将原有两家钻井公司保障东北工区的运行方式，调整为“一对一”支撑模式，明确由六普钻井公司全方位提供服务保障。东北项目部负责东北工区生产市场的统一组织、统一调度、统筹资源共享，统一对口协调东北油气分公司各项事务。通过优化保障体系，管理效率显著提升，克服了多头管理、机构重复建设等问题。

2. **实施项目化转型改造**。明确专业经营单位、区域项目部、基层单位在项目化管理组织架构中的功能定位，解决“如何管”的问题。推进六普钻井公司项目化改造为钻井项目管理部，主要承担项目支撑保障职能，寓服务于统筹监管之中；东北项目部履行项目的生产市场经营职能，寓运营管理于经营项目之中；通过优化机关机构、精干人员，重置职能、优化职责，厘清界面、明确权限，实现资源共享、健全保障。

3. **推进项目扁平化运转**。在项目化改造、职能职责就位后，重点推进管理集约化，规范钻井公司、项目部人员机构设置，厘清界面、共享资源；完善项目制度体系建设，促进高效敏捷、责任落实、扁平化运行。内设机构由原来的 5 个压减至 3 个，管理人员优化 5 人，机构管理费用压减 404 万元，压减比例达 20.6%。

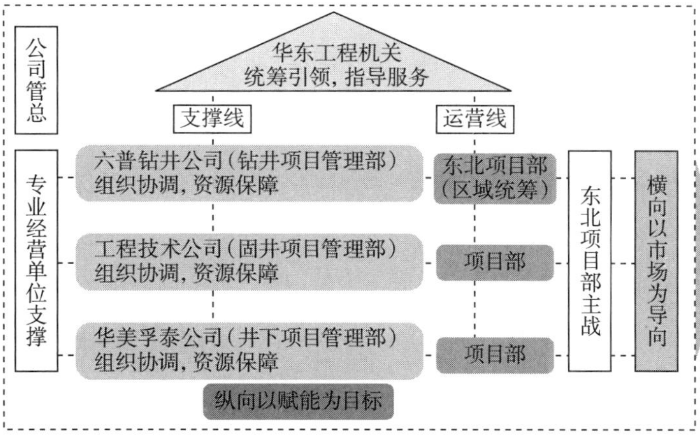

图1　东北项目部管理架构

措施二：聚焦效益提升，建立完善项目运行体系

服务“项目驱动”，加快建立与项目化管理相适应的市场、运行、经营、考核机制，激发项目发展动力。

1. 坚持市场开发一体化协同。深入落实华东石油工程公司和东北油气分公司“一对一”战略服务合作协议，坚持超前对接、主动沟通，完善多层次、全方位、高效率的沟通交流机制，主动加强勘探开发与工程技术的一体化研究、一体化设计、一体化施工、一体化评价，共同为油气勘探开发提供最佳方案、创造最好效益。从华东工程公司东北项目部、华东工程公司市场部门到华东工程公司，分别加强与东北油气分公司高效开发项目部、机关业务部门、油气分公司等方面的对接协调，充分发挥东北项目部区域协调职能，开展常态化业务对接，推进工作量均衡释放。2022 年，该项目部钻井进尺 12.19 万米，同比增加 2.43%，市场占有率达到 74.28%，同比提升 8.49%。

2. 推进区域内生产一体化运行。按照早部署、早安排、早实施的工作思路，加强与甲方的沟通协调，组织开展工作量摸底、调查、对接，明确工作目标。按照效益最大化原则，加强与甲方、地方政府、辅助生产单位等多方联系，坚持“两优化、一加强”：抓好生产运行优化，优先实施高效调整井，尽最大可能提高效益；抓好生产组织优化，合理安排钻井队伍，减少大范围搬迁；加强生产环节配合，打造无缝衔接管理模式，推动项目运行平稳高效。2022 年，该项目部钻机动用率同比提高 2.75%，搬迁安周期同比缩短 16.78%，完成多口超深井、示范井施工任务，赢得甲方表扬。

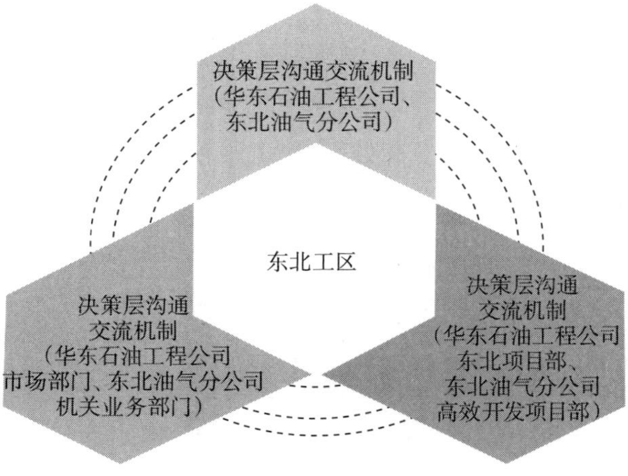

图 2　市场开发沟通交流示意图

3. 加强项目经营管控。强化项目合同管理，提升“合同五率”，实现依法保效。2022 年该项目部通过强化合同管理，争取合同外工作量结算额 600 余万元。抓实单井（单项目）分析、项目部月度综合分析暨重点井专题分析，对比成本预算与实际消耗，指导基层队动态控本。2022 年，该项目部所属井队平均材料消耗同比降低 4.8%。强化项目经营控制，对外仔细研究合同条款，把好成本入井关，督促按月结算，确保颗粒归仓；通过强化项目经营和质量管理，2022 年获得甲方优质工程奖励款 123 万元。

4. 严格项目考核兑现。突出项目经营责任落实，坚持“考核对象全员覆盖、考核过程与结果并重”，项目部对井队领导建立经营指标负责制，实现指标细分；对班组建立班长目标成本责任制，实现指标微分；对项目管理人员建立经营指标管理权责制，实现成本联分，实现纵横向“双轨”控制，做到职责明确，通过严考核硬兑现，充分激发员工积极性。2022 年单井考核兑现水平人均最高与最低相差 2.59 万元，最高是最低的 5.98 倍。

措施三：聚焦效能提升，建立完善项目支撑体系

充分发挥管理和信息平台的保障优势，抓好“人才池”“物料库”“装备库”建设运行和技术保障，为项目化管理提供坚强支撑。

1. 加强“人才池”运营管理。按照“优化盘活、灵活配置”原则，强化人力资源统筹，提高管理效能。按精简高效原则和“大岗位”管理要求，全面优化项目部机构及岗位设置，将 5 个内设机构精简为 3 个，人员优化至 17 人。加强员工动态管理，根据钻井工作量合理确定用工量，严把用工总量；拆掉工区内部用工“围

墙”，加大不同序列人员的动态交流共享力度；采取建制调整、对口调动等方式，推动停待队伍人员跨队伍、跨区块流动，2022 年累计统筹调配 71 人次。强化年度考核、日常考勤结果综合运用，畅通退出渠道，清退业务外包工 4 人。根据生产情况动态灵活配置项目用工，退回富余项目用工 137 人次。

2. 加强“物料库”运营管理。本着集中建库、统一管理原则，2022 年 7 月投入运营的石化油服东北中心库——长岭县咕噜嘎中心库库房面积约 3000 平方米，实现物资集中采购、统一质检、统一储备，有效满足了东北工区所有施工队伍的物资储备需求和系统内兄弟企业的物资保供需要。集中建库不仅解决了全而散的重复储备现象，而且在不增加运行成本基础上，实现人员和物资统筹优化，促进了钻井生产保供效率显著提升。2022 年东北中心库实际库存下降 50% 以上。

3. 加强“装备库”运营管理。按照加强装备全生命周期管理要求，根据设备类型、用途、新旧程度等属性进行分类管理，组建起东北装备实物库。推进装备信息化建设，在完善库房实物信息的同时，为装备库及井队设备均申请了电子标签，配合推进设备电子标签、装备库系统及 MRO 现场应用。积极推进基础队库和机动备用库的设备配套，注重设备配套完整性和可替换性。坚持优化保效，全面构建区域装备维修保障体系，同比节约修理费用 400 余万元。

4. 强化技术力量整合联动。实施重点井领导承包制，由项目部领导实施单井承包，施工管理、单井效益与年终绩效挂钩。推进专家分片承包制，出台《钻井技术指导承包管理办法》，由公司级专家、骨干工程技术人员分区块、分类型承包管理，

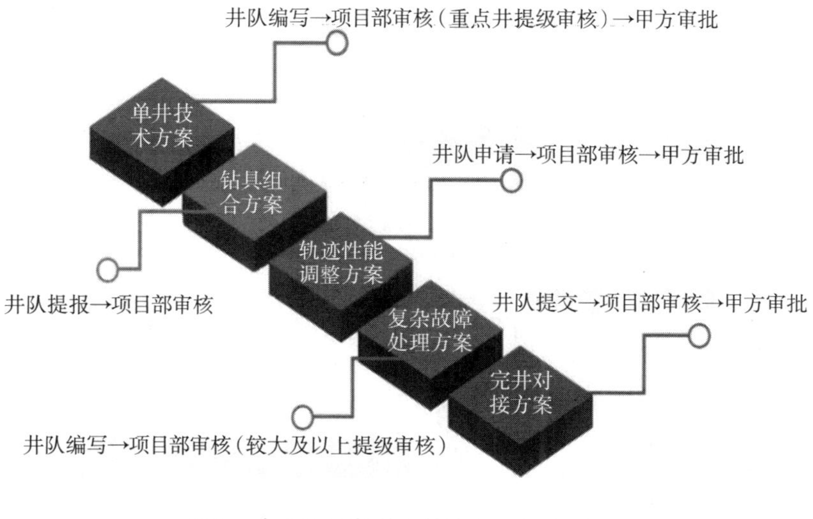

图 3　东北项目部单井技术方案示意图

根据钻井周期节约率等指标进行考核兑现，充分发挥承包人员在措施优化、风险防控等方面的积极作用。落实工程故障复杂分级管控，一般工程复杂故障由专业经营单位工程技术专家、技术部门会同项目部共同编制处置方案；较大及以上级别的工程复杂故障由华东石油工程公司工程技术部牵头组织专家审查处置方案。2022 年，该工区工程复杂故障时效同比下降 54. 17% 。

三、实施效果

效果一：服务保障能力更加突出

随着专业经营单位项目化转型改造到位，项目部与单位间管理界面更加清晰，管理优势更加明显，运营效能显著提升，构建起“让听得到炮火的人呼唤炮火”的有效运行机制。2022 年以来，该项目部累计在腰英台、龙凤山等核心区域施工各类地质预探井、油气开发井 27 口，累计钻井进尺 12. 19 万米，占东北工区市场份额的 74. 28% ，同比增加 8. 94% ，为甲方高质量勘探、效益开发做出突出贡献。

效果二：项目运营效率持续提升

随着项目化管理深入推进，区域项目统筹钻井、固井、物资等方面资源的能力更加突出，市场竞争力明显增强。目前已经成为该公司最大的一体化井筒业务服务商。区域资源的有效整合，助力“四提”成果持续显现，2022 年东北项目部搬迁安、钻井、完井、建井周期同比分别缩短 6. 78% 、17. 08% 、5. 07% 和 9. 48% 。钻井业务完成合同额持续保持稳步增长，并呈现箭头向上的积极态势。

效果三：深化改革红利有效释放

随着项目化管理深入推进，围绕保障项目高效运行的人才池、物料库、装备库等支撑体系建设更加完善，资源配置效率和集约化管理水平稳步提升，项目化管理优势和改革红利逐步显现。2022 年，东北工区通过市场化创效、外委转自营等措施累计创收增效 600 余万元，项目利润大幅攀升。

效果四：干事创业激情充分迸发

项目化管理也涤荡老旧观念、催生新思想，“经营项目、经营井”理念逐步增强，人心思进、人心思盈氛围更加浓厚，以严格规范的项目管理和严考核硬兑现的奖惩机制，把成本降下来、把效益提上去、把项目发展好成为员工的共识。

编者按

地球物理公司胜利分公司以打造高利润优质精品工程项目为目标，创新项目运行管理，持续优化生产组织，在项目全生命周期4个不同阶段，抓准主要矛盾变化，探索形成以“七分准备、责任追溯、精益管理、复盘总结”为核心的“四重心”项目管理策略，推动项目管理全过程的计划、组织、指挥、协调、控制和评价更加规范有序运行。

“四重”管理策略在地震采集项目中的应用及效果

地球物理公司胜利分公司

一、需要解决的问题

问题一：项目生产效率不高

当前，物探项目生产效率仍有提升空间，特别是物探项目具有冬季集中施工的特点，而采集设备、分包商等资源在项目集中施工期间较为紧缺，难以保障多个项目同时生产，造成大量装备资源被占用，无法实现各类资源的高效循环利用。

问题二：项目盈利空间不足

随着集团内上游板块成本管控加强，物探投资价格呈下降趋势，定额执行率近5年来降幅达到14%。目前胜利东部探区的炮道密度由2017年的97.28万道增长到2021年的226.56万道，胜利西部探区的炮道密度由2017年的205.4万道增长到2021年的441.15万道，导致项目成本增加，项目盈利空间被严重压缩。

问题三：项目管理精细化程度不够

近年来，物探项目施工条件越来越复杂，甲方对施工标准要求越来越高，特别是面对定额执行率下降、生产成本上升、项目炮道密度成倍增加等因素，需要采取更加科学有效的措施加强精细化管理。

二、主要做法

措施一：聚焦夯实基础，抓实七分准备

1. 做细做实尽职调查。总结固化了“五化、四优、三全”精细尽职调查法，对工区内的人文、气候、地表、地貌等情况进行大规模精细踏勘，在项目实施前将制约项目运行的因素查找全、识别清，并制定针对性措施，为项目高效施工奠定基础。

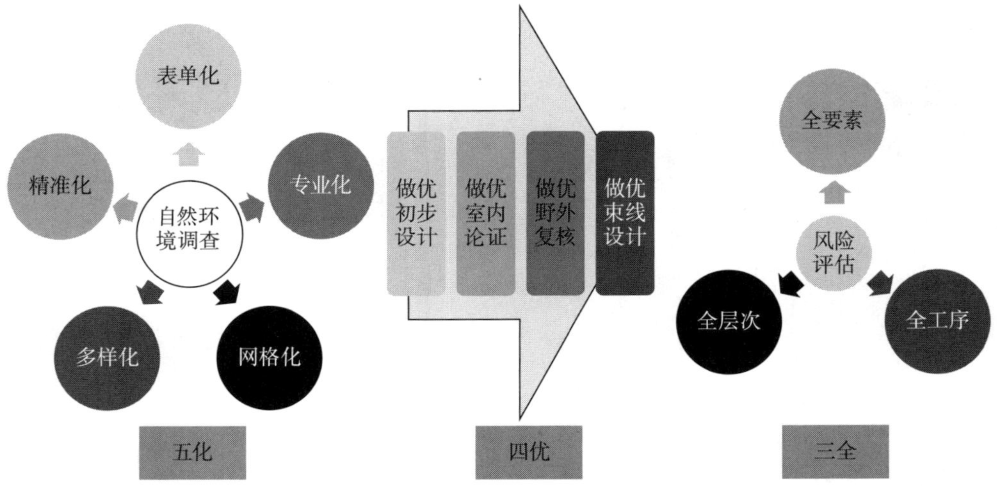

图 1　“五化、四优、三全”精细尽职调查法

一是精细调查到位。对工区自然环境、社会环境、资源配置、地质情况等内容，采取人员逐点踏勘、无人机空中航拍与奥维地图辅助等多种手段，进行全面调查，实现对项目的全方位掌控。

二是风险评估到位。贯彻“全、深、细、实”的工作要求，将尽职调查成果应用于全要素、全层次、全工序的风险评估，优化制定社会环境风险、地理环境风险、资源保障风险和合同履约风险的最佳管控措施，确保项目各类风险可控、在控、受控。

2. 推行全要素开工验收。坚持将开工验收作为从源头上规范项目运营和防范化解经营风险的第一道屏障，从生产要素与 HSE 管理需求的匹配程度入手，全面审核人的安全能力、设备设施的本质安全水平、物资供应等准备工作的完备程度，为项

目“开炮即高产”提供保障。

一是完善开工验收内容。在以往依法合规内容的基础上，将尽职调查的认识、生产组织模式再论证再优化、项目计划体系的制定、采集设备状态评估、工农风险及攻关效果评估、表层调查实施与成果运用等前期准备情况纳入开工验收。

二是规范开工验收标准。完善开工验收汇报模板，形成以项目HSE工作、质量工作、依法合规执行情况、生产保障系统有效性、生产运行链条严密性为主要内容的“五位一体”评估性汇报。采取地震队自评、验收组复评的双重评价模式，重点对不易量化、不易检查，而又对项目运行起重要作用的因素进行评价。

措施二：聚焦提速上产，抓实责任追溯

1. 构建可执行计划体系。加强对项目运行关键节点的系统规划，制订项目里程碑计划，以里程碑计划统领项目关键节点运行，强化计划刚性执行。

推进全要素管理计划的应用。构建“1+N”项目运行方案和要素管理方案，明确项目计划的“刚性”要求，增强项目运行的可控性。在时间维度，以“前期准备阶段、采集生产阶段、收尾阶段”为管控目标，确定关键管控节点，精确设计项目运行轨迹，建立里程碑计划。在要素维度，以项目总体目标为指引，建立资源配置、质量管理、安全管理、成本费用、相关方管理等“1+N”计划体系。在工序维度，细化分解综合里程碑计划和总体要素管理计划，建立测量、放线、钻井、激发等工序滚动计划和管理计划。

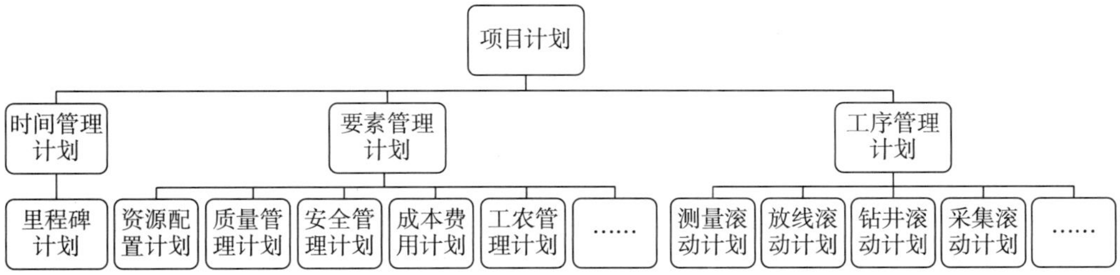

图2 “1+N”计划体系

建立“沙盘推演”新模式。综合考虑日效匹配、采集设备配备数量、滚动道数、资源投入、成本费用等因素，论证计划的科学性、方案的可行性、措施的有效性，将项目计划打磨得更加切合实际，确保项目计划接地气、可执行。

2. 推行日节点计划管理。精密设计各工序每日时间管理路径，追溯生产计划符合度不达标的原因，建立完善纠偏机制，推动项目日效快速实现预定目标。

细化进度管控措施。根据项目特点和组织模式制订“日节点”计划，规定各个环节的时间节点，严格落实收线时间、上线时间、采集开始时间等关键节点，缩小时间单元，精确节点控制，实现“以时保日，以日保周，以周保项目工期”。

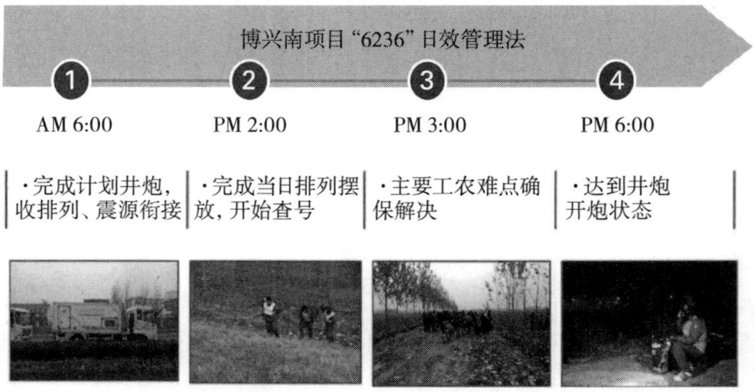

图 3　博兴南项目“6236”日效管理法

严格每日时效分析。针对生产有效时间不足、效率较低和停待时间较长的问题，进行原因分类分析，明确堵点位置，制定纠偏措施，确保实现快速上产。

措施三：聚焦提质增效，抓实精益管理

1. 加强成本管理，提升项目效益

建立标准化成本预算模板。突出预算指标的引领作用，建立统一的项目时间计算标准，分层次构建项目工期、工序工期、材料消耗量工期，统一保险费、体检费、管理费等费用标准，按照固定费用、时间相关费用和工程量相关费用，科学计算项目成本预算指标。

严格成本分解交底。将成本费用分解到班组，与野外生产各班组长及重点岗位员工签订内部经营考核指标，严格考核兑现，让每个岗位都有承包费用，每个班组都有费用核算，每个项点都有增效目标，形成“人人有节点、人人有指标、人人有压力”的经营氛围，切实发挥成本指标的引领作用。

2. 加强安全管理，构建安全屏障

建立“分公司手册 + 基层运行手册”双循环，通过地震队制定、落实体系运行手册的方式将要素管理下沉到班组、岗位，在 HSE 责任制、岗位 HSE 工作清单中明确具体工作内容，有力推动项目 HSE 管理水平提升。

坚持“领导安全承包、驻队监督指导、安全部门核查、项目自查”的“四位一体”检查模式，深入开展安全生产自查整改、党的二十大安保维稳、百日安全行动

等专项检查，筑牢安全生产屏障。

3. 加强质量管理，保障资料品质

坚持"标准化作业、信息化监控、智能化管理"质量管控思路，全面落实项目技术设计、施工设计、标准规范和甲方要求。推行测量、放线、钻井等作业标准化流程，确保从源头上保证施工质量；坚持依托 MassSeisQC、SeisIS 等信息化软件开展质量监控，确保全过程质量管控无死角；创新利用无人机、北斗定位服务等智能化手段开展质量管控，确保项目质量全程受控。

措施四：聚焦管理提升，抓实复盘总结

1. 建立复盘总结机制。坚持从项目管理和团队建设两个层面，全面总结、提炼、分享项目运行管理中的经验不足，促进地震队项目管理水平的协同提升。

完善项目复盘总结模板。编制项目复盘总结工作指导书，明确"复盘总结"工作流程及相关要求，指导地震队从项目的质量、安全、进度、经营、资源利用、依法合规等各要素管理进行"复盘"总结，确保复盘总结取得实效。

规范项目复盘总结步骤。按照"先岗位总结，再工序总结，后项目总结"三步走的原则，全面、客观、精准评价项目成绩与不足，总结经验与教训。项目总结过程中，注重新方法、新认识的提炼，注重问题和教训的分析，将好的做法写入操作

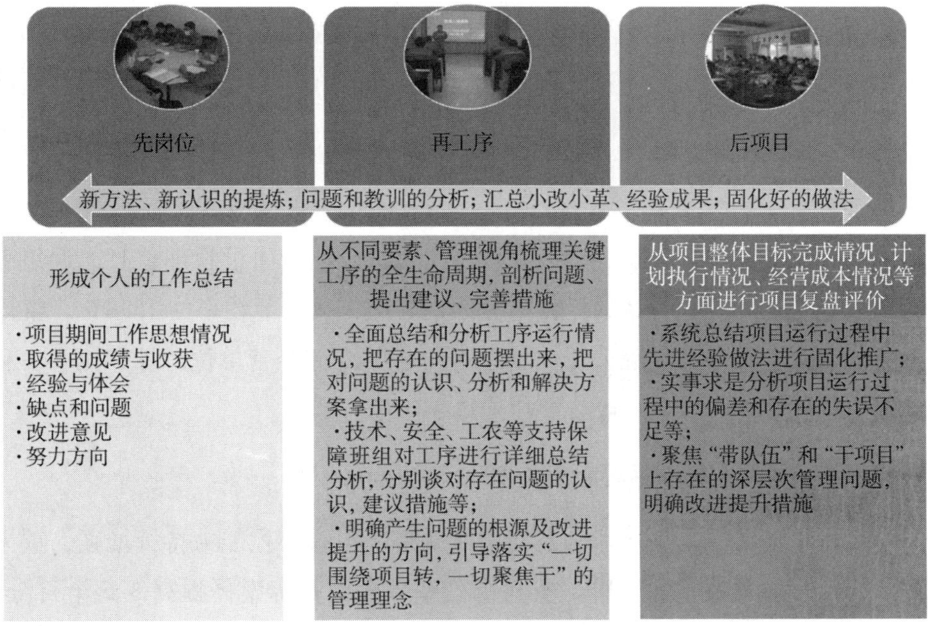

图 4　复盘总结机制

流程予以固化，将项目中的小改小革、经验成果编入总结材料予以保存，促进经验做法的推广应用和示范引领。

2. 搭建学习交流平台。深化“内学胜利、外学东方”对标提升行动，持续发力补短板、强弱项、促提升。

坚持主动迈出去，取得“物探真经”。组建调研学习交流团队，与行业一流东方物探公司新疆物探处、塔里木物探处开展对标学习，重点从队伍组织结构、项目运行流程模式、党建与队伍文化建设、生产工序等18项管理要素开展对标学习提升。

坚持勇于沉下去，共解“基层之难”。瞄准自身积弊，坚持刀刃向内，常态化组织基层建设、项目管理、市场开拓、合规管理等专项管理交流会，开展区域队伍观摩互学、交流共享，全面促进基层队项目管理水平的协同提升。

三、实施效果

效果一：提速能力接连突破

2021年以来，通过实施项目“四重”管理，各项目均实现高效运行，平均每个项目节约工期9.3天。其中胜利东部探区的博兴南项目打破了广利—青南一体化项目2期创造的胜利东部有缆采集记录，有效日效提升27%。套尔河三维项目创东部水网区域节点采集纪录，有效日产相比渤南三维项目提升43.1%。胜利西部探区的沙1井、排6井、成1井3个项目实现施工效率连创新纪录。

效果二：创效能力大幅提升

通过强化全要素、全方位、全过程管控，分阶段把控项目管理重心，近年来运行的8个项目均完成上级下达的经营指标，平均操作成本节约率为15.8%，整体经营效果稳步向好，在石油工程公司“比学赶帮超”专业经营单位对标评比中，利润总额连续3年站排头夺红旗，综合评比连续3年排名第一。

效果三：项目管理水平再上新台阶

通过实施“四重”管理，项目运行更加规范，风险管控能力持续增强，重大违章（隐患）发生数同比大幅下降，资料优良率较合同指标整体提高3.6个百分点，节点数据回收率平均达到99.54%，同比提高0.1个百分点，以一大批优质高效正点工程、平安工程、精品工程展示良好品牌形象，夯实企业发展基础。

编者按

为保障工程质量、安全、进度、成本等目标顺利实现，胜利建工公司在胜利花苑续建工程项目中以“BIM + 智慧工地”为手段，对项目实施过程中“人、机、料、法、环”等生产要素进行实时、全面、智能的管理，实现业务联通、数据应用、协同共享、综合展现，为项目管理者提供及时准确的数据信息，构建以项目为主体的多方协同、多级联动、管理预控、整合高效的智能化生产经营管控体系，推动“互联网 +”与建筑实体跨界交融，促进建筑行业向数字化、智能化转型升级。

“BIM + 智慧工地”探索与应用

石油工程建设公司胜利建工公司

一、需要解决的主要问题

问题一：生产链条形态改变，数字化管理提升十分必要

随着对“数字中国”建设进程的推进，建筑行业开始思考数字化变革升级。传统的产业链碎片化严重，造成资源浪费，同时面临着用工难、老龄化严重等问题。建筑行业大力应用大数据、人工智能、BIM 技术、云计算、5G 等新一代信息技术，建立统一的信息平台，打通建筑产业的各个环节，实现全过程监控与管理，提高效率，节约成本，缩短工期。

问题二：企业自身发展需求，谋求通过数字化转型进一步创效

市场需求的变化使建筑行业面临复杂和体量大的建筑物结构，传统项目管理难以应对，工程效益降低。物联网的出现为构建智能监控防范体系，实现安全实时全方位监控，变被动监督为主动监控，提升项目运行效率，提供了技术手段。

二、主要做法

（一）建立分级管控平台，增强管理针对性

通过建立智慧工地，聚焦施工现场岗位一线作业层，通过“云大物移智 + BIM”等先进技术和综合应用，对“人、机、料、法、环”等各生产要素进行实时、全面、智能的监控和管理，实现业务间的互联互通、数据应用、协同共享、综合展现，搭建一个以进度为主线、以成本为核心、以项目为主体的多方协同、多级联动、管理预控、整合高效的智能化生产经营管控平台，以更准确及时的数据采集、更智能的数据挖掘分析、更智慧的综合预测，保障工程质量、安全、进度、成本建设目标的顺利实现。

建立以数据驱动为核心的决策平台，通过三级管理模式，为公司、项目管理部、项目经理部提供有针对性的数据，辅助管理层及下属项目管理部能够清晰直观地了解各项目整体情况，提升管理效率，深度挖掘企业内部数据价值，让数据最大限度地发挥作用。

图 1　“BIM + 智慧工地”项目看板

（二）明确企业管理需求，搭建完整管控体系

通过“数据 + 视频 + 图片 + 地图”等形式展示基本数据和关键信息，方便管理层及时掌握项目运营情况。

1. 项目地图

该公司管理层通过项目地图汇集的位置、造价、类型、进度等项目信息及时迅

速了解所有在建项目情况，快速定位、追踪及分析问题，有效提升管理效率。

2. 质量管理

运用平台质量管理模块，管理层可以精准把握质量趋势，及时发现质量风险并有针对性地进行质量问题督办，不断提高质量风险管控水平，避免因质量问题造成成本流失。

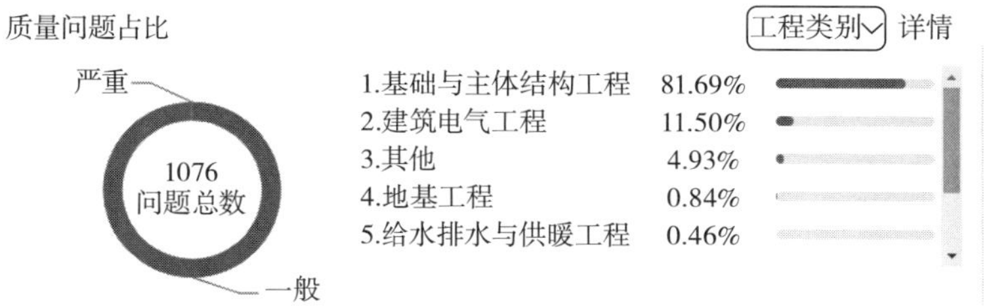

图 2　质量问题占比统计

3. 安全管理

借助现代化手段从时间、组织等维度快速、准确、真实地提供安全指标数据以供研判，形成及时发现安全风险、重点开展安全控制、精准进行安全问题督办的安全管控链条，强化了安全风险管控能力，落实了本质安全。

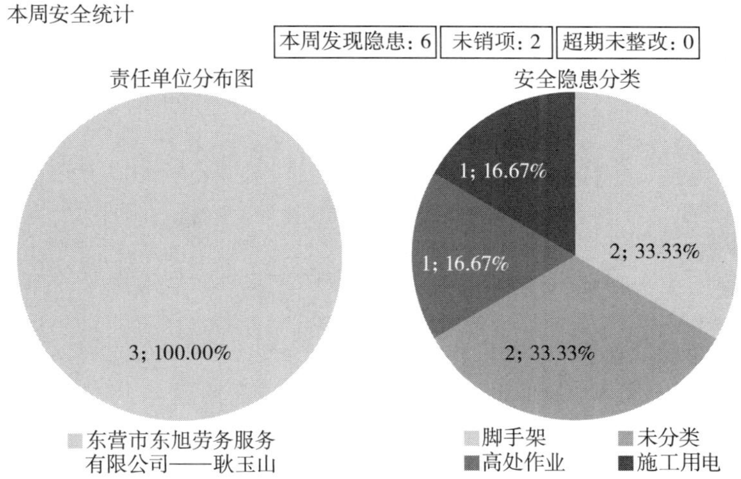

图 3　安全问题统计

4. 进度管理

将管理平台对接现场生产管理系统，从时间、组织等多维度开展进度管理工作。通过对现场数据的读取，研判进度延误风险并进行红、黄、蓝分级预警，便于有针对性地采取管控措施，规避项目履约风险。

5. 劳务管理

通过平台获取现场劳务管理系统数据，对项目在岗人数、出勤人数、出勤趋势等情况进行监督控制，及时发现用工问题，有效降低用工风险和减少因缺乏劳动力引发的工期延误问题。

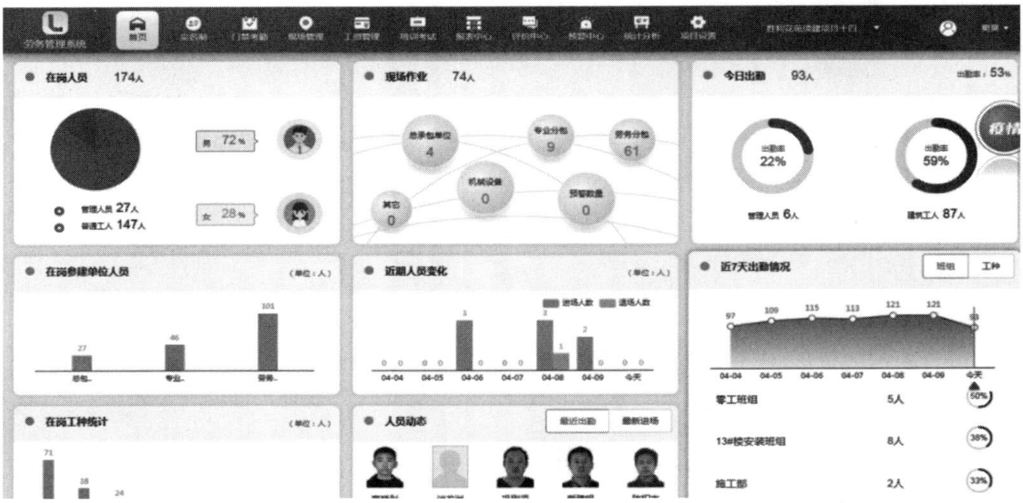

图 4　劳务管理系统综合看板

6. 物料管理

物料管理模块数据打通现场物料管控系统，从时间、组织等维度快速、准确、真实地为管理层提供不同层次的物料指标数据，帮助及时发现收料风险，并为材料采购商务合作提供数据支撑。

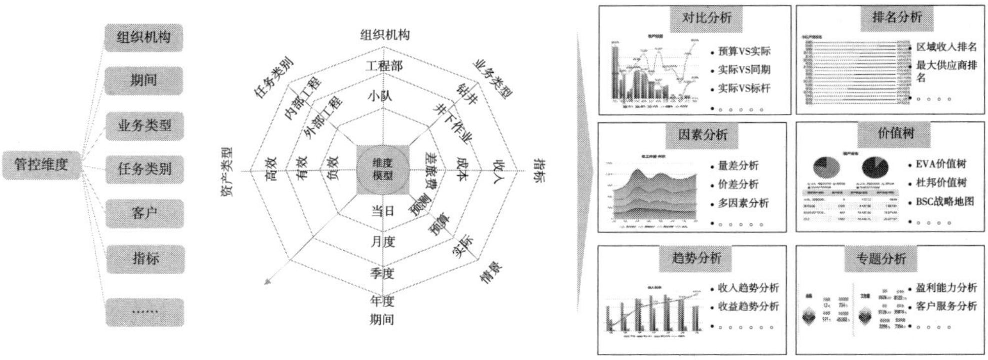

图 5　基于 BIM 技术的物料精确统计

7. 视频监控

视频监控数据与视频监控系统对接，通过组织树的样式，上到管理层，下到基层项目，实现监控的全面集成，通过组织的快速切换，针对重点区域，呈现视频接入规模及设备状态，实时查看重点区域监控视频，及时掌控项目一线动态。

图 6　智慧工地平台监控系统

（三）强化项目管理手段，确保管理措施落地

“BIM + 智慧工地”平台通过整合项目智慧工地碎片化系统信息，为管理层提供项目整体状态信息，监控项目关键目标执行情况及预期情况，为项目顺畅运行保驾护航。

1. 场区管理手段

（1）智能场区广播。

智能广播系统安装在施工作业及生活区，为项目管理者和作业员工增加了新型信息传输通道，把公告的信息无阻碍地传送给员工，减少信息传递不到位产生的影响。

（2）车辆出入口管理。

传统工地进出口存在进出场效率低、管理难、成本高等诸多问题，通过在出入口设置车牌抓拍系统，对工程车辆进出工地进行科学、高效的管理，提高工地工程车辆进出场管理效率。

（3）AI 视频监控。

借助应用内嵌 AI 算法的视频监控设备，智能分析现场异常行为，及时预警并对视频留痕，实现对未佩戴安全帽、未穿戴劳保用品、现场明火、现场烟雾等警示功能，切实增强管控能力。

2. 绿色施工——扬尘喷淋联动系统

利用智能控制系统使喷淋雾炮系统智能化，与扬尘在线监测系统实现联动，通过设置空气质量扬尘上限阈值，实现超限报警自动启动现场喷淋系统。借助此系统，该项目积极高效完成了政府部门关于扬尘治理的任务，顺利通过山东省绿色文明工地验收、中石化绿色工地验收等。

3. 安全管理

（1）升降机安全保护系统。

运用“BIM + 物联网”，及时传递载重、轿厢内情况、速度、倾斜度、高度限位、防冲顶模块、门锁状态及驾驶员身份等关键信息，强化动态感知能力，提升了升降机管理效率。

（2）智能安全帽系统。

以“物联网 + 智能硬件”为手段，通过工人佩戴装载智能芯片的安全帽，现场安装“工地宝”数据采集和传输，实现数据自动收集、上传、整理、分析，为项目管理者提供科学的决策依据。

图7　人员动态管理

（3）BIM－VR教育系统。

利用VR技术，通过现场BIM模型和虚拟危险源的结合，让管理人员和施工人员可以走进真实的虚拟现实场景中，通过沉浸式和互动式体验让体验者得到更深刻的安全教育。运用该系统，项目完成1000人次以上的安全教育，并取得了项目运行期间无安全事故发生的良好效果。

（4）隐患排查治理。

使用手机串联现场安全检查工作，压缩不必要的沟通时间，提升工作效率，简化工作流程。通过此套巡检机制，高效记录了现场安全管理业务细节，并使工作环

图 8　VR 体验设备

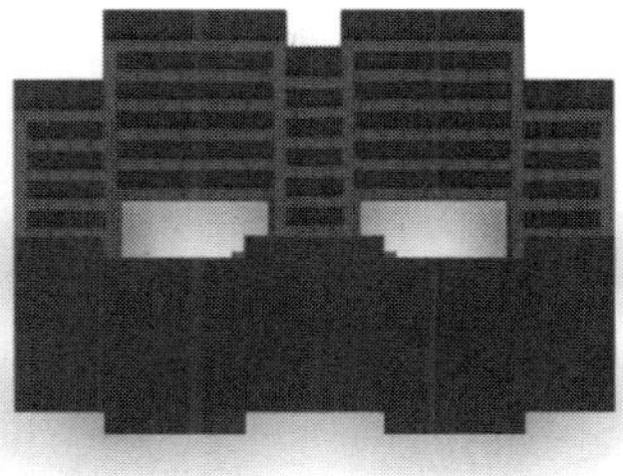

图 9　爬升式脚手架 BIM 模型

节规范化。

（5）风险分级管理。

建立风险源库，运用库内数据进行风险源辨识，并开展风险评估，结合集团公司制度划分风险等级，做到风险分级管控。同时，制订隐患排查计划，定期推送并要求基层单位执行反馈，让风险分级管理落到实处。

（6）塔吊监测。

利用物联传感技术等，组合塔式起重机安全监控管理系统，实时采集当前塔机运行的载重、角度、高度、风速及驾驶室盲区视频信号等安全指标数据，传输并存储在云数据库。高效实现塔机实时监控与声光预警报警、数据远传功能，并在司机违章操作时发生预警、报警，自动终止起重机危险动作，有效避免和减少安全事故的发生。

（7）劳务实名制管理系统。

通过“信息化系统 + 各类智能硬件设备”，实现对人员实名登记，及时记录和掌握安全教育情况，实时统计现场劳务用工情况，分析劳务工种配置；监控人员流动情况，监管工资发放，为项目部生产保障提供数据决策依据。通过云端大数据的不断积累，实现对项目、劳务用工数据的动态分析，为劳务分包管理、分包合同履约管理及结算提供大数据支撑。

4. 技术质量管理

借助 BIM 技术，优化项目技术质量管理工作。

（1）场区布置。

运用 BIM 技术规划设计施工场区，优化场区施工道路，解决多家施工单位共用道路引发的交通不畅；合理规划场区用途，有针对性地设置不同厚度砼路面、地面，降低了场区建设成本。

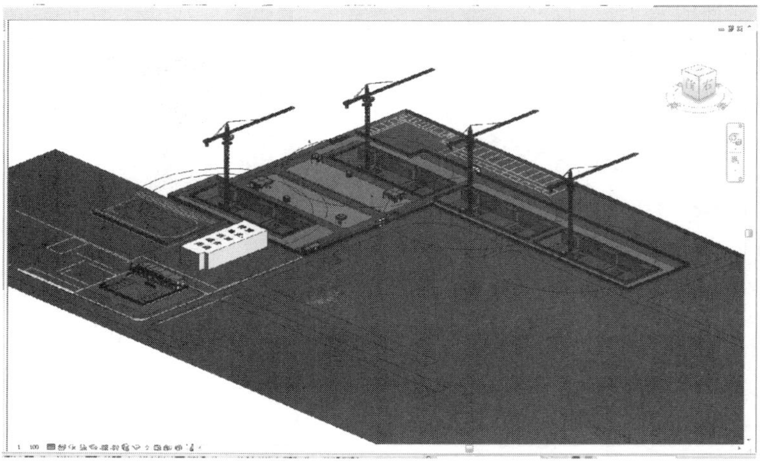

图 10　场区布置设计 BIM 模型

（2）碰撞检测。

根据蓝图搭建 BIM 模型后进行碰撞检测，发现建筑、结构、暖通、桥架、给排水、外墙装饰等各专业各类型碰撞 45 处，减少了因此产生的返工窝工及材料浪费情况。

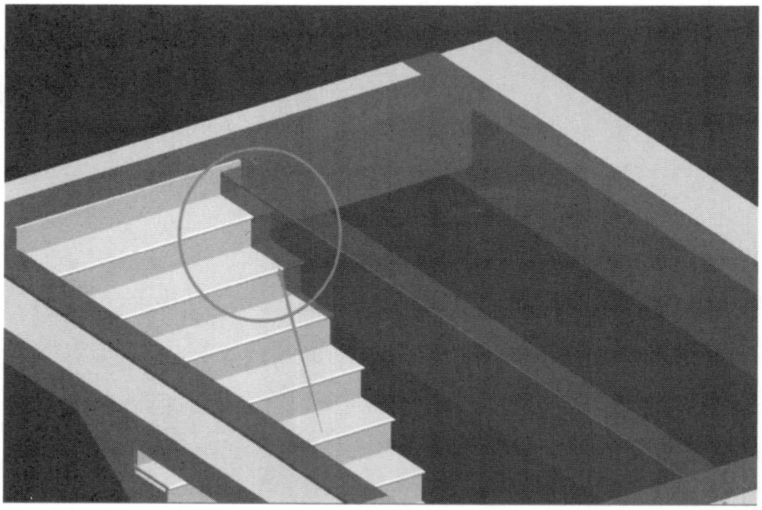

图 11　碰撞检测发现框架梁与梯板冲突，影响疏散宽度

（3）深化设计。

除对传统框剪结构开展常规优化外，针对胜利花苑 14 区、16 区物业用房及 14 区商业街等装配式建筑，进行深化设计工作。通过钢构拼接顺序优化、墙板排布优化、洞口补强构件设计等工作的开展，压缩施工时间、节约施工材料、提升施工效

率，并形成多项专利。

（4）可视化交底

该项目制作了基于 BIM 技术的可视化交底，对项目管理人员及施工人员进行交底。相较于传统文字性交底，可视化交底直观易懂、贴近实际，取得了较好的交底效果。相关交底视频获得山东省创意短视频大赛一等奖。

5. 材料管理

利用智能物料验收系统，实现物资进出场全方位精益管理，运用物联网技术和云计算技术，通过地磅周边硬件智能监控自动采集精准数据，防范作弊行为；及时掌握一手数据，有效积累、保值、增值物料数据资产，全维度智能分析，随时随地掌控现场、识别风险，零距离集约管控、可视化智能决策，提升材料管理效率。

6. 进度管理

利用智慧工地平台进度编制功能，通过“一表双图（双代号网络图 + 横道图）+ 关键线路 + 前锋线”，辅助项目快速有效制订合理的进度计划，打通 PDCA 循环，便利地实现计划动态跟踪管控与优化，增强项目竞争力、降低履约风险。

生产管理系统实现了项目管理成员之间的工作协同，将传统的“线下”生产管理模式切换到“线上”，对过程管理数据进行系统留存共享，打破了信息孤岛，实现生产信息实时共享和管理高效率运作。

三、实施效果

通过对“BIM + 智慧工地”的积极探索与应用，建立了一套数字化项目管理体系，培养了一批数字化项目管理人才，促进了项目管理的良性转型，为该公司面临的新问题、新需求提供了新的解决思路。

效果一：有效提高施工现场作业施工效率

智慧工地通过 BIM、云计算、大数据、物联网、移动应用和智能应用等先进技术的综合应用，让施工现场感知更透彻、互通互联更全面、智能化更深入，有效提升了现场作业人员的工作效率。在胜利花苑、胜建花苑、京沪高速改扩建、镇海立体化仓库等项目中有效提升了施工效率，协助项目高效完成复杂工序，压缩工期。

效果二：有效提升工程项目精益化管理水平

智慧工地有助于实现施工现场质量、安全、人员各关键要素实时、全面、智能的监控和管理，有效支持了现场作业人员、项目管理者、企业管理者各层级的协同和管理，提高施工质量、安全、进度的控制水平，减少浪费，保证工程项目成功。在胜利花苑、镇海立体化仓库等项目中，优化工序、节约材料，取得了较好经济效益。

效果三：有效提升项目监管和控制能力

通过智慧工地的应用，及时发现安全隐患，规范质量检查、检测行为，保障工程质量，实现质量追溯和劳务实名制管理。促进诚信大数据的建立，有效支撑对工程现场的质量、安全、人员和诚信的监管与控制。通过劳务实名制管理，胜利花苑工程在施工过程中劳务人员实现一人一档，智能化考勤，工资由政府相关部门直接发放，未发生任何经济纠纷。

编者按

胜利测井公司聚焦打造业财一体化平台建设，通过搭建以业财融合为主线的信息系统，实现数据入池管理，丰富数据分析工具仓，创建决策支持平台，使财务部门从“数据提供者”转变为“知识资本运营者”和“形势变化预报者”，变“事后算账”为“事前算赢”，有效提高财务转型提质增效的创效能力，为高质量发展奠定坚实管理基础。

以经营财务为核心的业财一体化体系建设与应用

经纬公司胜利测井公司

一、需要解决的主要问题

问题一：数据相对独立，缺乏系统性整合

生产经营数据统计分散于各个业务系统，相互之间无法实现数据共享、数据统一。一是统计口径不一致，业、财数据难统一；二是各应用系统功能存在交叉重复，基层单位统计工作负担重；三是各系统间无法实现数据贯通和穿透，难以维持数据的连贯性；四是统计源点过于分散，数据质量参差不齐，无法达到数据分析支撑经营决策的效果。

问题二：生产经营无法实现全流程一体化管控

业务与财务系统的数据不能衔接，缺乏互通性。纵向来说，总部、专业公司、专业经营单位各层级经营财务系统相对独立；横向来说，各业务职能管理系统相对封闭。各系统间未提供方便通用的接口服务，造成系统间交互困难，业务流程被各个系统切断，影响流程的持续性，不能满足全流程的跟踪、监控与管理。

问题三：分析工具欠缺，业财数据分析深度不足

由于缺少信息平台的支撑，价值管理、精细决策的工作要求只能停留在表面，难以嵌入业务运行的审批、结算、考核等关键节点，不能充分发挥管理会计工具的效益导向作用。由于缺乏基于业务实际的数据自动校验规则，没有数据质量管控手段和统一规范的数据口径，数据缺少结构化存储，无法通过环比、同比分析发现规律，难以实现经营风险识别和预警。

二、解决问题的主要措施

措施一：打通系统接口，实现业财数据统一管理，打造数据资产管理高地

打通纵向、横向系统间数据接口，建设主数据管理中心，实现经营数据的整合规范。一方面，整合公司内部生产经营数据，实现数据入池管理。另一方面，建立一套完整的数据质量保障及数据校验规则，实现数据的规范化和数据校验的标准化。

1. 建立数据采集平台，完成数据整合，实现数据入池管理。打通原有各相关信息系统接口，借助 ETL 技术，实现包括生产动态数据、收入结算数据、经营成果数据、财务状况数据、合同结算履约数据、ERS 费用报销数据、资产数据、人力资源数据等统一整合并存储。利用工具技术自动管控，加强对现有数据资源的整合利用，提升数据可用性、好用性、易用性。

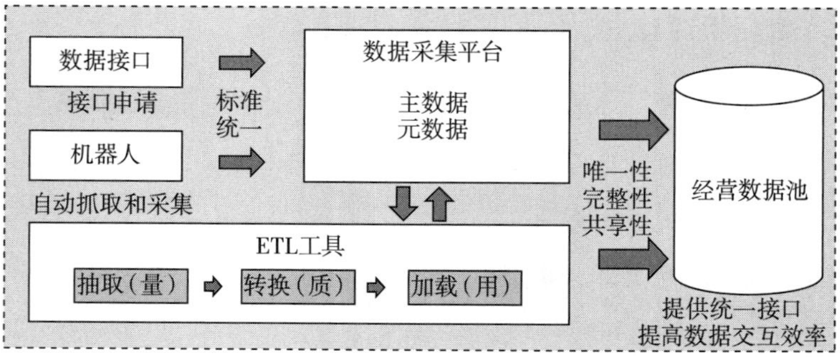

图 1　数据整合入池流程

2. 划小核算单元，实现入池数据的精细化、标准化。以业务为核心，将费用归集到单人、单设备和单项目这三个最小的基本单元（以下简称“三单”）。以“三单”为基础，建立业务管理和会计核算的有效衔接机制，实现每一项会计记录都有多维度的支撑和展现，每一项业务活动都有精准的价值反映，每一个价值记录都有鲜活的业务支撑，实现会计记录由数字向信息全面升级。

3. 制定数据标准规范，畅通数据共享渠道。进行存量、增量数据的标准化管理、体系化运行，确保数据的一致性、完整性、合规性和安全性，为后续的数据分析与应用打下坚实的基础。一是开展数据资源盘点与清洗，梳理数据来源，形成数据资产清单；二是制定数据映射规范，为数据贯通奠定基础；三是建立数据校验规则和标准，依据现有的成熟数据标准，在对已有权威数据规范继承、应用、对接的基础上，查漏补缺，综合财务管理要求和业务数据需求，设计业财融合数据规范主题，建立与各主题相对应的数据标准规范；四是加强业财系统间数据共享，实现基础数据接口的灵活配置，快速规范分发、共享至业务系统。

措施二：规范流程建设，进行业务流程再造，打造全流程一体化管理平台

以流程整合、复用为核心，按照“制度流程化、流程表单化、表单信息化”的路径，规范流程建设标准，促进各业务单元协作，支撑流程质量的持续性改善。以统一化数据管理和规范化流程建设为支撑，以数字化应用为手段，将以往多系统、多操作类型的管控流程，在统一数据、规范化运行的一体化平台中完成，做实从预算到效益评价的一体化管控。

1. 制定优化业务流程，打造业财融合内控体系。开展“制度流程化”建设，组织业务部门对现有 140 余项管理制度按项目决策、生产运行、预算核算、经营分析、绩效考核和责任追究六大体系进行梳理、优化，择取制度主干内容，结合业务实际编制制度流程，实现管理制度的流程化再造，在此基础上对流程进行表单化，通过业财一体化平台实现流程信息的结构化存储，为打造全面协同的业财融合内控体系奠定基础。

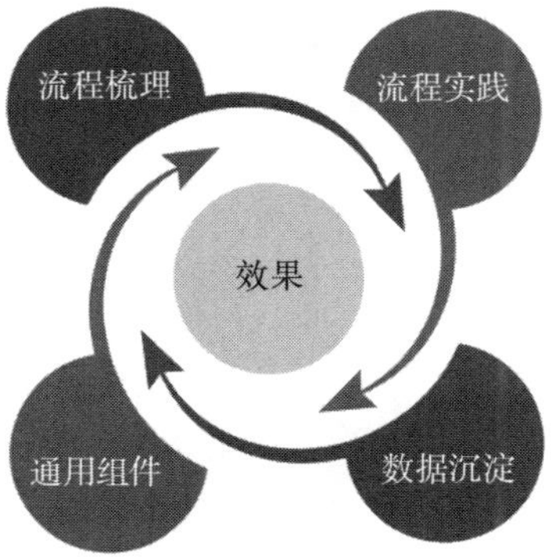

图 2　一体化流程再造

2. 有效对接分散系统，贯通业财管理全流程。“以业务为视角”取代“以部门为视角”，消除部门墙，强化部门之间的协同，实现业务流程一体化。结合规则引擎、流程引擎等智能技术，实现管理向前端延伸。深度对接业务部门和财务部门，推动OA办公、生产、经营等系统和数智化平台的有效对接，实现全系统流程的规范化与标准化，支撑部门间联动协作和数据共享，强化业务信息的精准性。

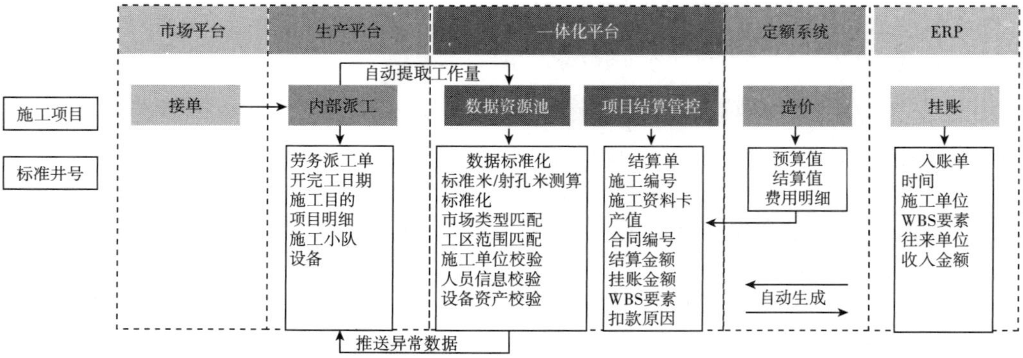

图3 生产收入结算全流程贯通

3. 加强措施评价、风险预警等技术经济一体化管控，形成管控合力。以业务管控为抓手，倒逼系统间数据衔接。基于EPBP、ERP、清单计价等业务系统，结合措施效果评价、经济风险预警等业务场景，实现预算管控（全面预算系统）、合同管理（CMIS）、生产运行（安全生产智能管理系统）、效益评价（清单计价、ERP）的业务流程梳理和流程数据贯通，统一数据口径，实现措施评价、风险预警的业务一体化管控。

措施三：丰富管理工具仓，强化数据挖掘分析，推动价值管理提升

开发应用多样化的管理工具仓，对业务数据进行多角度分析，深度挖掘数据价值，准确记录价值行为，准确分辨创造价值或毁损价值的行为，形成契合内部管理需求的管理会计报告，为公司的价值管理提供决策支撑。

1. 应用自主查询工具，实现基于不同业务需求的数据分类汇总和查询。一是业财数据查询，提供项目的生产动态、市场分布、业务分布、用工信息、设备信息、合同收入、结算收入的一站式查询分析。支持关键词模糊检索、高效索引的精准搜索、分组汇总筛选查询等多种查询方式，并以图形、报表、自定义指标等方式进行展示。二是自动报表查询，具有灵活的自由式布局、组件化的统计图、丰富的数据统计函数、灵活的筛选功能、智能的图表联动，只需通过简单的拖拉拽，就可以快

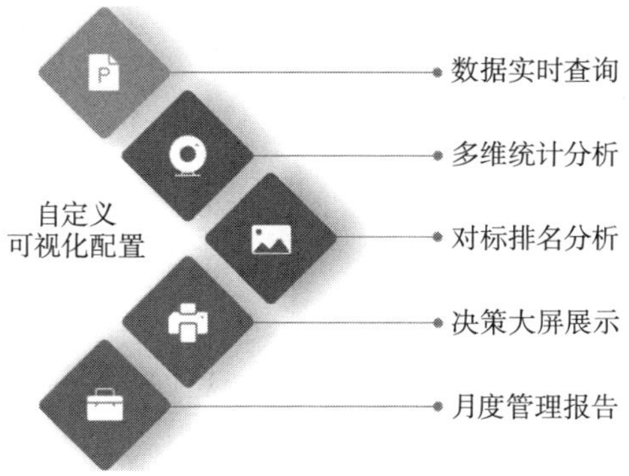

图4　多样化的管理工具仓

速形成图表和报表，实现灵活个性的分析查询，将管理会计功能从单纯的“控制型导向”视野拓宽到“价值创造型导向”的管理模式。

2. 建立“三单”管理机制，推动资源向价值创造聚集。通过系统间数据穿透与整理，自动生成“三单”卡片。通过细化单设备、单项目、单人的精细核算和经营单元归集，落实“经营预算、价值核算、过程评价、综合治理、绩效考核”到经营单元，满足划小核算单元，强化成本经营需求，以专业服务业务、区域责任单元为实施对象，压实管理主体责任，达到“盯人、盯设备、盯任务”的管理要求，推动设备、人员、管理、技术等资源向价值创造聚焦，向价值高地聚集。

3. 创建对标分析工具，引导全员对标先进、争创一流。聚焦占比较高的材料成本、人工成本、折旧摊销，分测井、射孔业务，创建对标分析工具，开展对标分析。一是单项目对标。开展不同项目之间单井次收入、单井次成本的对标，统筹各种生产资源和要素，持续推进价值发现、价值挖掘和价值创造。二是单设备对标。开展设备分析对标，及时掌握设备利用率、故障率、维修费、维修频次等情况，提高设备利用率，促进挖潜增效。三是单人对标。充分掌握职工个人的生产情况、创收创效情况，利用各种维度对标分析，为职工个人考评提供参考依据。

4. 开发数智化分析平台，为企业快速、精准决策提供数据支撑。紧紧围绕管理会计的“预测、决策、组织、规划、控制和评价”等职能，以系统数据为支撑，打造满足全周期价值管理和决策支持需要的“大屏”可视化分析系统。通过平台化多级分析展示，改变过去单一、平面分析模式，快速直观了解经营决策必要信息和敏感因素，实现价值识别、价值分析、价值守护的全过程管理，使用分析数据更加全面、更加深入。依托信息化、智能化功能，优化和提升原有的岗位职能，支撑公司日常生产经营相关的预警报警处置、动态分析、方案制定、运行协调、专业化管理、应急指挥等，全面提升企业管理水平。

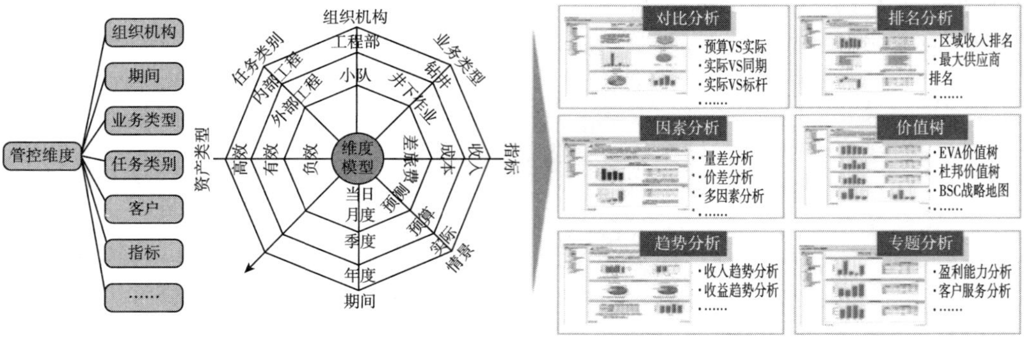

图 5　多维综合分析

措施四：引入 RPA 财务机器人辅助，提高工作效率

加强 RPA 财务机器人技术应用，增强数据自动处理能力，引进“数字化员工”，告别重复性工作，节约人力成本，避免人工遗漏和错误，提高工作质量，实现业务处理能力自动化、智能化。在合同发起准备、结算推送共享和资金支付环节，引入机器人辅助处理功能，协助人工完成自动推送签约依据、销售凭证自动关联、发票信息自动填充等工作，减少人工重复录入，提高效率，使得财务收支的及时性、准确性得到有效保障。

三、实施效果

效果一：完成数据整合，提高了数据管理水平

业财数据池整合了 8 个集团公司统推系统、4 个内部自建系统，每年数据增量在 2000 万条左右。业务范围覆盖生产、设备、人员、预算、合同、结算、资金等环节，针对不同业务域的数据标准制定了 13 项采集规范，客户信息、供应商信息、资产信息、工区分类、业务分类、人员信息等实现了统一、规范管理。

效果二：规范业务流程，提高了监管能力

制（修）订制度 141 项，编制、优化管理流程 128 项，在数据一体化的基础上实现了业务流程一体化，通过对重点业务、审批、数据传输等流程的再梳理，打造从业务的最前端完整延伸到业务结束的全周期流程，达成企业运作过程的完整留痕、有效合规，提高了财务工作的可控性。

效果三：聚焦效益导向，提高了决策水平

重新完善管理会计工具，深化管理会计应用，构建以图表为主、文字为辅的两级报告体系，实现16套经营统计报表、17套综合统计报表的统计分析功能。利用统一化、标准化之后的管理会计工具，增强业务显性化和透明度，让决策层及时准确了解和掌握企业资金运营状况，从而提高判断与决策的及时性和准确度。

效果四：加强业财联动，提升了工作效率

通过数据资源池的搭建，建立一套动态规范的合同、项目、客户、供应商等主要数据的管理模式，贯穿资金管理、财务管理、项目管理等核心业务环节，使公司业财部门实现联动，消除重复工作和不一致性，提高整体运营效率。同时，财务机器人平均每年可代替人工完成8000余笔凭证的校验工作，实现系统业务数据自动汇总、核对和推送，结算日由每月2日提前至上月末30日，财务人员结算工作耗时减少70%。

编者按

国际石油工程公司为全面深化与“一带一路”沿线国家油气产业合作，推动石油工程加快全产业链高质量“走出去”，围绕厄瓜多尔 I－L－Y 油田油藏综合服务项目合作，充分利用全球市场资源、统筹布局，发挥国际石油工程公司海外技术、人才、管理优势，创新油藏合作模式、运营方式和管理方法，实现低投资、高收益，扩大海外增收创效阵地，着力提升国际化项目运营能力和中国石化品牌影响力，为石油工程海外业务可持续发展奠定了坚实基础。

石油工程海外油藏综合服务项目管理机制的构建与实施

国际石油工程公司

一、需要解决的主要问题

问题一：始终面对低油价和市场环境双重挑战

石油工程企业处于油气业务的支撑保障性地位，既无产品又无资源，完全靠市场、技术和服务实现生存发展，在油价下行期经营状况举步维艰；主要收入来源于项目实施，没有油气田全生命周期的长期收益，受市场波动影响较大。油藏综合服务收入来源于增产或作业油气分成，在创造工程服务收入的同时，还带来长期稳定的分成收益和现金流，能够显著增强企业的抗风险能力和可持续发展能力。

问题二：油藏综合服务业务发展滞后

各大国际油服公司油藏综合服务项目布局较早，均已形成规模，成为业务发展的支柱。如斯伦贝谢在中国、厄瓜多尔、秘鲁等多个国家，提供建井、油田开发、生产管理、二次开发等油藏综合服务，高油价时创造巨大价值，低油价时向企业提供稳定现金流。中国石化上游产业链完善，拥有发展海外油藏综合服务的基础，需要高效整合相关资源，发挥勘探开发一体化优势，积极拓展海外油藏综合服务业务，提升整体竞争实力。

问题三：油藏综合服务项目运营管理能力亟须加强

油藏开发方案制定特别是开发后期的老油田、边际效益油田有效提高作业井产量，对于石油工程服务业务为主的企业极具挑战性；油藏综合服务涉及环节多、规模大、技术复杂，是一项多工种、多工序、交叉连续作业的系统工程，对油藏、地面工程、井筒服务等多专业集成能力提出较高要求；油田的经济有效开发，需考虑多方面风险因素，采取针对性的防范措施和经营策略，建立多兵种联合作战的项目精细化管理模式，以适应新业务对高效管理的要求。

二、解决问题的主要措施

措施一：全过程分析评价，抓好项目综合开发决策

围绕创效目标，遵循“少井高产、快速回收”的思路，建立满足合同约束条件下综合效益最大化的开发决策模式，推进开发策略“组合拳”。

1. 把主力层甜点布井作为项目初期的上产创效策略。充分用好获取的油田地质油藏资料，反复分析论证确保所钻井目的层段位于构造高部位、处于剩余油富集区，并有两个以上未动用油层，确保钻井成功率，提高单井产量。同时，严格把关单井效益评价，内部收益率不达标的项目坚决不准作业，推动主力层找甜点开发策略成功实施。

2. 完成次主力层位精细化描述，优化创新开发模式。针对次主力层 UM 层、TS 层前期动用程度低的实际，精细研究描述，创新开发思路：一是重新认识 I、L、Y 三个油田动用程度不高的次主力层 UM 层、TS 层潜力，通过修井、补孔，实现 UM 层、TS 层两层投产。二是加强油田开发层系细分，通过修井、单采次主力层，释放油藏潜力。三是及时处理井下故障，恢复正常生产，实现油田增产。

3. 制定适用的开发模式和分级修井策略。按照工程施工先易后难的原则，有计划分批实施，长期执行。优先部署井内无落物、套管完好井的常规修井；优选地质有潜力、井筒条件不复杂、修井难度不大的停产井，降低修井风险，提高修井成功率，提升项目效益；优选地质潜力大、井内有落物的，实施井下大修打捞修井，恢复井筒状况，进行试油评价，恢复生产；优选地质潜力大、井内有落物，业主已经过井下大修打捞不成功，同时落物以上套管完整性好的，通过换井底侧钻修复停产井。

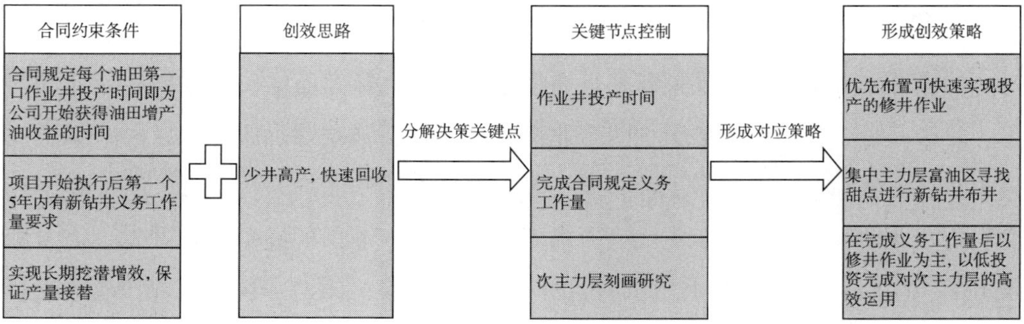

图1　满足合同约束条件的综合效益最大化开发决策模式

通过以上措施的应用，进一步提升油田油气价值，实现少井高产。针对次主力层布井12口，单井成功率高达87%，基本一年左右可收回投资；以修井作为快速上产的作业形式，帮助业主抓住近两年油价上涨的战略机遇，受到业主嘉奖，实现合作共赢。

措施二：全方位组织保障，建立项目高效管理模式

厄瓜多尔I－L－Y油田油藏综合服务项目依托中石化上游完整产业链优势和石油工程技术服务优势，优化项目组织、建立项目团队、规范制度流程，统筹协调各专业资源，推动项目高效运营。

1. 构建高效的油藏项目组织机构。结合项目运营实际，在厄瓜多尔成立项目公司Panaturi公司，直接承担油田地质研究、开发方案制定与论证、设备采购、工程实施等工作，最大限度地降低投资和生产成本，降低运营风险。公司总部成立油藏业务部，及时分析项目动态，跟踪监督项目进度，提供相关支持；组织制定《油田综合服务项目开发生产管理办法》，规范油藏项目管理流程；建立项目公司考核机制，明确年度及中长期经营目标，加强考核兑现，确保经营目标达成。

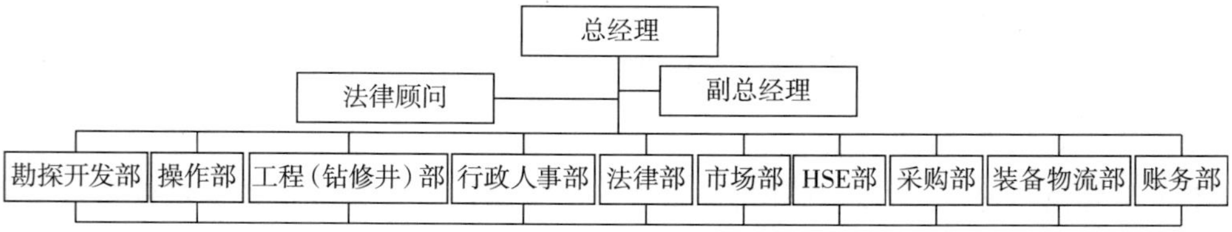

图2　项目公司管理架构

2. 组建精干的油藏项目管理团队。根据项目实际需要，在专业配备上选优配强技术、经营、法律、财务、金融、商务等方面专家。在个人素质上重点考核个人的能力及专业知识、工作经验、工作责任心与团队协作、语言沟通能力。精心组织招聘，组建专业背景合理、现场经验丰富、高效沟通协作的项目管理团队。

3. 建立油藏综合服务项目制度体系。依据项目合同确定的我方责任、义务、业主管理要求，以及集团公司、石油工程公司、国际石油工程公司等有关制度、内控管理要求，创新建立一整套制度体系，涵盖地质、油藏、钻井等12个方面的内容，包括《地质油藏管理规定》《钻井工程管理规定》《采油工程管理规定》等20余项制度，全面规范项目运营管理，保障有效运行。

4. 细化项目流程节点，实施全周期管控。对项目管理全流程进行细化规范，明确控制节点，落实每个节点对应的部门、岗位、管理权责、管理内容、存在风险、管理制度及相应资料等，做到各节点管控内容明确，可追溯、可考评，确保项目全程受控。

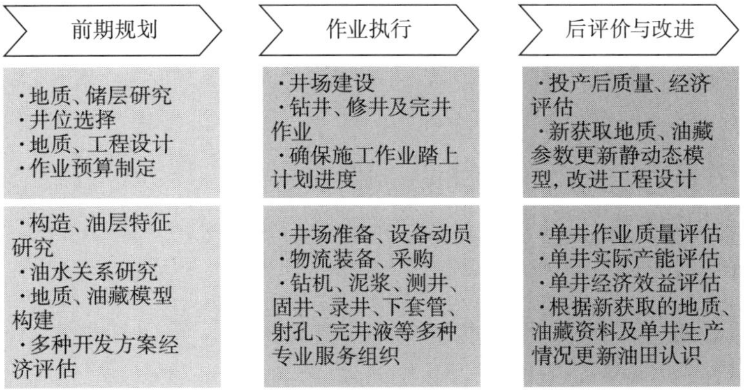

图3　基础流程

措施三：全周期管理优化，提升项目运营水平

1. 建立联合投标团队，实现新项目突破。从组建投标团队入手，结合国内外同类老油田开发工艺技术，客观分析评价增产潜力；调研当地钻修井、地面工程所需服务、装备、材料市场价格，测算工程投资，合理评估项目，确保内部收益率在12%以上；聘请当地法律、税务专家评估咨询，厘清项目业主、服务商的责任、义务，工程服务适用的技术标准，付款保障，主要法律、环保风险等合同条款；经过详细论证、现场探勘、方案多轮审核，确保项目成功中标。

2. 坚持地质工程一体化运行，不断优化施工方案。聚焦低成本高效开发目标，充分发挥油服公司优势，实现项目内部信息、技术资源共享，地质研究与工程服务动态验证，及时优化施工方案。在井位论证环节，综合分析地质油藏、油井产量、工程资料，识别潜力层，评价修井工程可行性，优选修井井位；在作业环节，工程及地质人员及时沟通、共同面对，提高施工效率；在井下工具管柱优选环节，兼顾成本与提升单井可采储量，把好质量关。通过“地质科研 + 作业管理 + 采购选品”一体化运行，推动油气开发和工程设计方案落实到位。

3. 加强多专业施工过程优化，抓好项目周期管控。根据年度钻修井工作量，全面考虑增油潜力、工程难易程度、地面状况，综合平衡制作生产运行大表。抓好施工准备“三个提前”：提前完成施工设计审批手续，提前开展地面施工达到钻修井井场需要，提前落实施工需要的设备、材料、物资。加强进度控制，制定每项工序作业时间表，及时调度、衔接各项工序，提升生产作业效率。严格风险防控，开展作业安全分析（JSA），发现异常情况及时启动应急措施，确保安全生产。

4. 强化工程 QA/QC 管理，抓好项目质量监管。完善项目质量管理模式，配置 QA/QC 协调员、工程师专岗，履行质量管理职责，支持、监督钻修井、采办、地面工程的质量管控；严把施工设备验收，坚持验收达标才能动迁，为钻修井施工提供本质安全保障；严把工具、材料、物资验收关，落实质量管控体系要求；严格施工过程监管，把好钻修井施工、地面建设安装质量关，有力保障工程施工、采油生产运行。截至 2022 年 5 月底 29 口钻修井完工投产后，电泵运行周期 2476 天，远远超过合同规定的一年质保期。

5. 加强业财联合，抓好项目成本管控和资金保障。突出计划性，坚持事前算赢。根据工程设计、工作量和作业时间等科学编制单井投资预算，形成投资预算编制、审议、下达和执行分析的全过程管控，努力实现降本增效。强化资金保障，加强“两金”清理，积极协调甲方按时支付增产油结算款。做好贷款合同签署，保证

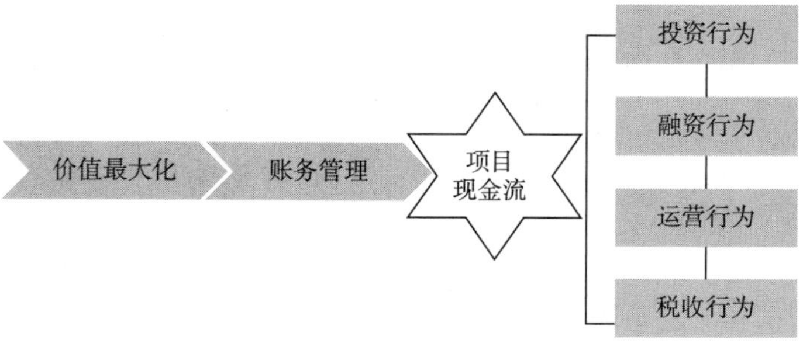

图 4　以现金流为核心的业财结合管理模式

项目资金接续。优化税收筹划，密切关注当地财税政策变化，根据油价、产量变化和全年投资计划，及时提出税务事项安排建议，抓实退税工作，缓解资金压力。

措施四：全流程多措并举，强化项目风险控制

根据项目执行情况及当地生产经营环境，对项目涉及的主要风险进行研究识别，对可能出现的不确定性及危害进行有效分析，重点抓好三方面风险防控。

抓好低油价下业主违约风险防控。因油价下跌，业主对增产油款项支付不力，有延期付款、变更合同相关条款等诉求。针对这一风险，积极统筹国内外法律资源，组织外聘律所、相关部门针对性做好案件分析，为相关合同谈判、仲裁处理提供依据。组织专业人员与外部律所紧密结合，认真研究合同条款，排查、识别可能的风险，加强与业主沟通，有效维护企业权益。

加强生产投入与油气产量、油价联动，规避经营风险。因项目费率实行与国际WTI油价挂钩的浮动费率，国际油价波动对项目收益影响较大。针对上述风险，在做好油价波动预测的同时，紧密结合开发计划，根据不同油价模型、投资规模、内部收益率要求，优化制订作业计划，不断提高项目抗风险能力；优化施工节奏，各年度保持合同所需最低工作量和投资，在确认现金流风险和地质风险较小时再适当追加。

加强地质、工程方案研究，有效控制地质和工程不确定性风险。针对厄瓜多尔I－L－Y油田已钻井均位于构造高部位，同一口油藏生产井投产时间跨度大，油田主力层剩余油分布十分复杂，识别难度大等情况，通过加强地质研究，摸清主力层甜点分布，落实非主力层储量可靠性，优化钻井顺序，降低油田开发风险；优化后期开发策略，采用以修井作业为主的措施，降低钻井风险；取全取准井史资料，深入分析工程风险挑战，针对性做好应对措施，取得良好作业效果。

三、实施效果

效果一：实现产业链延伸拓展、转型发展

通过油藏综合服务项目的成功实施，进一步发挥石油工程公司全产业链优势和资源整合优势，助力国内钻井液、固控和射孔业务取得厄瓜多尔国家石油公司服务资质，带动各项石油工程服务业务增收创效，实现产业链向上延伸的突破，推动公司海外业务的转型和高质量发展，打造新的效益增长极。

效果二：促进项目管理能力提升、合作共赢

突出项目资源的集中统一配置，着力提升项目综合管理能力、商业运作能力和风险管控能力，增进了与其他国际油服公司合作。近两年打出多口高产井，积极建产快速上产，帮助业主创造良好经济效益；开展地质研究和储层精细描述，加强次主力层开发，提升油田油气价值。以优异的表现获得业主的认可，获得了合作伙伴的后续钻修井服务订单。

效果三：推动经营质量效益持续提升

油藏综合服务业务收入持续增长，2021 年实现收入 2.28 亿元，利润 0.6 亿元；2022 年 1—5 月实现收入 1.4 亿元，利润 1099 万元。直接带动工程项下增收约 3.4 亿元，创造了可观的经济效益，展现了良好的市场潜力和发展前景，进一步巩固了中国石化在厄瓜多尔的市场地位，提升了中国石化的海外品牌形象。

编者按

资源要素是公司生产经营活动的动力源泉，所创造的价值是公司生存发展的基础。石油工程公司从供给侧进行结构性改革，让市场在资源配置中发挥决定性作用，通过调整市场布局，提升资源供需匹配度，落实市场服务主体，激发资源要素活力，是全面降低运行成本、提升运行效率的重大举措。本篇成果以提高市场竞争力为目标导向，进一步夯实石油工程可持续发展基础。

深化统筹市场布局及优化资源配置　推动石油工程可持续发展

石油工程公司市场开发部

一、需要解决的主要问题

问题一：市场管理职能建设亟须强化，进一步提升石油工程市场运行质效

石油工程专业化重组前后，各单位普遍以生产管理为主线，市场意识和理念淡薄，各单位、专业之间市场管理水平存在较大差异，部分单位市场管理基本制度不健全，与国际一流油服公司相比存在差距，导致市场开发与项目运行脱节，市场管理、生产运行和项目管理等融合联动程度低，整体运行效率不高。

问题二：国内外区域市场资源亟须优化整合，进一步降低石油工程运行成本

长期以来，特别是专业化重组以前，石油工程业务在走向市场、拓展发展空间的过程中，形成了新区市场各自为战、多头竞争的格局，造成一些无序竞争、低端重复投入、市场供需资源配置失衡、资源利用效率不高和项目创收创效能力较差等突出问题。

问题三：项目化管理体系建设亟须深化推进，进一步提升创收创效能力

公司成立以来，市场运行管理以职能型管理为主，以部门职能管理为主线，项目部仅是生产运行和成本管控的责任主体，起不到经营责任主体的作用，公司经营责任和压力难以向最基本生产经营单元的项目部有效传递，加之对项目经理授权不足，项目管理责权利不匹配，影响了项目运行质量和创效能力。

二、主要措施

措施一：建立健全石油工程市场运行体系机制

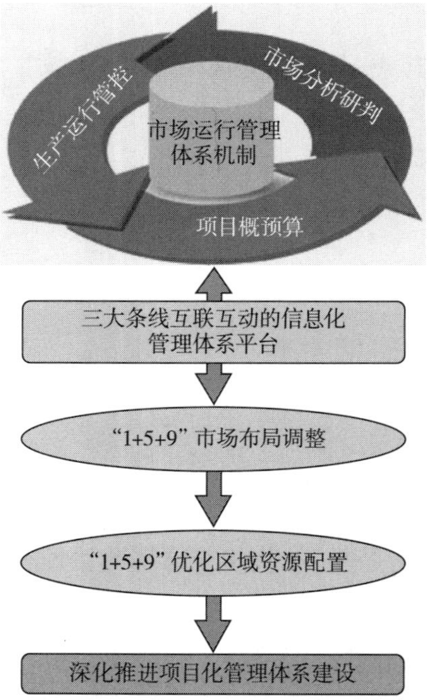

图1　石油工程市场运行管理体系机制

1. 构建市场运行管理体系，夯实顶层管控机制

一是完善市场运行制度体系。组织修订并印发《市场开发管理办法》等“一揽子”办法，强化督导各单位参照执行，石油工程市场运行趋于规范。二是明晰市场运行管理责任和工作机制。建立石油工程本部统筹、地区（专业）公司负总责、专业经营单位抓落实的三级管理责任体系；落实市场运行责任，将责任目标落实到领导、单位和重点客户，实现“三落实”基本到位。三是建立市场运行指标体系。建立兼顾市场开发规模（合同额）和质量效益指标（项目决策利润率、现金流、市场占有率）的六大市场指标体系；建立实物工作量（钻测录井和井下作业等专业工作量）和运行效率（队伍动用率、非生产时效等）的运行指标体系。

2. 建立市场开发、生产运行和项目概预算互联互动的信息化平台

公司融合市场开发指标体系、生产运行指标体系和项目管理指标体系，强化联动；将市场信息、投标信息、新签合同上线管理，加强日常监控和抽查，确保数据扎实有效。开展概预算信息系统建设，立足业务流、信息流、工作流、管理流的协同管理，围绕四项功能，开发五大模块，已具备开展标准成本建标和项目概预算编制的平台条件。

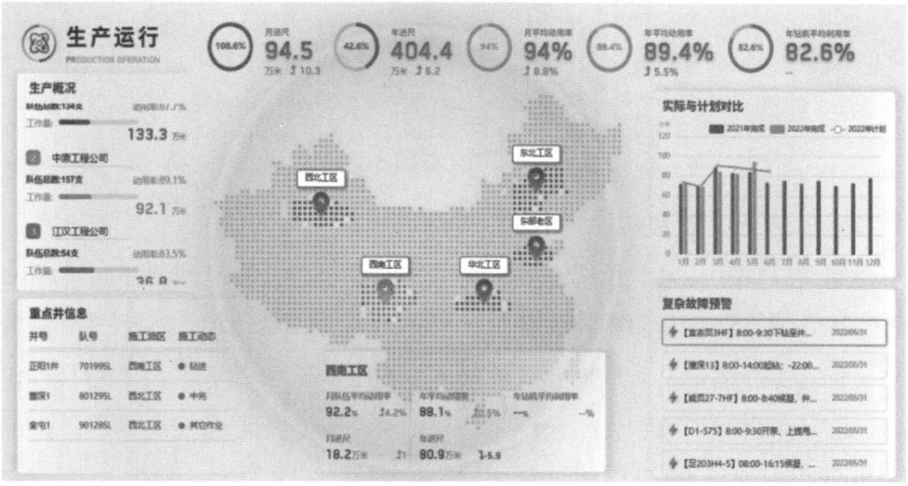

图 2　石油工程生产运行指挥系统

图 3　石油工程项目概预算管理平台

3. 建立市场分析研判机制，聚力开拓优质规模市场阵地

公司加快建立国内外市场分析研判的新机制。在近几年主要市场运行质量评价的基础上，制定印发《石油工程主要市场分类定级意见》，连续5年组织编制《石油工程市场分析报告》；促进石油工程深化市场经营理念，高效匹配市场需求端与供给侧资源，不断提升生产经营质量和效果。将主要石油工程市场划分为优质规模市场、潜力成长市场、阶段休眠市场和低效无效市场。

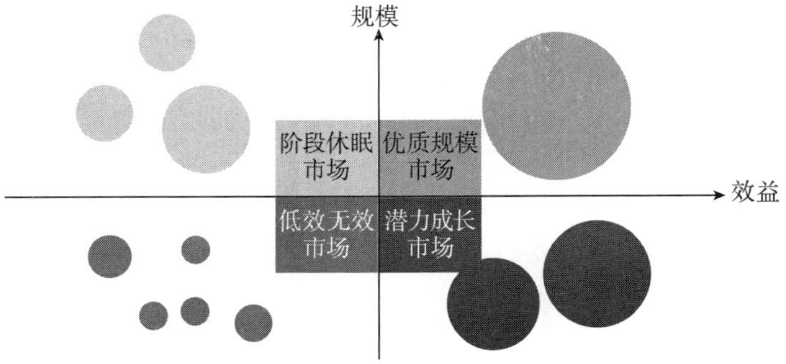

图4　石油工程市场分类定级

4. 建立生产运行管控机制，不断提升运行效率

一是组建石油工程生产指挥中心，所属9家单位建立生产值班室，不断完善生产运行管理体系，强化公司整体生产调度指挥能力。二是持续推进主要专业队伍规模调整，优化生产运行，有效提升运行效率。锚定队伍动用率达85%的目标，坚持“量化配置，动态管理”的原则，严控队伍规模，各项资源进一步聚焦。配置队伍规模由2020年底的1799支优化至1588支，压减率为11.7%。其中钻井队伍由632支降至570支，压减率为9.8%。

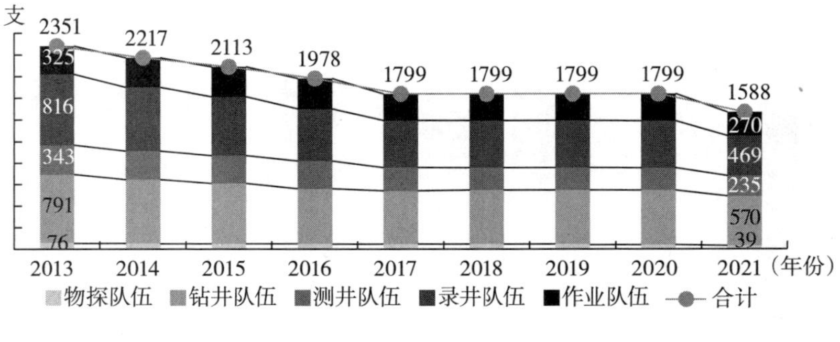

图5　2013—2021年石油工程主要专业队伍情况

措施二：筑牢“1+5+9”方案体系顶层设计，扶优扶强，统筹国内外区域市场布局

以钻井业务为主线，按照同一重点工区（国别）配置不超过四个市场服务主体、一般工区配置不超过两个市场服务主体原则，通过市场置换优化市场服务主体，保持内部适度有序竞争。一是坚持市场导向、保障为先。以市场需求为导向，统筹市场布局及优化资源配置，提升供需契合程度。二是坚持统筹优化、利益共享。按照集团公司利益最大化的原则，建立市场布局优化配套机制，鼓励地区（专业）公司之间合理置换市场，实现优势互补、利益共享，充分调动各单位积极性。三是坚持扶优扶强、特色发展。优先扶持市场发展和创效贡献突出的单位或专业，扩大优质规模市场，退出低效无效市场；支持特色业务跨区域服务，推进特色业务发展。四是坚持整体设计，分步实施。统筹公司整体发展及三大市场布局，制定实施方案，按照成熟一个实施一个的原则分步推进实施。

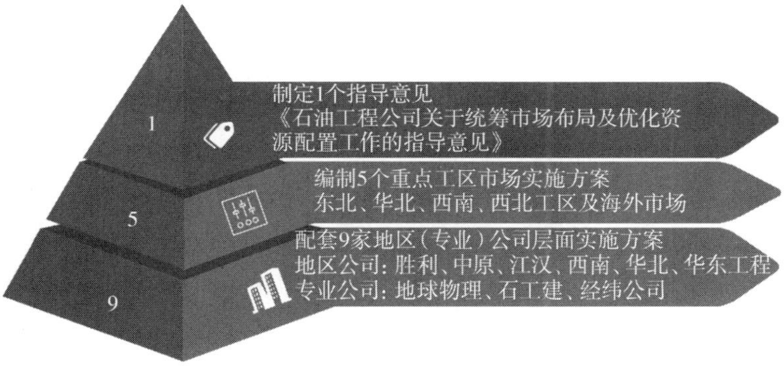

图6　“1+5+9”方案体系

1. 集团内市场布局优化

立足集团公司勘探开发工程技术支持中心的定位，采取“主辅单位”定制化服务集团内各油气田分公司，提升服务保障能力和效率。

2. 集团外市场布局优化

原则上依托集团内各油气田分公司保障单位就近进行市场开拓和服务。重点发展中石油、中海油、延长集团等高效规模市场。

3. 国外市场布局优化

重点国家钻井市场按照不超过4家地区公司配置，一般国家钻井市场按照5部钻机规模配置1家地区公司、10部钻机规模配置不超过2家地区公司。对沙特阿拉伯、科威特、厄瓜多尔、墨西哥、阿尔及利亚、尼日利亚、泰国和肯尼亚8个重点市场，从人力资源、设备投资等方面优先考虑，进一步将规模优势转化为竞争优势。

措施三：优化区域资源配置，提升石油工程保障能力和市场竞争力

1. 开展钻机等装备资源置换交接

一是在国内，按照区域方案加快推进钻机交接。按照“完成移交，即可投产”的工作思路，确保移交的重点工区产建力量不降低，最大限度降低移交队伍的停待时间。截至2021年底，集团内累计置换钻机52部，圆满完成既定目标任务。二是在海外，优化裁撤低效市场装备规模。对钻修机停待率较高的重点市场、超过1部钻修机的一般市场和拟退出市场进行优化。已完成钻修井机裁减，总计23部。

2. 开展区域物资资源配送中心建设

紧密结合上游勘探开发部署，运用信息化手段，搭建以区域中心库为主、专业库/分库为辅的物料库架构，整合区域供应商、库存、质检、配送等资源，增强对项目的服务保障能力，降低物资保供成本。设置18个区域中心库，区域物资原则上由区域中心库集中储备发放，统一为区域内项目提供保障服务。

3. 开展区域“局级直管”项目部试点

公司以项目管理提升为核心，优化整合局级直管项目部，以中原工程为试点，先试先行，逐步向其他单位推广实施。中原工程制定《国内项目体制机制优化实施方案》，对西南、西北工区集中统一管理。截至2021年底，中原工程共压减国内项目部12个，显化项目富余管理人员220人，每年可节约管理机构运行费4000余万元；实现从“小股部队”分散作战向区域集约化作战的战略转型。

4. 开展工程技术资源整合优化

一是强化工程技术集成。组织重点工区工程施工推荐做法编写及系列配套技术的集成，在公司内部推广应用，推动内部技术共享。二是加强西北、西南打捞中心建设。统筹打捞资源，提升施工现场复杂故障预防、工程技术保障及故障快速处置能力，统筹重点工区工程故障处理。三是加强旋转导向工具研发应用。统筹旋转导向工具的采购、引进和技术服务，探索建立远程技术支持中心，提升旋转导向工具服务能力，加大攻关研究应用，加快实现产业化。

5. 开展后勤基地资源优化

统筹优化西北工区基地资源，提高资源利用效率，压减运行管理费用。在轮台

设置中心基地，重点对接服务西北油田分公司；在库尔勒设置"综合+专项"基地，提供物探和测录定数据处理服务，推进区域集中办公生活，提供员工往来接待服务；在北疆、库车、拜城等重点地区，设置小型生产生活基地，推进各类专业基地资源集中共享。2021年末，基地数量压减30%以上，基地费用压减15%以上。

措施四：建立项目化管理体系，不断助力石油工程降本增效

构建以项目决策、生产运行、预算核算、经营分析、绩效考核和责任追究六大制度体系建设为核心的项目全周期管控体系；推进以项目管理为中心，以统一的"人才池""资金池"、一体的"物料库""装备库"和"SICP勘探开发云平台"为支撑的"两池两库一平台"项目化管理体系建设；系统优化公司内部资源，不断提升管理使用效能，全面构建"让听得见炮声的人呼唤炮火"集约高效体制机制。

1. 建立以项目管理为中心的管控体系

突出项目管理的主体地位，推动全员树立"一切工作以客户为中心，一切资源向项目聚焦"的理念。一是在体制机制调整上，压扁管理层级，推进"放管服"改革，形成面向市场、贯穿上下、部门联动、高效协同的项目全过程管控和资源保障体制。二是在实施路径上，推行项目部分类、项目经理定级，搭建扁平化的项目管理架构，建立市场化激励机制；调整以"两池两库一平台"为重点的资源配置方式，搭建系统化的保障平台。

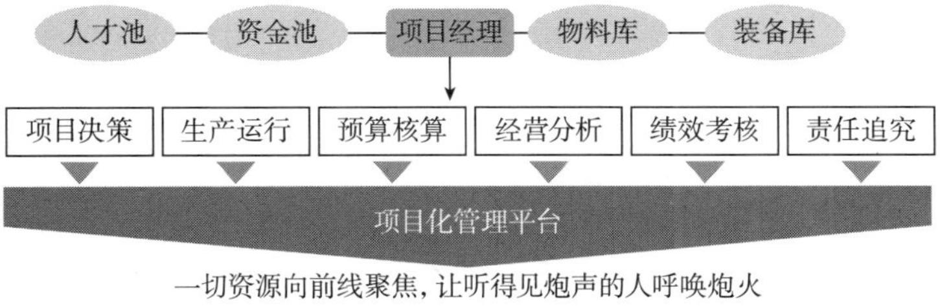

图7　"两池两库一平台"示意

2. 完善项目概预算机制建设，夯实管控基础

一是建设分专业标准成本和价格管理体系，从项目前置风险评估、投标报价、预算编制审查、过程监控及执行考核的全流程，为项目部提供专业化指导与服务。二是完善统一的项目数据库。建立工序清单标准库、标准周期库、标准消耗库、主材价格库、装备配套标准库、施工定员标准库、参数指标标准库、标准模板八大子库，持续做好各类标准的建标和项目数据资源积累，实现项目标准化管理。三是强化项目数据资源管理。分区域、分专业建立项目标准成本体系。

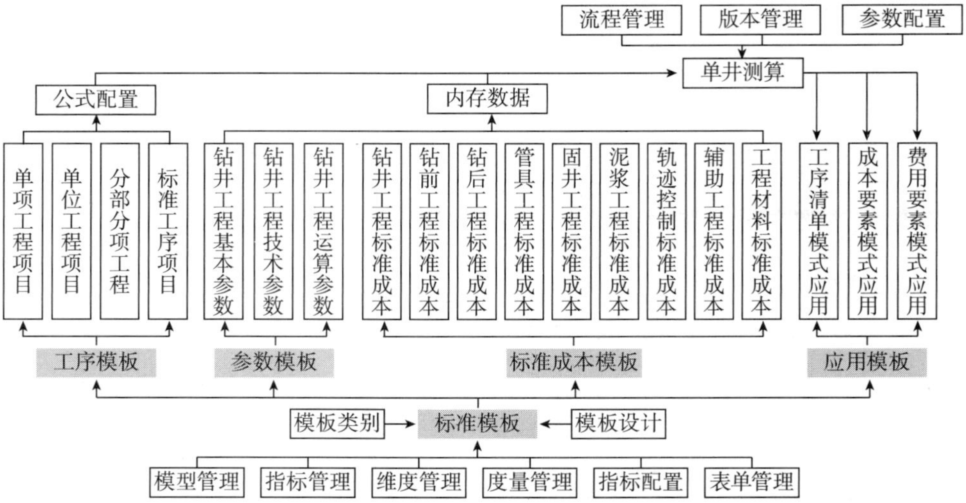

图 8　项目标准成本体系模块及架构

3. 强化“两池、两库”管理建设

一是强化“人才池”管理。完善人力资源优化配置机制，建立合理配置、灵活调用的用工模式。二是强化“资金池”管理。通过在中石化资金管理系统的内部存款资金核算账户增设子账户，建立母子账户管理体系，达到“资金账户管理垂直到项目，资金数据管理垂直到项目”，强化项目资金管理过程管控。三是强化“装备库”管理。规范“装备库”运行，为项目化装备服务提供保障；增设“机动备用库”和“淘汰报废库”，动态更新数据。四是强化“物料库”管理。规范“物料库”运行，增设“境外库”；推进区域库房、物流运输等资源共享，增强区域物资保供服务水平。

三、实施效果

效果一：经营质效持续提升

紧密围绕保障勘探开发和高质量发展，全力开拓市场、优化生产运行、狠抓降本减费、深化改革创新及资源优化配置，实现“十四五”良好开局。

效果二：石油工程保障能力持续强化

1. 能源饭碗进一步端牢。服务集团上游，统筹组织勘探开发队伍，保障渤海湾页岩油、四川盆地页岩气、塔里木顺北等产能建设，助力中国石化 2021 年十大油气

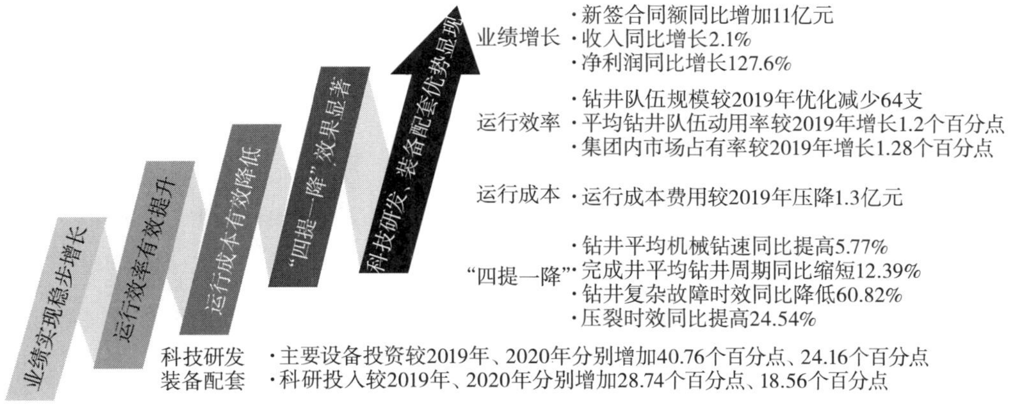

图9　经济效益示意

勘探发现；压实储气库建设主体保障责任，高质量完成储气库建设；积极推进2021年东营原油库迁建项目，未来整个罐区将打造成智能高效、多能互补、环境友好的一流油库。深耕服务中石油市场，强化“中中合作”，与中油技服强化战略合作，共同保障川南深层页岩气开发。服务地方发展，与贵州能投、四川能投等深度合作，助力当地能源勘探开发。优质规模市场份额逐年增长，客户满意度不断提升。

2. **管理创新取得新成效。**持续推进管理创新，坚持向管理要质量、要效益、要发展，推进体制机制向项目化管理转型，强化项目成本管控，提高运行效率，优化资源配置，推动业务提质增效升级，公司整体管控能力、运营效率和盈利能力得到提升。公司所属江汉工程公司获评集团公司标杆企业荣誉。

3. **国有品牌效应进一步提升。**依靠技术进步，强化生产组织运行。2020年以来，创各类工程施工新纪录716项，其中亚洲纪录14项、全国纪录30项、中石化纪录50项、区域纪录622项，对推动国企现代化管理起到示范性作用。

效果三：绿色环保能力不断加强

大力推进优化资源配置，一是优选队伍装备，积极保障施工地热井项目，保障地方供热、减少二氧化碳排放，助力“碳达峰”“碳中和”。二是推进装备升级，在页岩油气工区推进电动化压裂，有效降低压裂施工噪声，对当地影响更小；节省柴油等消耗，施工更加友好。三是推进泥浆站共建共享，减少投入、提升利用效率；大规模推广负压振动筛使用，油基泥浆利用率得到提升，持续降低环保风险。

编者按

围绕集团公司提出的“石油工程加快推进专业化、市场化、国际化、高端化、特色化发展”要求，加快打造技术先导型油服公司，树立石化油服品牌形象，石油工程公司结合自身发展需求，以标准化为引领，开展管理改革创新，构建标准化体系支撑公司技术发展，以标准化理念指导生产经营活动，开展井场标准化建设，探索实践工厂化施工模式，力求最大限度地提升工作质量，降本增效，推进管理精细化、精益化。

以标准化推动石油工程高质量发展

石油工程公司科技信息部

一、需要解决的问题

问题一：公司标准化体系不够完善

一是尚未构建完整的标准化工作管理网络，需要畅通标准化工作运行渠道；二是为提升标准化工作效率，需要规范标准化工作运行制度，搭建网络工作平台；三是亟须建立完善石油工程标准体系，立足公司生产需要和长远发展，开展公司标准制定工作。

问题二：井场标准化建设的推进力度不够

一是没有专门的职能部门，缺乏统一有效的组织领导；二是缺少配套的技术标准和规范文件，不能为井场标准化提供系统、科学的规范体系；三是成果的实施落地缺少统筹安排，如何高效、高质量地保障井场标准化在基层队伍中推进落实，需要科学合理的规划路线。

问题三：工厂化施工模式有待优化

一是各工区、各单位存在差异性，工厂化施工模式不能完全统一，需要根据实际生产情况进行调整；二是为保障工厂化施工的有效推进，施工方案有待完善。

二、主要做法

措施一：完善标准化管理机制，持续推动标准化工作质量

1. 完善标准化工作管理网络。成立公司标准化管理委员会，设立钻井、测录井、井下、物探、石油工程建设、装备与材料、HSE、信息 8 个专业标准化技术委员会，有效组织公司各专业技术专家，形成合力。落实各地区（专业）公司标准化主管部门和管理人员，畅通从管理层到生产一线的全公司标准化管理网络。为满足公司标准化发展需要，立足长远布局，依托胜利研发中心成立“石油工程标准化研究所”。

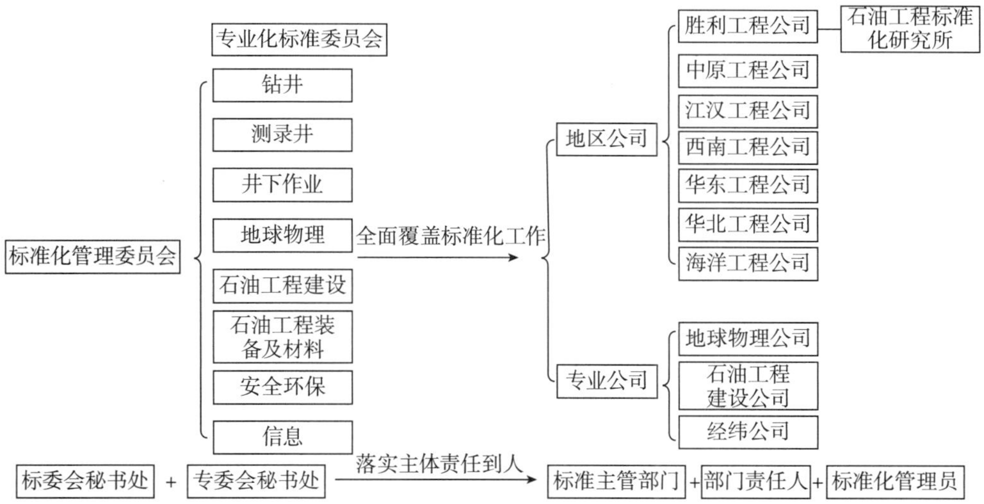

图 1　标准管理网络

2. 加强标准化工作规范运行。根据新《标准化法》和《中国石化标准化管理办法》，2020 年修订发布《石油工程公司标准化管理办法》，确保标准化工作符合国家、集团公司相关规定，指导公司开展标准化活动，做到有规可依、有章可循；2021 年制定发布《标准化管理委员会工作办法》，进一步规范委员会工作程序，明确委员职责。

3. 搭建标准化工作网络平台。为提升标准化工作效率，结合公司标准化工作实际开发标准化管理系统，完成标准的制（修）订、复审的全过程线上管理，开发专家评审模块，为征集专家意见提供线上渠道，实现标准化管理的日常性协同办公和业务管理的网络化办公，大幅提高了标准化管理效率和质量。

图 2　公司标准化管理信息系统示意图

4. 建立石油工程标准体系。建立石油工程标准体系表，并定期更新发布，确保石油工程标准体系覆盖生产经营全过程，明确体系内各级标准的定位和衔接。紧密结合技术发展方向，加强顶层设计和统筹规划，完善国家标准、行业标准和企业标准有机结合的公司标准体系；在积极做好国标、行标和集团公司一级企标的基础上，将没有上级标准，或有上级标准但不能满足公司需求，又需要在公司范围内统一要求的项目，制定为石化油服企业标准。按照“有利于科研成果推广应用，有利于生产经营创效增收”的思路，梳理科技成果形成的装备产品、作业规范和操作规程，将成熟的石油工程特色技术、管理成果、优势产品转化标准，在全公司推广应用，助力技术、产品更新换代，工艺升级优化。

措施二：统筹规划井场标准化，保障标准化建设实施质量

1. 设立工作组，强化组织领导。成立石油工程公司井场标准化工作领导小组，设立井场标准化办公室。按照井场标准化工作内容，分别成立钻井井场现场标准化、井下作业现场标准化、钻井液废弃物随钻治理（不落地）配备标准化、环保卫生间（居住板房）标准化、井队集中居住方案优化标准化、“四提”技术装备配套标准化

6个工作组，抽调各地区公司相关专家和技术管理人员参与配合，协同推进。建立井场标准化工作例会制度，各标准化工作小组定期汇报工作进展，协调解决工作组之间、甲乙方之间、上下级之间存在的问题，推进标准化工作方案编制和组织实施。标准化工作办公室定期编制标准化工作简报，对标准化工作进行跟踪总结、梳理督导，落实时间节点和进度计划要求。

2. 开展现场调研和课题攻关研究。为保证井场标准化落到实处，解决实际问题，工作组先后赴中石油川渝工区、大庆油田、长庆油田等施工现场调研考察、交流讨论钻井现场标准化建设经验。2021年7月，在重庆涪陵首次召开石油工程技术现场交流会，对现场标准化建设进行广泛深入的交流。成立“石油工程钻井标准化研究与示范应用”“井下作业标准化研究与示范应用”课题组。通过课题的攻关研究，制定不同型号钻机的《钻井现场标准化手册（1.0）》等规范手册，建立完整、规范的井下作业标准化管理体系，逐步提升队伍自主管理水平，实现效益最大化。

3. 制定配套技术标准和规范文件。科学规划、有序推进标准化现场（1.0）、标准化操作（2.0）、标准化管理（3.0）三个层次工作实施方案的编写工作，为井场标准化提供系统、科学的规范体系。编制井场标准化配套文件。《钻井现场标准化规范及手册》，规定井场的标准平面布局、设备配置、井场目视化管理等内容；《井下作业标准化规范及手册》，包括现场布局方案、设备配置方案与目视化管理等，涵盖了小修作业、试油（气）作业、大修（侧钻）作业等10个井下作业类型。为高效推动钻井现场标准化的实施，更直观掌握标准化核心内容，制作了钻井现场标准化1.0宣传片，从井场布局、钻机配置、井场目视化等多个方面对井场标准化内容进行演示。

4. 改进现场配套设备和工艺流程。瞄准重点，对井场标准化的重要配套设备与工艺进行攻关突破。将钻机按照标准型、加强型、现代型三种标准配套，满足不同钻井需求。探索钻井液废弃物处理的工艺路径，经过工艺评价、成本核算，最终形成钻井液废弃物处理规范。为优化钻井现场环境，改善工作居住环境，对基层队卫生间改造、野营房技术规范、员工居住3个方面开展调查研究，提出基层队环保卫生间配套方案、施工作业用野营房技术要求、钻井队人员集中居住指导意见，推进环保卫生间在基层队的应用，规范钻（修）井队用施工作业用野营房的分类、配置、布局、吊装、运输、使用及标识，搭建井队人员集中居住生活服务点。

措施三：以示范队建设为引领，加快推进井场标准化落地

组织开展示范队建设，建立一批示范基层队，以点带面，引领基层队标准化现

场建设，将标准化现场（1.0）形成的各项规范制度落地实施，夯实标准化现场成果，稳步推进标准化操作（2.0）、标准化管理（3.0）工作。例如，焦页107钻井平台：70213JH队加强型钻机配套，在70D标准型钻机基础上配备顶驱、高压泥浆泵、变频离心机和钻井液不落地装置，提升固控设备性能，满足强化参数要求。目视化管理按照“实用、统一、明确、直观”的原则，将施工现场物的状态以可见的形式展现，提高钻井施工安全性。场地布置目视化，标识井场整体布局、应急通道、紧急集合点，设置工况、关键工艺参数提示牌。设备设施目视化，标识设备维护保养周期及保养点，标识设备主要参数及操作规程，标识设备在用、在修、待修、停用等状态。安全警示目视化，存在风险的部位设置相应安全标识牌，危险化学品设置安全提示牌，临时高风险作业增设相应安全警示标志。

措施四：深入开展调研与分析，探索工厂化模式实施路径

成立钻井“工厂化”施工模式工作领导小组，在公司层面统筹协调、跟踪、推进、总结试点工作。先后赴大庆油田、长庆油田开展深入的调研交流，学习工厂化钻井、压裂及井场标准化经验做法，加强与国内同行的对标分析。井场集约化方面，中石油长庆油田环H9平台设备模块化、撬装化、井场集约化程度较高。中国石化目前设备模块化、撬装化程度相对较低，多钻机井场集约化、设备共享共用程度不高。信息化建设方面，中石油大庆油田压裂建立了生产指挥中心，长庆庆城油田钻井、压裂均建立了数字指挥中心。中国石化目前单专业信息化建设较为完善，多专业一体化、集成化刚刚起步。组织管理模式方面，中石油长庆油田环H9平台以项目为单元统筹配置人员，创建劳动组织架构，已经形成了项目化管理模式。中石化目前主要还是以单队管理为主，正在探索平台项目化管理模式。后勤管理模式方面，中石油大庆油田创建共享公寓，专业化物业服务，集约化统一管理，提升后勤保障。中石化目前集中管理范围小，正在推进生活服务集中建设。

鉴于各工区的差异性和各单位的实际情况，确立钻井“工厂化”模式试点实施路径，分区域、按单位开展“一队双机”、分开次批钻、大小钻机搭配、装备提升改造、专业化队伍、生活服务共享等试点。

表1 “工厂化”模式试点项目汇总

序号	探索试点项目	胜利	中原	江汉	西南	华北	华东
1	“一队双机”	●	●	●	●		●
2	分开次批钻	●		●	●		●

续表

序号	探索试点项目	胜利	中原	江汉	西南	华北	华东
3	大小钻机搭配	●					
4	装备提升改造	●			●	●	
5	专业化队伍	●	●	●	●	●	●
6	生活服务共享	●	●	●		●	

“一队双机”模式：中原、西南、华东等工程公司在川渝页岩气平台，都开展了“一队双机”模式，实现统一管理、重点岗位互通互补、资源共享。每个平台平均减少用工 17 人，减少设备配置 24 台（套）；通过重浆集中储备、各开次钻井液重复利用，钻井液成本降低 25%。实现人力、设备、物料共享。

分开次批钻模式：页岩气平台井全面推行分开次批钻施工模式。以涪陵工区为例，与常规施工模式相比，导管、一开钻进平均时间缩短 27%，二开钻进平均时间缩短 39%，中完时间平均缩短 41%。

大小钻机搭配模式：西南工程在永页 52 平台、威页 28 平台、威页 32 平台实施大小钻机搭配施工模式，由 50 型钻机集中实施一开、二开，由 50 加强型或 70 型钻机实施三开。3 个平台累计减少 50 加强型或 70 型钻机使用时间 443. 94 天。

措施五：建设工厂化示范平台，编制工厂化模式工作方案

总结工厂化模式试点项目的工作经验，梳理整合工厂化模式流程，开展工厂化示范平台建设，按照“一个优化，两个变革，三个提升”的工作思路编制工厂化模式工作方案。

1. 一个优化。通过整体化、系统化的部署设计，制定以“大平台资源共享”为核心的井场布局与共享方案，对地面硬化、网电、供水、生活公寓等统一规划建设，实现钻井、压裂作业公共资源共享共用、工序流程无缝衔接。

2. 两个变革。一是信息集成变革。建设钻井井场一体化决策指挥中心，集成钻、测、录、定、固等专业信息，实现多专业联动、甲乙方协同，具备工程监测、指挥决策和综合管理功能；设置压裂一体化决策指挥中心，集压裂、测井、微地震监测等信息于一体，各系统有机互动，具备工况模拟、施工监测、信息共享和决策指挥功能，实现及时研判、快速响应、统一指挥和联合行动。二是劳动组织变革。建立甲乙方双平台长机制，统筹技术和装备，共抓安全管理和组织协调；结合项目化管理体系建设，围绕“两池两库一平台”架构，发挥“人才池”作用，优化“一队四机”和“一队多机”组织模式，进一步提升大平台开发人力资源的共享水平。

3. 三个提升。工艺流程再造，在大平台资源统筹共享布局的基础上，优化钻井工厂化施工流程，再造钻井液共享利用流程，优化大平台压裂施工流程，改造供液系统和输砂系统的全流程，充分发挥工厂化作用模式优势。专业服务提升，推行专业化运行，专业人干专业事，推行专业化队伍，提升核心岗位人员技能熟练度，提升作业效率和安全保障，实现同平台、同区域技术共享共推。后勤保障共享提升，以“资源共享、降本增效、人文关怀、提升形象”为目标，优化集中居住方案，打造“野营房 + 生活服务”的共享专业化模式；加强项目化管理“两池两库一平台”建设，依托区域中心库，推进区域化、专业化物料供应管理，形成区域物资“2 小时保供圈”，实现区域物资、设备、工具快速配送、互联共享。

三、实施效果

效果一：标准化工作能力稳步提升，赋能公司高质量发展

形成完善的石油工程标准体系，体系由国家标准、行业标准、企业标准三类标准构成，三类标准之间相互联系、相互协调、相互支撑。承担完成 96 项外部标准制（修）订工作，完成中石化标准制修订 71 项，复审标准 213 项。推进标准与科研协同发展，促进成果向标准转化，发布石化油服企业标准 48 项，在研标准 16 项。

效果二：井场标准化建设初见成效，推进标准化实施落地

形成《钻井现场标准化规范及手册》《井下作业现场标准化建设手册》等 5 项标准化现场系列文件，制（修）订相关企业标准 13 项。2021 年建设完成 46 支钻井示范队、17 支井下作业示范队，2022 年第一季度完成 37 支钻井示范队建设、8 支井下作业示范队建设，有序推进井场标准化在基层单位落地实施。

效果三：形成工厂化施工模式方案，推动落实工厂化施工

发布工厂化施工模式方案，通过实施平台一体化工程，整合技术力量，优化施工工艺、设备操作流程，提高设备利用率，减少用工，缩短施工周期，降低了项目综合成本。

第二篇

基层队管理典型经验案例

一、基层党建

央企姓党，是党执政兴国的经济基础。基层党建直接关系到党的战斗力、组织力，是党一切工作的落脚点。作为担负国家能源安全职责的央企，必须加强基层党建工作。因基层党组织肩负着上情下达重要职责，党员靠基层组织聚合，职工群众靠基层组织引领，企业生产经营任务靠基层组织带领职工群众去实现。企业经营理念、工作部署靠基层党组织来宣贯，离开基层党建，企业愿景和生产经营目标就难以实现。一个支部一盏灯，一个党员一面旗。只有把基层党建搞好了，我们队伍才有凝聚力、战斗力。这届金银牌队创建活动，涌现出很多基层党建先进典型，编者辑录5篇案例，有的创新推行“三联”工作法，把政治优势转化为攻坚动力，解决施工难题；有的开展“五星党员”评树，引领全员奋发向上，奋力攻坚；有的推行“231”党建工作法，与生产经营深度融合，化为推动工作内生动力。总之，这些案例均具有独创性、典型性和实用性，可供大家学习借鉴、复制推广。

编者按

支委联合引好路、党员联管作示范、岗位联动促执行，推动政治优势转化为攻坚克难强大动力。胜利石油工程公司黄河钻井总公司70183SL钻井队作为习近平总书记视察队伍，创新实施“三联”工作法，高质量打造胜利非常规、高难度井标杆工程，为“向地球深部进军”积累有益经验、提供坚实保障，在保障国家能源安全、服务油田增储上产中扛红旗、争一流。

“三联”转优势塑铁军

胜利石油工程公司黄河钻井总公司70183SL钻井队

胜利石油工程公司黄河钻井总公司70183SL钻井队组建于2008年，有员工46人，其中党员21人，主要承担高难度探井及页岩油井钻井工程任务。针对胜利页岩油埋藏深、压力高、断层多等世界级难题，该队创新推行“三联”工作法，推动政治优势转化为攻坚动力，高质量打造胜利非常规、高难度井标杆工程，为实现“向地球深部进军”目标积累有益经验、提供坚实保障。先后荣获中国石化“先进基层党组织”“金牌标杆基层队”“青年文明号”“美丽石化—清洁美丽基层”钻井队、胜利石油工程公司“十大铁军队伍”“胜利页岩油开发功勋队”等荣誉称号。

一、“头雁”联智引好路

2021年10月21日，该队作为胜利石油工程铁军代表，迎接了习近平总书记视察，现场聆听习近平总书记重要指示，激励着“领头雁”带领员工在保障国家能源安全、服务油田增储上产中扛红旗、争一流。该队支委把学深悟透总书记视察胜利油田重要指示精神作为首要政治任务，通过政策领学、讨论促学、实践研学等方式，切实做到带头学、率先悟，包学到班、监督到岗，使员工更加深刻认识到，必须高质量打好页岩油井，为“端牢能源饭碗”贡献力量。支委集中智慧做决策，针对胜利页岩油埋藏深、岩层厚、压力高、温度高、断层多等世界级难题，选择议题更加聚焦页岩油井施工风险控制、技术难点、运行堵点、管理动态，研究决策施工技术、管理、保障重点措施 21 项，破解页岩油开发关键难题 17 项，形成重大事项支部委员同题共答良好态势，支委密切协作保落实，从搬迁安装、钻进、起下钻、下套管、完井作业等钻井施工全流程入手，讨论制定《重点工作表单》，对重点部署、施工指令、关键节点全程把控，确立打快钻、下套管等12 项特殊作业环节指标，及时协调解决难点，并联监控重要节点落实，保障了各项措施的有效落地，实现钻井高效率、施工高水平、生产高效益。基层党建与生产经营中心工作深度融合、一体推进，先后创出全国纪录 1 项、区块高指标 7 项，施工页岩油井建井周期从 60 天缩短为 29. 77 天，为胜利页岩油规模开采、效益开发贡献 1. 0 版本施工方案，发挥国家级页岩油示范区支撑作用，实现政治优势有效转化。

二、“先锋”联管作示范

作为习近平总书记视察过的队伍，该队站在新的历史起点上，必须发挥党员先锋模范作用，锚定新目标，以更高标准、更优业绩，在胜利页岩油勘探开发中当好标杆旗帜。党员风险节点联控，打造“零违章”示范区。发挥党员骨干在安全管理中的关键作用，建立党员安全联责管理机制，将 150 项安全管控重点措施包干到党员、落实到人头，党员骨干带头紧盯现场、协同发现问题、联动整改销项，以更大合力、最高标准防范化解风险，有力保障钻井施工零事故、零违章。党员现场标准联查，打造“标准化”示范区。对标大庆、长庆等 10 余家基层标杆，制定 8 个方面 45 项重点任务对标提升清单，党员分包落实、检查到点，做到事事高标准、时时严要求。将现场分成 16 个标准化网格，党员 3 人一组，协同管理 7 个现场标准化网格，实现井场区域功能、流程运行等各项工作标准化。党员设备分包联保，打造“自动化”示范区。发挥党员骨干的管理和业务优势，针对牛页一区新配置的 11 台国内顶级自动化装备，实行新型设备联合研究、现场操作联合督导、安装维护联合把关，指导员工熟练掌握设备安装维护技能，实现了设备零故障、零误工目标，自动化装备应用管理水平位居集团公司前列。队伍齐抓共管意识明显增强，形成了安全协力管控、标准共同推进、设备联合管理良好模式，基础管理水平不断迈上新台阶。页岩油国家级示范区授牌仪式、工程技术现场交流会、集团公司主题教育等在该队现场召开，成为集团公司和石油工程公司对外展示形象的窗口。

三、“党群”联动促执行

胜利济阳页岩油国家级示范区项目启动时，该队面临着人员磨合、地层陌生等诸多难题，打造标杆旗帜面临新挑战，关键在于党员和群众一体运作、一体联动、一体攻坚，全力支撑油气资源勘探开发。多岗协同精准落实指令。针对页岩油井施工存在地层温度高、压力大、埋藏深等诸多难点，支部委员结合井况工况，以班组为实施主体，利用每天交接班会，向各岗位讲明施工策略，讲细工艺参数，讲透新工具使用方法，由明确班组间、岗位间的关联责任和工时奖罚标准，提升全员联动执行意识，保障各项技术措施精准有效落地。多岗监督助推降本增效。以页岩油井“经济可采”、施工“更大效益”为目标，将 11 类、58 项单井可控成本指标，按工序切分到关联岗位，节超情况与工时奖罚直接挂钩，共同承担成本责任，相互监督降本增效。施工中，党员干部带头细算“成本账”，关联岗位相互监督、联控成本，单井成本节约率较以往页岩油井明显提升。多岗联动保障绿色施工。推行清洁生产项点岗位分级管理，将作业现场分为三大类 17 个项点，每个项点关联 1 ~ 2 个岗位，由党员骨干担任岗位环保第一责任人，并对噪声控制、泥浆防渗、生活污水处理、节能装置使用等实行党员承包、联合管理，有效防止各类污染事故发生，实现降耗减排、绿色施工。党员干部冲锋在前，全队紧随其后，推动党建工作与生产经营“同频共振”，优势资源与特色做法“同向聚合”，集中力量攻坚胜利页岩油勘探开发，为端牢能源饭碗贡献智慧和力量。

编者按

争创“政治素质星、工作业绩星、安全环保星、创新创效星、思想作风星”，激发党员内在动力。该队开展“五星党员”评树，深入推进党员目标化考核管理，为党员立足岗位创先进、争优秀搭建舞台，引领全员合力攻坚、奋发向上，实现13年长周期安全生产，主要经济技术指标、综合考核指标均名列前茅。

支部搭“台”　党员争“星”

胜利石油工程公司黄河钻井总公司40569SL钻井队

胜利石油工程公司黄河钻井总公司40569SL钻井队有人员42人，其中党员22人，主要承担胜利东部油区钻井工程任务。针对党员教育管理方式相对单一、考核评价激励手段不够丰富等问题，该队始终牢记“我为祖国献石油”初心使命，筑牢战斗堡垒，强化先锋引领，推动政治优势转化为攻坚克难、高效钻探的强大力量。2020年至2022年，完成钻井进尺16.34万米，先后获中石化“石油工程金牌队”“先进基层党组织”，胜利石油工程公司“基层党支部示范点”“提质提速提效标杆队”，山东省“工人先锋号”等荣誉称号。

一、分类设置创星标准

近年来，受石油行业形势、深化改革调整等因素影响，钻井队党员教育管理面临新问题、新挑战。为调动党员“站排头、争第一”的积极性、主动性，深入推进党员目标化考核管理，制定《党支部“五星党员”评树管理办法》，将评星标准细化为政治素质、思想作风、工作业绩、安全环保、创新创效5个方面，每一方面用一颗“星”表示，党支部每季度公开评选“一星”或“多星”党员，最高为“五星”，为党员立足岗位创先进、争优秀搭建了舞台。评定条件为：政治素质星，理想信念坚定，组织纪律严明，严守党的纪律，积极主动完成党组织交办的各项任务；工作业绩星，立足本职，勇担重责，克难奋进，发挥先锋模范作用，带头创造一流经济技术指标；安全环保星，认真学习国家和企业安全环保知识，严格遵守安全生产操作规程和环境保护规定，在安全环保工作方面表现突出；创新创效星，认真学习研究钻井新工艺新难题，积极推广各种高新钻井技术，能够及时发现并正确处理各种复杂情况；思想作风星，坚持解放思想、实事求是，坚持吃苦在前、享受在后，永葆共产党人蓬勃朝气、昂扬锐气、浩然正气。

二、公开评定创星结果

按照“个人自评申报、党员民主评议、党外群众参评、党支部审定、评选结果公示、党支部命名”的程序组织评比。每季度末，党员以书面方式向党支部提出创星申请，填写《“五星党员”申报表》，再由党支部召开全体党员、部分党外群众参加的“星级”评定会，采取面对面评议、填写测评表等方式对党员进行“星级”评定。单项得分排名前30%的党员，获得一颗“星”，同时获得5颗星的党员，当选季度“五星党员”。评选结果在公示栏公示5～7天，无异议后党支部进行命名，使评树活动更具广泛性、公正性和公平性。评定后填写《“五星党员”档案信息卡》，进行备案管理。2021年四季度，二班司钻段海文因挖潜增效方面相对薄弱，落选“五星党员”。他主动改进提升，带头提出并实施5项合理化建议，为井队节约成本3万元，如愿获评“五星党员”。创新评定树立先进榜样、展示良好形象，传递正能量，形成全员合力攻坚、奋发向上浓厚氛围，连续创出区块钻井高指标、新纪录，13年长周期安全生产，单队年进尺7.1万米，超胜利石油工程公司平均单队年进尺1倍以上。

三、动态实施创星管理

党员活动室设立“五星党员”评比台，将“五星党员”评定标准、党员照片、每季度获星情况在评比台展示。星级党员出现违规违纪达不到标准的，党支部召开支委会议讨论降低星级或取消星级。对于年度空白星党员，由党支部书记与其谈话，进行鼓励，指出改进方向，并指定星级党员对其进行“领跑带动”。通过动态管理评比台，每位党员可以随时了解自己获星情况，增强党员荣誉感，使党员在创星中提高素质，增强本领，形成全体党员积极“争当先锋、争创五星”的生动局面。

2022年，针对5名全年“无星”或“少星”党员，党支部对其开展定向帮扶，使其迅速扭转被动，成为事事创先争优、带动作用凸显的星级党员先锋。星级党员带头讲党性、重品行、作表率，提高形象和威信，形成群众向党组织靠拢、积极要求入党良好氛围，该队党支部被授予“胜利石油工程公司基层党支部示范点”“黄河钻井十佳示范堡垒”等荣誉称号。

四、大力营造创星氛围

对评选出的“五星党员”给予适当的表彰奖励，优先推荐参加上级党内先进个人评选，并将其作为支委候选人和队伍骨干重点培养。开展“星级党员课堂”活动，通过宣传栏、板报、主题党日等平台，大力宣传“五星党员”的先进事迹。结合主题教育，积极开展党员承诺践诺，引领党员在保安全、提效率、降成本中主动亮剑、冲锋在前。深入开展党员“对标、追标、创标”，把寻找标杆的范围向安全管理、提速提效、班组建设等方面延伸，充分发挥榜样示范和典型引领作用。用身边事教育引导身边人，使更多的员工了解“五星党员”，形成人人争创“五星党员”、向“五星党员”看齐的良好氛围。为争创更多的星，党员对自身要求严格了，工作也变得积极主动了，评出干劲、活力，评出竞争力和荣誉感，激发党员内生动力。2020年至2022年，该队累计实现产值3.05亿元，主要经济技术指标、综合考核指标均位居胜利石油工程公司前列。

编者按

基层党组织力量强弱直接关系到党的创造力、凝聚力、战斗力、领导力和号召力。该队聚焦党建工作“全面过硬”目标，创新实施“231”党建工作法，不断创新党建与安全根基、生产衔接、成本管控等生产经营工作融合落实机制，持续将党建工作成效转化为推动中心工作内生动力，创造力、凝聚力、战斗力不断提升。

推行“231”党建工作法 汇聚发展合力

中原石油工程公司钻井一公司40728ZY钻井队

中原石油工程公司钻井一公司40728ZY钻井队以中原石油工程公司党建质量提升“365”工程（聚焦“全面规范、全面进步、全面过硬”3个目标，实施“思想铸魂、头雁领航、先锋堡垒、生态涵养、价值引领、品牌塑造”6个工程，构建“责任落实、能力培育、管理提升、持续创新、制度保障”5个机制）为引领，积极探索、主动实践，形成“231”党建工作法，有效解决组织功能弱化、淡化、边缘化现象，切实实现党建工作和业务工作同频共振、同步推进良好局面，为队伍优质高效施工提供坚强保证。2022年，连续三季度夺得中原石油工程公司“安全高效创一流、精益求精树品牌”竞赛中原工区流动红旗，综合成绩排名第一。先后获中原石油工程公司“标杆钻井队”“师带徒先进集体”、中国石化“金牌基层队”荣誉称号。

一、发挥两个作用，构筑坚强堡垒

初心如炬，使命如磐。坚持以提升组织力为重点，突出政治功能，打通贯彻落实上级决策部署的“最后一公里”，引导全体党员聚焦难题亮身份、奋力攻坚践承诺、立足岗位创佳绩。

发挥支部战斗堡垒作用。几年来，面对新冠疫情反复、合同标价持续降低等诸多不利因素，利用员工大会、宣传展板、挂横幅等方式，积极开展形势任务教育、集体宣誓、签承诺书等活动，着力激发员工“站排头、争第一”意识，战斗堡垒作用得到发挥。先后承钻的濮158－5井、濮1－平5井，以良好工作业绩和优秀队伍素质，被甲方评为优质示范井工程，充分展现了中原铁军形象。

发挥党员先锋模范作用。坚持每半月组织一次党员政治理论学习，不断提升党员队伍整体素质。做实党员先锋指数管理，依托党员责任区、示范岗、突击队等载体，在配堵漏浆、卸钻井药品、设备紧急维修等急难险重任务中，冲锋在前，以实际行动彰显“我是党员，向我看齐”标杆形象。春16－1井三开泥浆转型时间紧，中午又下大雨，6名党员干部带头连续奋战16小时，及时配好251立方米盐水泥浆，顺利完成泥浆转型。

二、狠抓三个关键，确保同频共振

锚定目标，深融互促。党支部紧扣安全根基、生产衔接、成本管控三个关键点，通过实施“融入式”党建管理模式，促进队伍优质高效施工。

夯实安全根基。探索实施“党员带骨干、骨干带关键、关键带全员”层层递进岗位练兵模式，以及各种“短平快”小竞赛，在全队形成“对标、追标、创标”良好氛围，全员安全水平不断提高。征集员工家人照片和嘱托，做成“安全亲情寄语”牌，张贴在井场门岗房旁，用亲情时刻提醒每名员工切实做到“我要安全”，连续5年实现安全生产无事故。认真落实“隐患清零”活动要求，联合隶属单位机关党支部开展“主题党日＋安全大排查”活动，23名党员走进施工区、踏进生活区，对用电、动火、消防、设备等方面进行“一步一看、一步一查”，深查细究安全隐患，“安全生产月”期间排查整改安全隐患27项。

优化生产运行。坚持超前计划、预置管理，针对搬迁、中完作业等特殊作业环节，创新开展“主题党日＋竞速赛”活动，支委成员分别带领3个班组，通过细化搬迁任务、厘清责任区域、优化拆装衔接、畅通行车路线等系列措施，搬迁时间从2020年的平均5.8天缩短至2022年的3.99天，降幅达31.21%，创中原工区40型钻机“两个当天”（当天搬迁、当天起井架）最快纪录。

树牢成本意识。认真落实“支委＋团队”要求，建立以支部书记为组长、全体党员为组员的成本管控小组，紧盯油料消耗、口井考核、挖潜增效等工作，实施

“书记抓总、党员分管、全员落实”成本管控机制，形成“人人都是效益源”良好态势。大力推行预算交底制，将每口井每项成本费用分解到岗位，增强全员成本管控危机感和责任感，在濮158-5井施工中，通过科学调配柴油机与发电机功率，柴油消耗从84吨/月降至76吨/月，每月节约柴油6万多元。严格成本考核奖惩制度，突出“降本增效”目标，做实“一口井一讲评一考核”机制，在甲方投资缩减、定额压缩形势下，连续3年定额成本节约率分别为7.9%、9.3%、12.68%，呈逐年递增趋势。深化小改小革、修旧利废、挖潜增效活动，机房大班从网上购买配件，修复防爆照明灯4套，泥浆大班修补振动筛筛布32张，累计节约维修费用2.3万元。

三、打造一流团队，优质高效施工

解忧纾难，凝心聚力。创新方式方法，狠抓家文化建设，大力实施情暖工程，切实解除员工后顾之忧，铸就一流团队。

创新“五必谈”。工作学习受到挫折必谈、工作岗位发生调整必谈、员工发生违章必谈、思想情绪不稳定必谈、工作落后退步必谈。每月开展“一对一”谈话、座谈交流，适时进行心理辅导、体验拓展，精准掌握员工思想动态，及时为员工解疑释惑，放下思想包袱。活动开展以来，无一名员工违规违纪，无一人主动申请调离。

打造“家文化”。建立员工基础信息档案库，在每名员工生日当天，支部书记都会送上提前备好的生日蛋糕及小礼品，增强员工“家”的归属感。生产间隙，邀请3~5名员工家属到施工现场举办家庭联谊会，促进家庭和睦，让个人“小家”与井队“大家”融为一体，形成“心齐、气顺、家和”良好局面。

做实“三公开”。不断延伸拓宽公开领域，通过黑板报、宣传栏、公示台、员工大会等，及时发布队伍费用支出、创效成果、施工业绩及后续工作量等员工关心的重点、热点问题，不断增强队务、绩效、伙食费、评先评优透明度，有效维护员工参与权、知情权和监督权，调动全员积极性，确保优质高效施工。

编者按

该队强化班子建设，紧紧围绕“三聚焦”开展工作，充分发挥领导班子“头雁效应”，带领队伍与时俱进，把精细管理落实到生产经营管理全过程，在西北市场上披荆斩棘、屡创佳绩，成为一支西部钻井铁军劲旅。

“三聚焦”打造西部铁军劲旅

中原石油工程公司塔里木分公司 70172ZY 钻井队

中原石油工程公司塔里木分公司70172ZY钻井队组建于2015年4月，中石化甲级队资质，有员工56人。该队成立以来，强化班子建设，紧紧围绕聚焦“抓规范”“建团队”“干实事”开展工作，充分发挥领导班子“头雁效应”，以身作则，密切配合，发挥班子最大效能，带领队伍与时俱进，在西北市场屡创佳绩，优质高效完成顺北44X、顺北1－28H、顺北83X等5口井探井施工任务。先后获中国石化“金牌基层队”、石油工程公司“工人先锋号”“先进基层单位”等称号。

一、聚焦“抓规范”，提升“基本功”

紧紧围绕规范基层领导班子管理、工作制度细化和基础资料填写，全面提升队伍能力素质和钻井水平。

“规范”议事内容。坚持按照集体领导和个人分工相结合，建立和完善基层队领导班子决策重大事项议事规则，建立参与决策事项清单。根据实际，列出21条需要讨论决定的事项内容，包含贯彻上级决议、决定，队伍建设、员工岗位晋升、年（月）度培训计划、奖励分配、评优选先等重要事项。通过规范议事规则，既规范班子成员权力行使，又有利于集中精力解决重要问题。

“规范”工作标准。梳理井队19个工作岗位责任，完善岗位说明书，细化岗位职责、操作程序，逐项明确巡回检查路线、项点、内容，实现人人有责任、事事有人管、管理不漏项。

“规范”基础资料。坚持规范填写各类基础资料262项，其中工程技术报表类34项、生产和值班记录类38项、各类台账资料152项、文件资料39项，坚持基础资料分类分卷、分岗分人管理，多次获甲方和上级部门表扬，并在工区内推广学习。通过严格执行各种规范，该队生产经营业绩稳居前列。承钻的顺北44斜井，较设计周期缩短35.32天完井，“四提”效果显著，日产油气当量1330吨，成为中原石油工程上央视的“千吨井”；承钻的中石化重点示范井——顺北83斜井，刷新顺北8条带三开机械钻速最快纪录，周期节约率高达31.65%。

二、聚焦“建团队”，锻造“硬实力”

依据“支委+团队”模式，支部委员结合自身分管业务，主动认领攻关项目，建立以党员为主的工作团队，促进党支部和党员在“三基”工作中发挥作用，解决了多项制约提速提效、成本管控等重点难点问题。

“员工成长”团队。支部书记牵头，带班队长为组长，着力培养关键岗位和骨干人才。依据日常表现、年度考核、员工评选等方式，确定被培养人选；根据被培养人个性特点，制定具体方案，安排专业大班及队部人员对其进行定向培养。司钻、副司钻等年轻人先后得到岗位晋升。

“成本管理”团队。平台经理牵头，钻井工程师为组长，研究制定成本管理规定，将成本管理分为工程、钻井液、油料、安全和常规材料五大块，分别由钻井工程师、钻井液工程师、司机长、钻井队副经理和成本员负责监控。采取单井累计、指标对比办法进行考核，将班组奖金与成本支出、工作绩效挂钩，员工真正把成本当成自己的钱花，增强当家理财意识和成本管控自觉性。

“小改小革”团队。平台副经理牵头，机械工长为组长，围绕修旧利废、小改小革等开展攻关。坚持自己能修的自己修，能换小件不换总成，进厂修理的做好入厂监管，引导和鼓励员工积极参与设备小技小改、修旧利废、节能降耗等多种创效活动。在顺北44X井施工中，3个团队共同努力，针对顶驱冲管易损坏等问题，自制盘根加压垫，使冲管使用时间从30天提升到60天以上，单次节约成本6.1万元。通过优化施工参数、调节使用高耗能电器设备等措施，全井累计节约费用90余万元。

三、聚焦“干实事”，展现“新作为”

针对基层领导班子工作思路工作方法不统一、“四提”“瓶颈”问题，抓“实”管理责任、落“实”责任分工，形成横向到边、纵向到底的责任网格，业绩增长超预期，勘探增储更上一层楼。

抓“实”管理责任。坚持以“干部作风建设年”专项行动为契机，以提升干部执行力为出发点和落脚点，队干部带头查摆问题、领取问题、解决问题，以身作则、做好示范。梳理细化装备、技术、安全三大类共15个具体问题，奔着问题去、带着问题学、对着问题改，一级做给一级看，一级带着一级干，层层传导压力，压紧压实主体职责，为现场安全生产平稳运行提供有力保障。

落“实”责任分工。坚持党政同责、“一岗双责”，明确分工，岗位责任制与党建责任制相融合，实现一体分工、一体履职。针对调整后基层班子成员在工作思路、工作方式等方面存在的差异问题，支部把班子融合作为员工融合的前提，坚持党政班子每日碰头，健全“事前商议、事中解决、事后总结”三步走工作机制，做到同频共振、同向发力、互促共进，形成“1+1>2”的强大合力。由此，承钻的TH123121井，单只钻头一次入井进尺5053米，刷新集团公司进尺最多纪录；承钻的顺北1-28H井，面对二开裸眼段长、层位多、压力结构复杂等难题，24.5天钻完进尺，刷新顺北1号断裂带二开钻井周期最快纪录，降低钻井成本，提高市场竞争力。

编者按

推进党建与生产经营深度融合是基层党建工作重要出发点和落脚点。该轮探索实施“支部建在船上、支委配在船上、文化润在船上”，强化基层队伍建设，实现“党建基础不断夯实、安全生产保障有力、干部队伍和谐稳定”，形成融入生产抓党建、抓好党建促发展良好局面。

党建三融合　强化基层队伍建设

海洋石油工程公司上海船舶分公司勘探312轮

海洋石油工程公司勘探312轮是中国石化首艘全回转电力推进新型多用途供应船，2015年3月下水运营，先后转战东海、南海海域。该轮党支部坚持“支部建在船上、支委配在船上、文化润在船上”，围绕生产抓党建，抓好党建促生产，助力船舶圆满完成各项生产任务。2020年，该轮平均在航率为94.23%，2021年保持100%在航，先后获中国石化“金牌基层队”“银牌基层队”、中国海油“大型作业之星”、上海市“工人先锋号”、海洋工程“先进集体”等荣誉称号，为推进“蓝海战略”和攻坚创效提供有力保障。

一、支部建在船上，强化队伍素质能力

激励班子作表率，队伍作风更过硬。火车跑得快，全靠车头带。该轮把加强船舶班子和党员队伍建设，作为发挥关键少数引领，提升管理、强化安全生产的重要保障。抓好船舶班子，发挥支委“润滑剂”作用，做到思想、认识和行动统一，形成合力；严格党员教育管理，严肃组织生活，加强党员思想政治教育和专业知识学习，做到高标准、严要求、真考核；加强典型选树，积极推荐先进个人和事迹，注重党员“双培养”，营造干事创业氛围；严格落实规章制度，把纪律和规矩挺在前

面，严格执行劳动纪律，树立良好工作作风。

建好党员责任区，队伍作业更规范。始终坚持以党建促生产、以生产强党建，细化党员责任区职责内容，在驾驶台、生活区、机舱、集控室等主要场所划分4个责任区，开展“五比一争先”（比创效能力、比安全生产、比科技创新、比精细管理、比和谐贡献，争做蓝海尖兵），党员先锋模范和引领作用有效发挥。机舱责任区深入开展“三化管理”，即现场定置化、作业流程化、维保标准化，精细化管理水平不断提升。自责任区创建以来，设备完好率持续保持在99%以上，因设备原因造成非正常停待为零，为持续攻坚创效夯实基础。

争做党员“黑包公”，队伍安全更放心。充分发挥党员安全引领示范作用，推动实施“三个清单”。开展“五查五严”“党员身边无事故”等活动，将安全思想宣贯和生产实际讲堂有机结合；加强安全生产异体监督，支部书记兼职安全监督员，党员开展日常监督，严格实施《全员安全记分规则》，发挥监督考核“指挥棒”作用。

二、支委配在船上，强化队伍凝聚力

紧密联系群众，队伍建设有温度。支委成员带头联系群众，把工作触角延伸到全船，多渠道了解掌握员工思想动态，积极开展谈心谈话、思想调研等，同步建立和完善员工本人和直系亲属信息档案30余份。针对海上通信不畅等实际问题，建立员工生活微信群，方便与员工家属交流和沟通，船员队伍凝聚力不断提升。

以“海上建家”为载体，全船员工有归属。坚持人本管理，充分发挥“海陆双线”党建优势，推动关爱员工“双线”开展、“两送”慰问全员覆盖，着力打造有温度的船舶。调动支委、工会小组、团支部积极主动性，全年开展“海上建家”和读书等文体活动4次，及时补充船舶图书资料，提升船员文化素养，丰富员工生活，员工认同感不断增强，以船为家观念深入人心。

注重培训教育，员工成长有方向。注重员工教育和培训，支部牵头每月组织开展岗位练兵，结合应急培训演习、线上答题等活动，提高员工专业素质。积极开展“导师带徒”，支委成员主动担任“导师”，根据员工岗位特点和需求开展“传、帮、带”。一年来，有5名员工在“导师”指导下获得岗位晋升；自投产以来，累计培养DPO（动力定位持证）人员18名，员工能力素质不断提升，有效赋能安全生产。

三、文化润在船上，强化队伍竞争力

“五星船舶”比学赶超激发创效活力。通过从安全环保、降本减费、现场管理、竞争水平、基层党建5个方面开展竞赛推动工作，形成倒逼机制，重点抓好安全管理提升、人员队伍管理培训、设备维护保养、降本增效等方面落实和监督工作。

“一船一品”擦亮市场开拓名片。结合生产作业实际，围绕“着力管理提升，打造单船管理先进船舶”品牌，从安全管理、培训学习、应急演习、生产作业环节等方面制定详细要求和措施，支部书记为品牌建设第一责任人，船长、各部门长全力配合，其他员工积极参与，已成为支部党建围绕生产、嵌入生产、促进生产的有效载体和抓手，助力“4零”目标实现。

“勇士文化”树立船舶铁军形象。把员工教育和思想政治工作嵌入企业文化建设中，开展形式多样的形势任务教育，大力弘扬石油石化优良精神传统和企业文化，坚持“人人都参与、全员都提升”，以“勇于担当、敢打必胜”为内涵的“勇士文化”深入人心，营造海上铁军“每一航次使命必达”良好干事创业氛围。

二、班组建设

班组是企业最基本的组织细胞，是企业各项工作落脚点，是企业生产经营活动基本单位，是企业最基层生产管理组织。全面加强班组建设，实现班组管理科学化、制度化、规范化，是实现企业管理现代化的一项重要工作。班组建设是一项系统性工程，需要党、政、工、团同心协力、齐抓共管，必须引导全员树立“班组是我家，建设靠大家”思想，提高班组建设重要性认识，做到统一领导、分工负责、归口管理、专业指导，将班组建设纳入企业行为，把管理触角深入每个班组，把责任细化到每名员工，以此促进企业管理工作迈向新台阶。这届金银牌队创建，出现诸多班组建设典型，编者选取6篇案例，有的创新实施“三小”班组工作法，助“三高”井安全高效开发；有的实施“三带三强”工作法，强根塑魂、强基固本、强兵利器，铸造金牌班组；有的推行“四查四清四不接”工作法，队伍素质显著提高。总之，这些案例都是基层班组摸索出的鲜活经验，望大家学习借鉴。

编者按

开设“小课堂”，开创“小革新”，开展“小竞赛”。该队创新实施“三小”班组工作法，建强建优“基层最小创效单元”，有效激发员工立足岗位、建功立业热情，实现安全生产平稳运行，连年超额完成经营任务，运行效率和生产质量显著提升。

“三小”班组工作法　助“三高”井安全高效开发

胜利石油工程公司井下作业公司西南特种作业项目部试油22队

胜利石油工程公司井下作业公司西南特种作业项目部试油22队组建于1979年10月，有员工29人，党员10人，主要负责重庆涪陵国家“三高”页岩气勘探开发任务。在涪陵工区，井内硫化氢含量达10%以上，稍有不慎就可能造成灾难性后果。该队作为首批参战队伍，创新实施“三小”班组工作法，开设“小课堂”，开创“小革新”，开展“小竞赛”，优质高效完成各项施工任务，在涪陵工区打响胜利品牌。连续多年获评胜利石油工程公司“文明建设先进集体”“标杆集体”等荣誉称号。

一、开设“小课堂”，促员工技能素质双提升

进入涪陵页岩气市场后，该队牢固树立“干一项工程，树一块丰碑”理念，详细掌握工区地质特点，分析试气工艺流程，全面梳理施工风险及危险点，针对“三高”气井，在班组中开设“小课堂”，通过采用形式多样、灵活多变方式，增强全员标准化操作技能和安全环保意识。坚持“小课堂”以人文关怀为抓手，任命党员骨干为班长，带好员工队伍、激发员工活力、挖掘员工潜能。对工作经验丰富、技术水平高、责任心强的员工，开设针对性专业“小课堂”交任务、压担子；对参加

工作时间短，肯干肯学年轻员工，采取一帮一结对“小课堂”助成长促进步。社会化用工张猛成长为现场工程师，连续3年被井下作业公司评为“杰出项目化用工”；员工丁泽林在2022年全国行业职业技能竞赛中荣获井下作业工“工具工银奖”。在班组中开设“小课堂”，全面分析区域地质特点、试气工艺流程、施工风险及危险点，提升团队日常操作能力和应急处置水平。施工的潼深11井，充分利用前期“小课堂”工作法，高配安全设施、强化日常应急、加密动态监控，严格落实党员干部驻井带班，安全高效完成施工任务，该井日产气232万立方米，创西南工区单井试气日产量最高纪录。

二、开创“小革新”，促安全质量双提升

针对解决现场施工实际问题。特别是针对超深井试油测试、高温高压高含硫试气等难点，在班组内广泛开展“小革新”活动，制定《“小革新”奖励办法》，每月评选优秀革新成果，给予一定量工时奖励，激发全员开展“小革新”热情，建强建优“基层最小创效单元”，连年实现安全生产平稳运行，超额完成下达经营任务。创新实施《页岩气“井工厂”生产模式优化与运用》《弹簧式卡瓦捞筒+套铣筒一体化水平井打捞技术》《低产页岩气井试气难点与对策》等10多项技术成果。开展超深井试油测试、高温高压高含硫试气等方面的技术攻关和创新实践，解决现场施工实际问题。2022年，涪陵工区页岩气“井工厂”4口井同时施工，需要配备2套试气流程，总计10条管线，高压管汇50个法兰盘，400条螺栓，低压管汇1500米，工作量较以往提升1倍以上。该队组织骨干认真分析连接流程，研制加工法兰专用备钳及油管高度支撑架，将试气流程连接时间从原来的126小时降至89小时，极大节约施工成本，提高流程安全系数，降低员工劳动强度。全年累计提合理化建议及优秀HSE建议（成果）153条。其中“提高针型阀使用寿命”“高压管汇台吊点改造工程”“游动卡瓦居中卡盘”等8条建议大幅提升本质化安全，获井下作业公司“优秀HSE建议（成果）一等奖”。

三、开展“小竞赛”，促速度效益双提升

坚持以“三基”创建为载体，“星级班组”创建为抓手，开展班组“试气流程组装”拉力赛、“井控技术比武”对抗赛、“设备检维修”岗位练兵等一系列“小竞赛”活动，进一步增强班组凝聚力，工作时效明显提升。该队坚持每道工序都是

效益增长点，每个班组都是创效单元，每名党员都是创效骨干理念，全力将每口井打造成精品工程。焦页 159－1HF 井是涪陵工区超高压重点井，该队将施工任务分为 6 个竞赛模块，即将每个平台划分为试气设备区、压裂罐区、压裂车组区、射孔施工区、连续油管施工区、蓄水池区，在班组之间开展进度竞赛，通过“小竞赛”活动的开展，首次实现涪陵“三高”气井“三个当天”，即当天接井、当天搬迁、当天开工，仅用 4 天就完成施工任务，创造工区纪录。通过开展“小竞赛”活动，该队逐渐形成“井工厂”施工管理要点新模式，创新划分出“责任分区”“节点管理”“用料分类”“监督检查”4 个竞赛单元，让班组“小竞赛”能够更加全面调动员工生产积极性。2020—2022 年，在涪陵工区累计施工 23 井，压裂 510 段，在工区 16 支试气队中排名第一；作业一班连续 3 年被评为“文明建设先进班组”，获重庆涪陵国家级页岩气示范区劳动竞赛“作风建设杯”先进班组称号。

编者按

以上带下，为铸“金牌”强根塑魂；以一带多，为铸“金牌”强基固本；以点带面，为铸“金牌”强兵利器。胜利石油工程公司固井技术服务中心固井四中队探索实施“三带三强”工作法，以“金牌”标准打造班组标杆团队，助推“金牌基层队”基础更牢、标准更高，奋力书写巩固扩大“四提”成果高分答卷。

“三带三强”铸“金牌班组”

胜利石油工程公司固井技术服务中心固井四中队

胜利石油工程公司固井技术服务中心固井四中队成立于 1984 年，现有人员 24 人，其中党员 11 人，主要负责胜利东部油区固井工程任务。针对班组人员数量少、流动性大等标准化管理难点堵点，该队探索实施“三带三强”工作法，以“金牌”标准打造班组标杆，助推“金牌基层队”基础更牢、标准更高，先后获中石化石油工程“金牌基层队”，胜利石油工程公司“先进基层党组织”“红旗党支部”“百日攻坚创效十佳示范堡垒”等荣誉称号。

一、“以上带下”强根塑魂

支委当“班长”强管理。作为基层最小组织“细胞”，该队党支部探索“支委＋班组”融合互促，创新推行“支委任班长、提级管班组”模式，实现班组党的工作、党员力量全覆盖，确保关键岗位有党员领着、关键环节有党员把着、关键时刻有党员顶着。落实支委任班长的“一岗双责”，引领带动班组思想建设、组织建设、队伍建设、作风建设、融入中心 5 项工作全面加强，切实发挥标准化班组推动支部工作、发现解决问题的前沿阵地作用。

骨干当“群主”强学习。针对人员理论学习集中难、时间少、自觉性不足等问题，在原有“微信学习交流群”基础上，“群主”由支部书记“一肩挑”变为党员骨干“众人扛”，划班组为“责任田”，督促所有人每天按时上传学习强国、石化党建等积分截图，并评选“学习之星”，让员工学做有标准、赶超有目标。

党员当“示范”强作风。坚持一名党员就是一面旗帜，充分发挥党员在班组中先锋模范作用，坚决做到遵规守矩、令行禁止，以过硬作风和本领优质服务甲方。新冠疫情期间，党员干部带领员工组建班组突击队，常驻淄博、滨州、高青等“疫区”，奋战100余天，固井260余井次，收到甲方感谢信20余封，彰显了“特别能吃苦、特别能战斗、特别能奉献”铁军形象。“以上带下”有效锤炼了队伍作风，规范了班组管理，党员覆盖率实现100%，生产一班被评为胜利石油工程“创标杆”竞赛优秀班组，班组标准化建设水平不断提升。

二、“以一带多”强基固本

“结对”提素质。结合甲方对固井质量的高标准、高要求，中队骨干以“一对多”形式，与班组员工“结对子”，提供标准化操作示范，变言传为身教、变理论为实操，夯实基本功。班组“一专多能”人才占比超80%，2人晋升高级职称，6人获评技师，1名班长获评东营市“技术能手”，2人分获局级职业技能竞赛金奖、银奖，11人获局级及以上表彰，人均创效超50万元。

“补位”保生产。为应对人员不足问题，中队干部主动为有事请假、需要休息的员工当“替补”，哪个班组缺人就去哪里配合，哪个岗位缺人就去哪里顶岗。特别是在大吨位固井、连续转井需要大量人手时，中队带队干部主动担责，既当班组“指挥员”，又当驾驶员、操作手，一级做给一级看、一级带着一级干，确保工作标准不降、质量不减，优质完成渤页平5井、义页1－1VF等中国石化重点工程，渤深4－斜7井被甲方评为“提高单井产能”示范井。

“找茬”抓安全。该队将安全分级管理延伸至班组，发挥班组群众安全监督员作用，利用班前班后会开展“大家来找茬”安全警示活动，每人自亮“家丑”、揭人“伤疤”，绷紧“安全弦”，消除“低老坏”，切实用标准规范行为让安全成为习惯。以“上标准岗、干标准活、交标准班”检验年度效果，酌情奖励2000～5000元，激发创建“标准化操作示范班组”热情动力，实现零违章、零事故目标。

三、“以点带面”强兵利器

抓“兴趣点”搞创新。班长郭江伟既善于带兵，又敢于亮剑，将有创新兴趣的班组成员组成团队，重点聚焦设备本质化安全开展“小改小革”、QC 等挖潜增效活动 15 项，成功解决水泥车“气动润滑泵”易磨损等难题 39 项，《固井水泥混拌装置的环保节能改造》论文被中国石化出版社专刊收录。

抓“荣誉点”降成本。为提升班组驾驶员节油本领，创新设计“尖兵光荣榜”，每月将姓名、车号、油材料支出公示，排序前后各 2 名分别挂红黄旗，并给予奖罚，让先进受表彰、让后进有压力。3 年来，班组员工累计获奖 7 万元，节省油材料 90 万元。

抓“比拼点”提质效。大力开展以“创标杆班组竞赛”为载体，将设备维护、注灰质量等关键环节设为比拼项点，在班组之间开展比标准、比安全、比时效、比节约、比协作对抗赛，助推员工练好攻坚克难“金刚钻”，勇揽提质创效“瓷器活”。2020—2022 年，该队年均完成固井施工 300 余井次，固井质量合格率达 100%，服务满意率为 99% 以上，彰显了能征善战、敢打必胜、战绩卓越“金牌”班组标杆形象。

编者按

“根基不牢，地动山摇”。队伍建设是一切工作之基。该队围绕“抓班子、带队伍、强管理、促发展、保稳定”这一基层建设核心任务，从“组织筑基、素质培基、关怀强基”三方面着手，探索出一条强队之路，增强队伍凝聚力、向心力和战斗力。

抓牢三项工作　强基固本铸魂

中原石油工程公司西南钻井分公司 70117ZY 钻井队

中原石油工程公司西南钻井分公司 70117ZY 钻井队组建于 2003 年 11 月。该队成立以来，始终把基层建设作为重要任务，深入开展“组织筑基、素质培基、关怀强基”3 项工作，为优质高效施工提供保障。该队施工的焦页 1 井被评为焦石坝页岩气勘探开发“功勋井”。曾获中华全国总工会“全国五一劳动奖状”，中石化“工人先锋号”“先进基层党组织”等荣誉称号，多次被授予中国石化“金牌标杆基层队”“金牌基层队”。

一、组织筑基，夯实战斗堡垒

该队坚持把组织引领作为工作重点，强化思想铸魂，加强组织建设，努力在支部作用发挥上下功夫，夯实队伍发展根基，打通落实上级工作部署“最后一公里肠梗阻”。

突出思想教育。坚持思想铸魂，把党课、形势任务教育等作为主要内容，采取干部带头讲、过程全互动、员工谈心得形式，解决“三分钟热度”问题。主讲干部先学一步，将枯燥文字换为基层“方言”，划重点、讲要点，把上级部署细化到各岗位，让大家“爱听”；讲授过程中全员互动，提问题、解困惑，对不清楚、不明白的及时交流，让学习“主动”；坚持结果导向，员工逐一讲认识、理思路、明措施，把任务融入自身岗位，让内容“好用”。通过集中教育，干部明确各阶段主要任务及主攻目标，做到思想统一、步调一致、方向明确。

建强基层组织。把支部换届、干部推荐作为检验党员干部的标尺，对责任心、业绩、群众基础、民主评议等进行综合考察，把口碑好、想干事、能干事的党员吸收进来，建强班子。开展“党建＋人才培养”特色品牌创建，按照小、实、活、新原则，围绕提速提效、安全管理、降本增效等工作，吸收进步员工参与到党员攻关项目中来，作为党员干部培养对象。2020 年以来，3 名优秀青年加入党组织。

强化示范引领。把创效作为班子重点任务，成立以支委成员为主的“提速提效小组”，划分安全、生产装备、技术、成本、党风廉政建设 5 个模块小队，发挥党支部在生产经营中的战斗堡垒作用。班子成员设置进尺、周期、成本等硬指标，带领班组长认领任务，开展班组间、员工间对标，充分调动全员积极性。施工的焦页 172－4HF 井水平段单趟施工进尺 1807 米，刷新该平台水平段单趟钻进尺最高纪录，全井钻井周期 52. 81 天，刷新风来区块钻完井周期最短纪录。

二、素质培基，建强人才队伍

支部聚焦现场培训强技能，坚持效果导向，在加快技能传承上想办法，在提高培训效能上出新招，在拓宽学习路径上做文章，有效促进队伍素质提升。

抓牢“师带徒”。发挥支委委员、干部大班专业优势，开展“后备培养带徒”和“技能提升带徒”，分层次制订培养计划，将基础好、素质高员工，作为骨干后备人才培养；对操作技能较低、素质较差的员工进行强化带徒，实现管理、操作人员阶梯化建设。立足工学融合，开展岗位传帮带，师傅手指口述做、徒弟看，徒弟手指口述做、师傅纠，扭转“只会让怎么干就怎么干”局面。组建师傅团队，按安全、装备、技术、操作专业类别，根据工况开展一对多、多对多授课，让师傅多育人才。2020—2022 年，共有 12 名徒弟顺利顶岗，5 人走上副司钻、司钻岗位。

坚持“私人订制”。聚焦个人短板，支部每月评估员工，安排大班对技能较弱员工进行专项培训，按照缺什么补什么原则，量身定制学习计划。紧盯巡回检查，干部大班每周 2 次跟班巡检，对未达标准员工一对一指导，使各岗位对检查内容熟记于心，消除“走马观花”式巡检。2020—2022 年，未发生一起故障复杂、现场异常停工事件。

用好“碎片时间”。利用“铁军e学堂”，每日工余时间自我测试，内部群公示，相互监督，每周集中考试，奖罚前后三名。配发学习记录本，分岗位记录上级精神、应知应会、案例等内容，随时随地看，时时处处学，值班干部在班后会对内容抽查提问；随时记录生产中难点、要点，向师傅、大班请教“为什么”“怎么干”，拓展“技能树”。2020—2022年，创高指标7项，其中焦页75-3HF井，一开日进尺828米，刷新涪陵工区直径374.7毫米井眼日进尺最高指标。

三、关怀强基，凝聚攻坚合力

以谈心疏导稳人心、厚植文化聚人心、排难遂愿暖人心为工作重点，提高员工安全感、归属感和幸福感，实现队伍长期稳定。

“拉家常”提升安全感。党员干部把谈心谈话融入日常工作生活，在岗位、在宿舍随时随地“拉家常”，掌握员工个人和家庭情况，了解员工想什么、干什么、需要组织解决什么，及时把握员工思想动态和实际困难，有的放矢，解决后顾之忧，使之卸下包袱安心工作。2020年以来，共帮扶56人次，解决家庭困难3次。

“家文化”提升归属感。通过为员工过集体生日、得病慰问、理发等形式，营造“家”氛围，让员工获得更多、更直接、更实在关怀。为员工办“食”事，每周征集员工意见“定制”菜谱，张榜公示，让员工吃出“家”的感觉、“家”的味道。立足员工成长，扮好“家长”角色，帮助分析个人优缺点，规划个人职业发展，形成团结进取、和谐稳定工作局面。

“微心愿”提升幸福感。开展点亮“微心愿”活动，制作“心愿墙”，绘制“心愿树”，员工将心愿写纸上、挂树上，党员干部认领，逐一“点亮”。解决宿舍活动区跑步机、环保厕所更新换代、人员集中点加装洗手池、住房内配备整理箱、规整工衣房等员工所想所盼问题10余项，处理个人问题20余件，生活设施更换百余套，架起干群“连心桥”，提高员工幸福感和凝聚力。

编者按

该队通过深化干部大班下沉班组“三提升”活动，操作岗位员工技能水平进一步提升，安全意识、底线思维进一步增强，班组技术执行能力进一步提高，实现全年高效勘探、安全生产无事故，打造成一支站排头、争第一、扛红旗铁军队伍，在西南工区取得良好经济、社会效益。

干部下沉班组促技能提升

江汉石油工程公司钻井二公司 70635JH 钻井队

江汉石油工程公司钻井二公司 70635JH 钻井队组建于 2011 年，有员工 45 人。在涪陵工区持续加大页岩气井勘探开发力度新形势下，面对持续下跌、周期日益缩减、新员工占比较大等重重压力，该队创新开展干部大班下沉班组“三提升”管理模式，将管理岗位人员全部下沉班组与班组同生产、共劳动，有效解决安全生产难度大、员工施工效率低等问题。

一、干部大班下沉班组，促岗位操作技能提升

固定化下沉时间，全面提升岗位技能。由于社会化用工人数较多，故员工技能水平不高，对技术指令、安全生产要求执行与落实存在一定困难，将干部大班结合自身业务能力进行合理分工，全部下沉到班组岗位开展提升活动，规定每天固定时间，由干部大班到自己结对子的小班操作岗位上进行岗位现场提升。在加快提升小班岗位技能水平同时，也使井队干部大班与小班之间的交流沟通更加密切。

沉浸式现场教学，营造浓厚学习氛围。坚持将课堂设在现场，将讲台设在钻台，将培训内容设为当班施工内容，由干部大班担任授课讲师，通过下沉班组生产劳动的契机在现场就一般设备问题修理排查、一般复杂故障处理、当班重点作业任务、

项目风险识别等内容进行授课。通过沉浸式现场教学使小班员工在施工作业同时提升钻井知识与技能水平，营造浓厚学习氛围。

丰富化带班形式，试点带班队长管理模式。通过井队自主申报，项目部初选，公司决定以试点方式在该队试点实施带班队长全程跟班作业制，出台《带班队长HSE责任制》《岗位责任制》，除规定带班值班跟班作业等规定内容外，重点要求带班队长围绕基础资料、日常工作、工艺流程、现场技术分析、理论知识等内容，为他们量身定制培训计划，“一对一”开展有针对性的帮扶。

二、干部大班下沉班组，促班组安全技能提升

干部大班下沉班组筑牢安全红线。为提高全员安全意识，确保时刻绷紧安全弦，2021年6月队长率领全队员工召开“5・29”停工反思会，学习《习总书记安全生产重要论述讲话》《总经理2号令》《公司“五查五严”保安全专项行动》《工程公司“15项零容忍”》，通报“5・29”“4・11”“8・18”“1・1”四起事故案例，队长及当班司钻在结合自身工作经历基础上带头做学习发言，全队员工撰写心得体会。引导员工从思想上从“要我安全”向“我要安全”转变。

干部大班下沉班组开展安全排查。2021年7月，针对“五查五严保安全专项行动”要求认真开展自查自改，组织干部大班下沉班组分别开展“安全用电”“环保治理”“防暑降温”“恶劣天气”“关键装置及要害部位”“安全防护设施及装置”“井控专项”7项专项排查，共排查出29项问题，其中安全管理方面12项，技术管理方面17项，并全部整改到位。

干部大班下沉班组提升安全技能。对大型作业、开次作业、特种作业，作业前坚持由干部大班带领当班班组进行作业交底和工作危害分析，提升班组安全风险识别能力，安排当班值班干部、带班队长全程跟班带班，全面参与班组作业，确保作业人员清楚操作步骤和程序，提高作业质量。安全副队长积极组织全员开展各项应急演练提升安全技能，针对特殊天气，开展“中暑演练”及“山体滑坡演练”严防死守，杜绝安全事故。

三、干部大班下沉班组，促班组执行能力提升

完善干部大班技术保井制。完善干部大班技术保井制，副队长、技术员全程参与班组技术管理。其余干部大班按照负责领域签订保井责任书，明确保井责任。每

月由干部大班组织召开月度井控与技术例会，及时总结班组在执行技术指令时存在的问题与不足，安排布置当期技术与井控工作重点。建立完善技术管理考核机制，提升班组人员对重点井、深井复杂结构井技术执行能力。

构建以干部大班为支撑的技术团队。对重点井、深井和复杂井坚持由干部大班牵头，组织小班员工全程参与同公司及项目部专家视频会商，集体会诊。制定涉及防喷、防卡、防塌、防漏、防掉、防斜、防断等事故复杂预案措施，落实好干部大班技术支撑作用，帮助小班班组全面提升岗位责任与关键环节（工序）把控能力；制定钻具管理办法，加强小班员工井下钻具问题判断能力，及时发现钻具刺漏等常见问题。承钻的焦页 159 - 1HF 井施工难度大，不可预判因素多，通过采取一系列技术措施最终攻克各种技术难关，创白马区块完钻井深最深纪录。

落实干部大班保障责任精细化技术参数。为确保各岗位员工精细操作，将项目部、钻井队各项技术指令精准落实到位，该队将钻压、转速、排量细化量化到每一个地层、每一趟钻、每个时间段、每个班组，建立干部大班生产运行包段保障表，规定重点工序保障人、责任人，动态跟踪分析井眼轨迹、钻时，及时调整优化钻具组合、钻井参数。施工的焦页 56 平台累计钻井周期比设计周期缩短 48.53%。

编者按

该队围绕新形势下“五型”（技能型、效益型、管理型、创新型、和谐型）班组建设，明确工作目标，建立完善标准，与党建融合互促，扎实推动“抓基层、打基础、强管理、创效益”取得良好实效。

做强平台促融合　建强班组筑根基

西南石油工程公司湖南钻井分公司 70687XN 钻井队

西南石油工程公司湖南钻井分公司 70687XN 钻井队自 2020 年入川以来，面对新市场挑战，对照“五型”班组建设标准，将党建融合到班组建设中，做强平台，抓好融合，着力解决班组文化建设、安全管理、员工培训、骨干培养等问题，并作为一项系统工程和长期任务来落实，筑牢根基。2021—2022 年，高水平完成合平 1、永页 53 平台、大邑 106 井等重点井，先后创合平、永川区块系列高新指标。先后获甲方页岩气工区“钻井优秀基层队”、中国石化“金牌基层队”等荣誉称号。

一、建设班组思想文化，做强平台载体

以党员班组为平台，发挥党员先锋模范作用，强健管理结构最基本、最“前沿”组织，焕发蓬勃活力。

培植党员班组。将基层党支部建设与班组建设有机融合，指定支部委员、党员进班负责，班组党员覆盖率 100%。将每个班组建成党员“责任区”，根据每名党员所具备的“管理、技术、操作”水平，开展“党员一带三”，让党员带头做好示范表率。

培养精气神。充分用好支部组织生活制度，党员与员工经常性开展谈心谈话，开展思想动态调研分析，及时疏导不良情绪，调动工作积极性。完善班组成员家庭

情况信息档案，组建班组民情联系群，搭建与员工家属沟通纽带，解决好班组员工、员工家属烦心事，形成“班组命运共同体”。

培育特色文化。党员带头，创建“学习型班组”，做好每日一题，形成“比学赶帮超”浓厚氛围。突出“家文化”建设，做好人文关怀。突出班组活力建设，创建“青年文明号”，班组充满生机活力。

二、强化班组安全管理，做好实践融合

加强党员实践带动与班组成员管理，严抓岗位责任落实，发挥班组在安全生产中的关键作用，创造良好安全环境。

抓好属地管理。将班组岗位责任和隐患排查治理与支部“党员责任区”融合，划分属地到岗位，制定管理规则，明确各岗位责任义务，突出党员在班组中骨干作用。开展“查找身边安全隐患”、填写“STOP 观察卡”、整改“低老坏”问题、隐患排查整改、应急演练等工作，提升“党员责任区”属地现场风险管理水平。

抓稳标准交接班。与支部“党员示范岗”创建融合，接班依照巡回检查路线详细检查，按照“三一、四到、对口”交接法进行交接。“三一”，即“对重要的设备部件要一点一点交接，对变化的生产数据要一个一个交接，对重要风险点控制要一个一个进行交接”；“四到”，即“对应该看到的要看到，应该摸到的要摸到，应该听到的要听到，应该闻到的要闻到”；“对口”，即“在检查中交班人员同接班人员一道，随时解答接班人员提出的问题，当面对口交接，上标准班”。

抓牢制度落实。推动主体责任落实，与支部责任落实融合，压实“一岗双责”，强化制度执行促进支部成员履职，以岗位责任制为中心，发挥支委成员整体作用。持续完善班组安全生产岗位责任、巡回检查、安全教育培训、安全月检考核等制度，强化执行落实，提升工作水平。

抓活安全主题。与支部党员实践活动“党员突击队”融合，解决班组成员在安全事故控制和现场解决能力上的不足，提升班组成员安全预知预防技能。开展班组安全学习、“习惯性违章”纠查预演、危险预知等安全主题活动，让班组员工掌握安全文化内涵，成为安全文化传承者和执行者。

三、提升班组整体素质，做实员工培训

将支部党员教育培养和员工基本功训练融合，提升班组员工岗位胜任能力、规

范操作能力和解决实际问题能力。

“分餐式”培训。本着班组员工“缺什么补什么、干什么学什么”原则，根据不同岗位和业务特点，分类分层进行培训，对不同岗位重点难点及工作中易出现问题，开展党员理论知识、现场操作等授课，带动班组成员熟练掌握岗位应知应会和操作规范。

“竞赛式”培训。推行现场拟题、现场指教、现场追标、现场考核的现场“竞赛式”培训，利用钻机平台或实训基地，针对现场生产实际工况，开展模拟钻井工艺不同工序的标准化交接班对抗赛、青工对抗赛，让党员和班组成员的理论知识在实际操作中得到检验和强化，学用相长。

“考核式”培训。与支部年度班组岗位评价融合，开展以岗位安全责任、岗位落实、规范执行、技能提升、成本节约为主要内容的班组内部考评，与班组单井绩效挂钩，加快提升个人技能。

四、创新班组长成长途径，做优骨干培养

将党员培养成骨干、将骨干培养成党员，发挥党员班组长模范带头作用，人尽其才，增强班组战斗力。

坚持标准，把好选拔关口。与支部议事规则融合，对新任职班组长的选拔采取“公开、公正、公平”原则，民主选举，把好关口。既考虑政治和技术业务素质，又考察是否具有强烈事业心和责任心，是否具有一定工作经验，是否具有较好分析、判断、处理问题能力。

学以致用，提高综合素质。按照支部“双培养”原则，鼓励班组成员自学管理知识、管理方法，拓宽知识面，增强管理意识；对班组长敢于放权，下压担子，采取班组长主持班前班后会、示范标准化操作、带头技术革新的方式，不断提升新提拔班组长的综合素养。

严格考核，注重业绩评价。与支部组织生活会和民主评议党员融合，将党员班组长的组织评定同所承担的各项考核挂钩，对年度民主评议组织评定为基本合格的党员班组长结对帮扶教育，对责任心缺失、不履职担当的不合格党员班组长给予降职、免职等相应组织处理，为有能力、能抓善管的班组骨干让位子、腾地方，真正实现“能者上、庸者下”。

编者按

近年来，随着外部市场不断扩大，勘探开发不断深入，生产节奏进一步加快，施工现场管理要求进一步提高。该队通过实施以规范“四查”方法、明确“四清”内容、落实“四不接”要求的“四查四清四不接”制度，使员工安全意识显著增强，队伍管理水平稳步提高。

“四查四清四不接”助管理上水平

华东石油工程公司江苏钻井公司 40767HD 钻井队

华东石油工程公司江苏钻井公司 40767HD 钻井队是 1975 年由胜利转战苏北参加江苏油田会战的队伍，是一支有着光荣传统、充满朝气活力的水乡铁军。有员工 36 人，平均年龄 35 岁。随着外部市场不断扩大和勘探开发不断深入，生产节奏进一步加快，施工现场管理要求进一步提高。在快节奏生产运行中，部分员工在交接班时，常出现对关键要害部位检查不仔细，不能及时发现并排除安全隐患等情况。由此，该队以交接班管理为切入点，通过实施“四查四清四不接”制度，着力提升现场管理水平，确保生产安全高效。该制度实施以来，员工安全意识显著增强，队伍管理水平稳步提高。2020—2021 年，实现 21 开 21 完，进尺近 5 万米，连续 6 年保持安全生产无事故纪录。

一、规范“四查”方法，提高交接班质量

新员工由师傅带着查。新员工上岗前，必须与同班师傅或大班签订师徒合同，在上岗后一周内，按照其自身岗位职责由师傅带着进行巡回检查。规定新员工必须比师傅提前 15 分钟到岗先进行一次检查，再由师傅带领着进行一次检查。在第二次检查期间，师傅必须当场指出其在单独检查时没能发现的隐患和问题，使其在今后

工作中提高警惕。通过现场“手把手”教，新员工能尽快熟悉和掌握所使用设备的结构和功能等知识，提升单独顶岗能力，有效缓解熟练操作人员紧张问题。

特殊人员由大班监督查。干部、大班不定期督查交接班检查全过程，如发现员工岗位检查交接不认真，则将其列为“特殊人员”对待。责令其详细复述岗位责任制及巡回检查内容，要求其此后连续3个班次均提前45分钟到达井场，由大班监督检查接班检查情况。若再发现其出现交接班不认真情况，队部将对其进行一定经济处罚。

关键要害部位对照标准查。按照公司相关管理标准和要求，将井场各类设备和装置共206个关键要害部位正常状态拍成图片，分发给各岗位员工学习，做到有实例、有样本、有标准，避免盲目检查，有效解决潜在隐患难以识别问题。要求每个岗位每班至少进行3次巡回检查，对一些关键设备和要害部位加密检查次数，并将检查情况详细填写在交接班记录中。

周HSE活动干部大班设点查。为引导员工按照标准严格交接班，干部和大班通过周HSE活动隐患排查环节，专门设置一些易辨识的隐患点，如故意把液压大钳的钳牙固定螺钉松动，然后观察员工在岗检查时能否及时发现。对检查中未能发现隐患点的员工，立即开展有针对性的现场培训。

二、明确“四清”内容，提升员工技能水平

工作内容清。在交接班会上，交班人员向接班人员通报当班生产施工情况，并就作业计划书中所布置的工作任务完成情况进行逐项确认，对未完成的作业内容进行说明。值班干部根据现场和井下情况，下达当班作业计划。通过厘清交接内容，确保生产施工任务能够按时、保质、保量完成。

设备隐患清。交班班组各岗位人员在交班前20分钟，按照巡回检查路线规定的内容，对绞车、井控装置、钻井泵等设备和井口工具等逐一进行检查，发现异常及时整改，确保隐患不留给下一班。

施工参数清。在交接班会上，接班班组要清楚上个班的井下钻具结构及悬重、钻头类型及水眼尺寸、钻井液性能和钻压、转速、泵压、排量等钻井施工参数，确保施工作业安全、高效。

报表资料清。交班人员在当班时，按照资料填报要求，及时填写好钻井班报表、钻井液班报表和各种设备运转记录表等资料，确保在交班时资料不漏项，各项数据

真实、准确。

三、落实“四不接”要求，督促员工履职尽责

设备运转不灵不接。交接班人员对本岗位所管理的设备运转和保养情况进行现场确认，发现存在异常情况的，交班人员必须立即整改直至设备运转正常后才能下班。

技术措施不明不接。在交接班时，当班人员特别是司钻等骨干岗位人员如果对作业期间所采取的技术措施和施工指令不能清楚说明的，接班人员可以不接班，直至交班人员明确说明后方可接班。

作业工具不全不接。作业工具是钻井安全生产的有力保障，接班人员在上岗前必须对吊卡、卡瓦和小补芯等常用工具逐一进行检查，发现工具配件不齐全和保养不及时的可以不接班。

井下情况不明不接。交班人员必须清楚当班施工中地层岩性、井斜角和方位角等的变化情况，不清楚的可以不接班。对未认真检查，未及时发现明显存在安全隐患就接班的情况，将重点追究接班人责任。部分班组在吃过“友好”交接班亏后，其岗位员工在接班时检查越来越仔细，隐患相应越来越少。

三、精细化管理

细节决定成败。精细化管理注重细微、细小、细节。其理念和文化源于20世纪50年代日本的一种企业管理理念，是社会分工精细化及服务质量精细化对现代管理的必然要求，是建立在常规管理基础上，并将常规管理引向深入的基本思想和管理模式，是以最大限度减少管理资源和降低成本为目标的管理方式。其具有规范化、精细化、个性化特点，其精髓就是落实管理责任，将责任具体化、明确化，要求每个员工都把工作做到位、尽到职，工作日清日结，每天都对当天工作进行检查，发现问题及时纠正、及时处理，确保效益最大化。这届金银牌队创建，出现很多精细化管理案例，编者择7篇案例入书。譬如《念好“严新实”三字经　当好海外提速提效排头兵》等。这些案例精细化管理多种多样，创新手段多彩多姿，可谓标新立异、精彩纷呈，具有丰富性、多面性、实用性，望大家各取所需，为己所用。

编者按

严字当头抓基础，生产运行提时效；新字为要破常规，井间搬迁创时效；实字打底强保障，应急处突保时效。该队坚持严字当头、新字为要、实字打底，狠抓生产运行、井间搬迁及应急处突等关键环节，集中优势力量全力提速提效，受到甲方高度赞誉，为站稳海外高端市场贡献力量。

念好“严新实”三字经　当好海外提速提效排头兵

胜利石油工程公司沙特钻井项目管理部 SP160 钻井队

胜利石油工程公司沙特钻井项目管理部 SP160 钻井队有中方员工 28 人，外籍员工 50 人，其中党员 14 人，主要负责沙特阿美公司钻井工程任务。面对沙特市场高温气候、甲方严苛监管、施工节奏紧张等问题，该队始终把“三基”当传家宝，坚持严字当头、新字为要、实字打底，狠抓生产运行、井间搬迁及应急处突等关键环节提速提效，成为沙特市场甲方赞誉的“钻井尖兵”。先后获“中国石化石油工程金牌队”，胜利石油工程公司“外闯市场先进基层单位”“先进基层党支部”“文明集体”等荣誉称号。

一、严字当头抓基础，生产运行提时效

进入沙特市场后，该队清醒认识到，工作条件越是艰苦，现场工作越是容不得半点马虎，在人员、设备、施工管理上始终做到严抓严管，确保严出习惯、严出自觉、严出效益。

严格设备管理。针对设备老化、现场故障处理效率不高等问题，归纳梳理设备维保细则 10 项 28 条，明确每个项点对应岗位；每班对照细则完成设备巡回检查，如有出现问题未及时发现修理，对负责岗位进行绩效考核；积极参加沙特电气创新

工作室举办的网络培训班，内容涵盖实际故障案例排查分享、机械设备关键项点检查和故障预测、电气软件 Step7、WINCC 使用方法等课程，进一步提升设备管理人员基础知识、实际操作经验和故障处理能力。

严格施工管理。提前同甲方就后续施工区域、施工设计、工艺流程等方面信息沟通交底，把不清楚的问明白、不能干的说清楚，争取先机主动。按照双方协商确定的施工方案，严格落实标准施工流程，切实以优质施工业绩获得甲方信任，让甲方放心。2020—2022 年，该队创下连续 3 年日费无损失纪录，全面考核评分在沙特阿美南部修井中排名第一。其中 HWTH－75 井自搬迁至完井，仅用时 19 天，节约建井周期 8 天，刷新区块斜井段钻进最快、水平段钻进最快和建井周期最短 3 项纪录。

二、新字为要破常规，井间搬迁创时效

日费制服务模式下，井间搬迁是井队及项目部创效的关键点。该队认真研究阿美服务合同，在满足甲方规范及安全要求的前提下，集思广益破常规、出新招，开创模块化、流程化高效井间搬迁新模式。

搬迁装车“化零为整”。结合施工区域搬迁路况、三方搬迁车辆车况以及现场设备物资情况，打破传统“零拆零装”思维模式和常规做法，充分利用当地机械化程度高、地势平坦广阔有利条件，设计并制作 20 余种不同规格样式的存放架和托盘，将各类设备化零为整、打包搬运，实现设备存放分类归整、井然有序，不仅有效减少搬运车次，更极大压缩安装时间。

搬迁流程“化繁为简”。依据不同设备搬迁限高和吨位等因素，制定现场繁杂特殊设备清单，将搬迁流程细化为 15 条规定动作和 22 项关键项点，能整拆的不散拆，能流水的不单干，量化指标考核，压实各岗位责任，确保流程高效衔接，降低安全风险同时，实现搬迁效率大幅提升。2020—2022 年，累计钻修井 25 口，完成进尺 5.47 万米，模块化搬迁速度平均节约 3～5 天，远超同区域国外队伍。

三、实字打底强保障，应急处突保时效

因为远离项目部驻地，现场出现紧急突发情况，若一味等待后方救援，将错失应急处突黄金时间，全面提升应急处置能力十分必要。

全面提升独立作战能力。针对海外市场设备配件少、维修难问题，深入开展设

备“预知维修”和“主动维护”，提高紧急维修的响应速度与维修质量，组织开展专项、换季设备检查活动，查出整改设备隐患97项，确保设备本质安全。加强当地高技能用工培养，重点培养风险预防、装备运行等素质，不断提升各岗位人员“独当一面”能力，为提速提效提供有力支撑。HWTH－144井开钻前，水冷变频系统突然出现故障，系统程序关键功能块被加密，在短时间内无法获得厂家有效支持的情况下，电气师在项目部专家远程指导下，结合平时培训所学，不到6小时便完成问题排查及源程序修改，确保施工正常开钻。

全面提升独立应急能力。针对高温中暑、交通事故、无人机袭击及硫化氢泄漏、溢流井喷等常见安全风险，在强化应急物资储备基础上，每月组织开展心肺复苏、井控抢险、应急撤离、伤员转运送医等演习演练50余场次，全方位提升员工紧急情况下应急自救、突击抢险能力，为现场提速提效提供应急保障。始终坚持人民至上、生命至上，全力保障员工生命健康安全。2022年2月，员工范某突然心口剧烈疼痛，在口服速效救心丸后，立即启动急救送医程序，半小时内，将该名员工送达定点医院接受进一步治疗，员工及时转危为安。

编者按

该队采用“三点一线”生产运行、“四步法”技术管理、“四流程”成本管控等节点管理工作法，钻井周期大幅缩短，工程质量持续向好，经济效益显著提升，成为市场创效尖兵，在西南工区打响江汉钻井品牌。

夯实节点管理　争做效益尖兵

江汉石油工程公司钻井一公司 70231JH 钻井队

江汉石油工程公司钻井一公司 70231JH 钻井队组建于 2018 年，有员工 43 人，先后参与中石化涪陵气田、中石油川渝页岩气勘探开发建设。面对甲方钻井定额下跌、市场竞争激烈严峻形势，该队从生产运行、技术管理、成本管控等方面加强节点管理，不断提升创效能力，连续 3 年获江汉石油工程公司“标杆队”称号，获评集团公司石油工程“金牌标杆队”称号。

一、抓实生产“三点一线”节点控制提速增效

强化生产组织，坚持过程控制，通过使起点、时点、节点紧密衔接，形成“三点一线”生产链条，提升生产效率。

起点前移。在单井施工中全面推行“看板管理法”。“看板管理法”是指在生产曲线基础上锁定作业周期，以作业周期为起点自后向前倒排生产计划，生产计划细化到每个作业日，以生产指令形式下达，生产指令作为可视化“看板”依次排列在生产曲线上，形成以生产指令为标志的“看板”信息流，以看板提示组织生产作业。

时点跟踪。24 小时不间断跟踪生产运行情况，建立“两会”制度，每天一次技术会，每周 3 次生产会，会议通报生产运行情况，协调处理内外关系，讨论会商后

续措施，确保单井进度按生产计划运行。平台副经理每天统计当天生产计划完成进度，与目标曲线对标，总结经验，分析原因，完善后续施工方案。

节点控制。研判施工井所在地区地形地貌、地层岩性变化规律和各开次钻井施工重难点，分解生产运行流程，确定搬迁、安装、钻进、各开次及完井等为生产节点，进行风险预判，制定保障措施。施工进入钻进节点时，加强生产、安全、技术交底，优化生产进度和钻井参数，提高效率。2019 年，在涪陵工区平均单井搬迁时间较上年缩短 2 ~5 天，平均开钻时间提前 5 天。

二、实行技术“四步法”重点环节控制提质创效

及时总结实钻指标和经验做法，针对各工区最优单井指标，制定技术对标方案，根据各开次控制节点，推行“控、调、稳、提”四步工作法，着力提升钻井速度。

“控”是控风险。以井下安全为施工首要考虑因素，规范操作，扼制井下故障。涪陵工区井上部地层有浅层水、浅层气，存在井控、卡钻、井漏风险，选用 PDC 钻头 + 螺杆进行清水复合钻进，利用清水平衡地层压力，严格落实公司《钻井施工“十不准”》，实现安全环保钻进。

“调”是调参数。根据地层和钻时，优化钻具组合，不断调整钻进状况。涪陵工区焦石坝水平井水平段常规稳斜钻具适用性差，经过优选钻头和钻井参数、优化钻具组合，采用常规导向工具，后期水平段延伸能力达 2000 米以上。

“稳”是稳性能。维护钻井液技术性能稳定，应用公司自主研发的钻井液体系，保障井眼优质。在川渝工区摸索形成四开水平段白油基钻井液体系等各开次钻井液体系，甲方检测性能合格率高，解决钻头泥包、井漏井垮等难题，井筒清洁稳定，保障钻井快速高效。

“提”是提质提速。针对难题加强科技攻关，实现工程质量速度提升。川渝工区井首次使用顶驱旋转下套管装置、钻井液地面降温装置等先进工艺，实现提速提效，刷新阳 101 井区水平段穿行最长、箱体钻遇率最高等多项纪录。

通过“四步法”控制，涪陵工区钻完井周期由以往 90 天缩短至 40 天以内；2020—2021 年，在中石油川渝工区承钻的阳 101H2 －7 井等 5 口井，钻井周期从 140 天缩短至 85 天。

三、推行成本“四流程”关键因素管控降本增效

推行单井钻头、螺杆、泥浆药品、柴油、一般材料变动成本节点控制系统，将

5 项变动成本费用细化，制定管控流程，找出影响费用的关键因素，在关键点设置相应节点目标、责任主体，控制变动成本。

钻头螺杆使用流程激活“金刚钻”。根据钻井设计、钻井区块、钻井模式，分地层、分井段、分井身结构制订使用计划，确保不超过单井考核定额。钻井工程师对钻头、螺杆使用进行跟踪，记录每趟钻参数，详细分析，及时优化，细化到各开次、层位的速度对比，择优使用，合理安排后续使用计划，以达到高效钻进。

泥浆控制流程科学输送“血液”。泥浆药品控制从钻井设计、处理剂质量、基浆控制、泥浆日常维护等节点入手，每个节点设立负责人，进行成本控制。设计上从钻井液的性能及处理剂的要求入手，泥浆承包人时刻关注处理剂的质量，不定期抽检，保证“血液”优质；根据井深及井型，在每个井段都制定出基浆控制标准，合理安排固控设备，科学输送“血液”。

严控油料流程保障不竭“动力”。从出口流量计管理、功率匹配、油品管理入手，根据计划、入库、日消耗统计、数据汇总形成闭环监控系统。分析各工况下油料消耗情况，设定油料使用预期目标；分井段分工序设置不同井段油料匹配指标，控制油料使用环节，保障不竭“动力”。

材料控制流程为成本“瘦身”。从质量、出入库、使用管理入手，加强出入库监管，建立内部班组领料台账。每口井将一般材料任务分到班组，对班组每个岗位设立材料消耗定额及台账，对每口井超出定额指标的班组和个人，按照实际物品采购价格一定比例进行处罚，把材料消耗降到最低。

在对变动成本实施流程控制基础上，每天根据实际发生情况绘制变动成本曲线图，发现变动成本超支及时预警，制定应对措施。各变动费用承包人依据变动项目费用预算表，及时做出成本预决算表，绘制成本运行大表，建立成本消耗台账，各开次完结后由井队经管员汇总统一张贴公示，对超出责任指标责任人与绩效挂钩严格考核。推行单井变动成本节点控制系统后，2022 年川渝区块承钻井变动成本综合单耗比上年减少 90.36 元/米。

编者按

面对连续油管定额下降、创效空间极度压缩严峻形势，该队坚持在科学运行、精细管理、技术创新三方面精准发力，挖潜增效，走出一条稳中有进、持续向好、效益倍增发展之路。

多措并举　挖潜增效

江汉石油工程公司页岩气开采技术服务公司连续油管 JH－CT101 队

江汉石油工程公司页岩气开采技术服务公司连续油管 JH－CT101 队 2014 年建队，是集团公司获批的首支“国字号”连续油管施工队、首支连续油管“金牌队”，累计创造、打破施工纪录 13 项。2020 年以来，连续油管行业面临定额持续走低、市场竞争越发激烈、工艺技术向高温高压超深井转变等多重压力，该队作为公司创新创效先行示范点，通过挖潜增效有力举措，盈利水平始终保持行业领先地位。

一、优化运行效率，力促“生产降本”

该队把生产降本作为挖潜增效首要阵地。通过优化生产运行，组建专业化班组，提升现场标准化水平，单井生产费用得到显著控制。

压减非生产时效。施工前，严格按照节点管控要求，逐项对 15 张表和 153 个生产节点落实执行，并成立两个专业化班组：组建特车驾驶员和 HSE 管理员构成的“侦查组”，进行搬迁道路踏勘和风险点识别，形成全面踏勘报告，保障设备搬迁安全快速；组建熟练岗位构成的“安装组”，高效完成现场标准化安装，确保一次性通过建设方、公司级和项目部三级验收，非生产时效进一步缩减。承钻的焦页 184－S1HF井等，从接受任务到开工验收完成时效控制在 48 小时内，周期同比节约 33%。

提高生产效率。成立队长、副队长和技术员组成的“指挥组”，对标工区同类型施工井，做到“两个超前”：坚持超前准备，根据实施工况，增强相关方配合的紧密度和默契度，保证生产要素有机组合，力争作业工序无缝衔接；坚持超前规划，精准摸排生产计划，相机调整特车配合，工作量集中释放时采取吊车月租，工作量不连续时进行零星日结，施工完成后优先井间搬迁，减少主体设备重复搬迁趟数。2022 年，实现井间搬迁 58 井次，运输和油料成本节约 20 余万元。

提升人员能力。每月组织开展故障复杂案例、设备操作维护手册等专题培训班，提升员工专业素养，每半月进行一次岗位练兵，针对典型工况进行演习演练，提升员工技能水平，年度故障复杂率有效控制在 3.5% 以内。焦页 63－4HF 井为西南工区水平段压裂分段最多的井（38 段），在钻进至第 24 支桥塞时出现遇卡憋泵和液体失返现象，操作人员第一时间按应急预案操作成功解卡，该井完井周期较设计周期缩短近 5 天。2020—2022 年施工 110 余井次，实现安全生产“零”事故，桥塞钻除率达 100%，质量合格率达 100%，施工质量和效率得到建设方高度认可。

二、精细成本过程管控，狠抓“管理降本”

通过“两会两表”机制，强化预算倒排、指标细化、动态跟踪、预警分析、纠偏控制等措施执行，有效实现成本管理精细化、生产内耗压降化、过程管控动态化，生产要素利用率创新高。

建立成本预算会和成本分析会制度。固化经济分析评估机制，施工前，经管员根据工程设计对成本预算情况进行数字化分析，组织单井成本预算会，将生产过程中占比达 65% 的变动成本指标进行班组细分和岗位微分，并把各环节物料消耗、库存、总超成本临界值等清单进行张贴，实现目视化管理；施工结束后，召开成本统计分析会，力促同区块二次施工成本精益控制。通过“成本管控＋绩效考核”有机融合，形成“千金重担人人挑，人人头上有指标”局面。

对标施工运行大表和成本预算大表。深化岗位成本目标管理，依据运行大表确定成本支出的关键环节和节点，按照预算大表做好过程管控和预警纠偏，做到成本人人算、班班算、天天算，找准影响效益的“病症”，望闻问切、对症下药，让员工揣上“明白账”和“计划书”。秉承“一切成本皆可降”管控理念，对从油管工具大宗物品到胶芯防渗膜等辅助材料消耗和节约情况明察秋毫，坚持修旧利废和交旧领新制度。每年通过平均修复 3 副铜套减少新品采购 11.2 万元，循环利用废旧机油进行注入头润滑节约成本近 7.6 万元，单井变动成本占比同比下降 7% 。

三、提升核心竞争力，着力“技术增效”

通过差异化和集中化发展战略，强化品牌创建，提升核心竞争力，实现技术持续领先和市场持续拓展，为公司增收创效创新绩。

差异化发展，扩大技术领先优势赢口碑树形象。推广新工艺、新技术，通过 FAST 找堵水作业救活水淹井、钻杆内切割减少钻井专业故障损失、含油结蜡井解堵工艺提升产剖测试成功率等工艺进步扩大技术领先优势，做到“人无我有，人有我精”，打造技术壁垒。2022 年，特色化工艺技术实现创收 830 万元，占年度收入的 41% 。

集中化发展，加深一体化运作为建设方排忧解难。常规技术和特色技术优化整合，成熟设计和定制方案有机融合，建设方和施工方一体化通盘规划、共谋发展，围绕需求因区制宜形成“一区块一模式”，打造“规模壁垒”，集中解决建设方痛点、难点、需求点。针对西南工区老式速度管柱悬挂器易失封问题，研发新型内置式速度管柱，焦页 11、12 等平台成功应用，施工效率和油气采收率大幅提高，实现双赢。连续 5 年获甲方产能建设“标杆队”称号，为公司在国内页岩气市场展现更广阔专业发展前景。

编者按

该队从成本、人员入手，精细管理，取得骄人业绩，连续斩获“70型钻机年进尺最高”“水平井年进尺最高”多项纪录，多次在沙特阿美URDD（非常规钻井部门）业绩评比中夺得桂冠，铸就海外铁军品牌。

精细管理铸品牌

华北石油工程公司国际公司沙特项目部SP259钻井队

华北石油工程公司国际公司沙特项目部SP259钻井队自2020年启动以来，连续打破沙特阿美多项生产纪录。2022年，打破YHRY区块首次超深井取芯和单只PDC钻头进尺最多、水平段最长、完井深度最深等5项纪录，成功完成沙特阿美非常规项目成立以来首口探井。凭年进尺70952米创下石油工程公司新纪录。在JAFURAH区块HMYM－532614井（井深5610米），实现12.08天完钻、15.5天完井，打破该区块最短建井周期、最快完井周期2项非常规钻井施工纪录。连续斩获该区块“70型钻机年进尺最高”“水平井年进尺最高”多项纪录，成为沙特市场佼佼者。

一、高起点组织启动工作，优质服务甲方

作为沙特市场首个非常规气井钻井队，该队主体设备2020年4月到达沙特，受新冠疫情蔓延影响，甲方对新启动项目呈现出“等”“拖”姿态。沙特阿美非常规气井部管理严苛，在设备安装和正式验收前陆续提出200多项需现场整改问题。面对众多整改项，该队与甲方深入沟通，逐条明确所提整改项的相关标准出处和整改要求，组织大班讨论，向兄弟单位请教，提出最经济、最可行整改方案，及时完成整改。

正式验收阶段，现场4名监督及1名专业验收人员，对验收检查单和合同逐字

逐句对照检查，提出235项整改项。该队第一时间理解问题，对有争议问题据理力争，尽量减少整改量，其次不断梳理存量问题，把整改问题分类，逐项逐天把整改工作提前完成。

最终经过近4个月紧张准备，克服严峻疫情形势、恶劣工作环境及关键岗位人员紧缺、员工体能消耗大等重重困难，顺利通过甲方验收，赢得甲方高度认可和赞赏。首部非常规气井钻机于9月1日如期开钻。

二、全方位关心关爱员工，凝聚队伍士气

验收工作只是进入沙特非常规气井钻井市场第一步，安全生产才是长久重点工作。对沙特市场非常规气井钻井，该队施工经验相对欠缺，技术能力薄弱，加上开钻后快马加鞭的节奏，相比同区块油井钻进，甲方在追求快进度同时，更注重各项标准的执行，容不得半点失误，不时对员工发出“驱逐令”，再加上疫情给员工带来巨大心理压力，更是雪上加霜。

该队把练就本领、提升能力放在第一位。在作业进度方面，向甲方明确相关作业标准及KPI工序关键点，沟通实际工作中遇到的困难，逐步提高作业时效。在工艺技术方面，认真研习沙特非常规气井钻井设计和派工单，讨论各项施工难点及与油井钻井施工的差异，着力提升专业技能。

该队十分关爱员工队伍，在工作之余组织“倾听会”，鼓励现场员工畅所欲言，适当发泄情绪。同时，通过“3 + X”帮扶工作机制，公司境内外联动，及时帮助员工解决实际困难，定期开展员工家属慰问，缓解员工心理压力，解决其后顾之忧，提升其工作信心。

三、高质量落实管控措施，实现挖潜增效

牢固树立成本管控理念。在第一口非常规气井完井之后，该队便开始总结非常规气井钻井施工成本消耗特点。首先组织大班分类梳理材料消耗，发现在泥浆泵配件方面还有较大降本空间，在泥浆罐蝶阀、气胎等材料上则低估了消耗量，通过对比和调整，明确了非常规气井施工材料消耗特点，优化材料申报计划，减少闲置浪费，提高利用率。

面对甲方严格考核标准，开始阶段该队KPI是落后的，例如起下钻速度、防喷器等拆装速度、平移搬家速度等。为扭转局面，该队认真分析各工序特点，不断创

新提出更安全、高效施工方案和操作流程，施工中部分指标逐步提升至该区块井队前列，最终高质量完成第一口井，整口井日费率达到99%。紧接着是第一次平移搬家，靠着精细组织和全员紧密配合，提前0.75天完成。

自开钻、施工作业步入正常后，就推行单井成本预算控制，提出“大额成本重点抓、小额成本不放松”管理思路。队领导主动深入班组收集有利于成本节约的合理化建议，鼓励大家积极参与成本管理，通过小奖励谋大节约办法，营造人人降成本、人人讲节约的全方位成本管理氛围，成本大幅下降，利润持续提升。2020年利润率为4.47%；2021年利润率为9.99%；2022年利润率为10.15%，呈逐年上升态势。

非常规气井钻井设备安装较为复杂，为尽快熟悉整套设备拆、搬、安技巧，早在配套阶段，该队就对主体设备安装过程进行分解拍照，大家提前对照学习，印象更为深刻，大大提高搬迁时效。2021年，在两个平台之间搬家中，分别较甲方KPI提前1.2天、0.8天完成任务，得到现场监督认可，多次在沙特阿美URDD（非常规钻井部门）业绩评比中夺得桂冠，树立良好海外铁军品牌形象。

编者按

近年来，随着市场化运行深入、行业竞争日益激烈、基层队伍管理变更、岗位人员频繁流动、现场管理难度增加，该队坚守“提升基层管理、促进生产经营”理念，创新实施现场管理“六字”诀，打造一支高标准、高水平、高效益水乡铁军。

“六字”诀强队增效

华东石油工程公司江苏钻井公司 40671HD 钻井队

华东石油工程公司江苏钻井公司 40671HD 钻井队组建于 1978 年，有员工 36 人，其中党员 8 名，平均年龄 34 岁，曾多次参加江苏油田产能建设会战，是一支充满战斗力、凝聚力的水乡铁军。该队自组建以来，在江苏工区创多项施工纪录，多次荣立集体二等功，多次获公司“双文明先进集体”称号，连续 7 届获集团公司“金银牌基层队”荣誉称号。两年来，随着市场竞争日益激烈、岗位人员频繁流动、员工技能参差不齐、现场管理难度增加等，该队在逆境中探新路、索新法，始终秉持“万无一失、一失万无”质量管理原则，坚守“提升基层管理、促进生产经营”理念，总结现场管理“六字”法，打造一支高标准、高水平、高效益水乡铁军。2020—2021 年，实现 17 开 17 完，进尺 5. 13 万米，单井利率超 30%。

一、现场管理“实”

始终坚持扎扎实实做好现场管理工作，从班组和岗位抓起，从制度保障和习惯培养入手，采取班组自查、队部抽查等方式，建立“三个到位”监督制度，确保现场管理工作做好做实。

保证监督到位，队干部和班组长做好交接班时监督检查工作，确保每次交接班按规定程序和内容进行，提高交接班制度执行力；保证帮促到位，在交接班前后，队干部和班组长做好问题整改落实工作，保证交接班前后生产衔接和有序运行；会议组织到位，在班前、班后会召开形式上，通过班前会布置，班后会小结，坚持每个班每日解决一个重点或难点问题。

二、安全管理“严”

始终将安全管理贯穿于生产全过程，在员工中牢固树立“安全是最大效益，不安全进尺一米不要”思想意识，形成人人讲安全、懂安全、会安全的良好氛围。

安全管理上，坚持实施“四抓”管理法，从源头上抓好安全管理，即从“新人”教育培训抓起、从“老师傅”短板操作抓起、从小事抓起、从事前防范教育抓起。推行“岗位联职联责”四个一管理法，即每人承包一片责任区、每天一次自我考核、每周一次互检评价、每月一次考核公示，有效推动制度管理与自主管理有机结合，使队伍、班组和岗位之间实现责任联动，不仅强化管理执行力，更提升本质安全管理水平。

三、技术管理“细”

将强化技术管理作为提速提质关键和创效突破点。坚持在强化执行力、细化技术管理措施等方面下功夫，注重速度与质量双提升，推行“321”技术管理模式，为甲方提供优质服务和产品，持续提升队伍核心竞争力。

“321”技术管理。“3 个对比分析”：对比同区块施工井地质、工程设计，分析施工特点、难点，摸清井下情况；对比同区块事故井情况，分析故障原因，制定预防措施；对比同区块已完井钻井数据，借鉴施工经验，合理制定技术方案。“2 个会”：开好施工技术方案会；开好开钻前技术交底会。将详细技术方案落实到岗位、落实到人，确保技术方案有效实施。“1 个全程管理”：严格落实技术管理职责权限，既分工负责，又避免越权，确保技术措施精确执行。

四、成本管理“全”

积极树立“所有成本都可控可降”观念，推行队部、班组、岗位三级目标成本管理体系，深化全员、全要素、全过程“三全”成本管理模式。

将成本控制指标分解下达到班组，再由班组长落实到各个岗位，形成横向到班组、纵向到岗位的低成本“三步”管理法。首先培养小班的成本节约意识，引导小班节约材料；其次要求大班做好修旧利废，把控好废旧材料的回收、利用关卡；最后材料员做好总结分析并制订细致的备料计划。通过推行“三步”管理法，每月都能完成库存指标，基本接近“零库存”。

五、考核管理“准”

充分体现“按劳取酬、效率优先、兼顾公平”奖金精准分配原则，改变传统单一考核办法，将制定分配系数的权力下放到班组，员工奖金拿多拿少由班组说了算。

每口井单井兑现奖下发后，组织干部、大班和司钻开会讨论，司钻负责归纳整理全班人员意见，给出自己班组内每名员工的分配系数，上下浮动不超过0.3。这样既能拉开差距，也能相对平衡。这样即便岗位相同，根据平时表现不同，分配系数也可相差0.6。这种“同岗不同酬”奖金分配制度，真正让“挣钱发工资、创效拿奖金”理念深入人心。同时开展队内“月度创效之星”“季度岗位能手”评选活动，作为先进评选的重要依据。

六、队伍管理“亲”

坚持把情感融合作为队伍管理切入点，用深厚情感帮助员工解决实际困难，面对面听取员工意见建议，通过搭建两大平台建立亲情化交流模式。

搭建短信互动平台：在全队范围内开展“牢骚短信”活动，通过及时掌握员工思想动态，帮助员工理顺情绪，化解心结，确保员工始终以良好状态投入工作中。搭建情感交流平台：建立党员干部“连心卡”，班子成员分别承包一个班组。每名党员作为员工心理疏导员，从了解员工心态入手，创新开展情感模式心理疏导。

编者按

面对海上“地域油井”挑战，该平台坚持强化“三基”建设，着力提升技术、安全、服务、保障、人才、品牌建设能力，完成多个极限挑战，填补多项业内空白，打造海上高温高压作业标杆，为保障国家能源安全积极贡献力量。

强“三基”促“六提”　打造海上施工标杆平台

海洋石油工程公司上海钻井分公司勘探三号平台

海洋石油工程公司上海钻井分公司勘探三号平台是我国第一座自主设计建造的半潜式海上钻井平台，于1984年6月建造完成，次年平台建造项目获国家科技进步一等奖。平台投产至今，已累计作业191口井，总进尺60余万米，足迹遍布祖国东海、南海及国外俄罗斯和缅甸海域，先后发现“平湖”“春晓”“恩平”“东方”“乐东”等一批大型油气田和含油气构造，有力保障国家能源安全。近年来，平台始终聚焦“三基”工作，着力提升技术、安全、服务、保障、人才、品牌建设能力，成为国内海上高温高压作业标杆，被业界誉为“针尖上的舞者”，获“中央企业先进集体”“中央企业红旗班组”“全国工人先锋号”、中石化“金牌标杆基层队”、上海市“劳模集体”、上海市“先进基层党组织”、中海油“优秀钻完井服务商”等荣誉称号。

一、强化组织建设，促进技术安全水平双提升

搭建“党建共建”平台，技术水平迈上新台阶。针对高温高压作业特殊性，平台与监督组及各服务商党员创建海上融合共建党支部，利用支部联创共建“三会一课”、技术交底等方式，发挥三方党员骨干技术优势，解决高温高压井作业中产生的困难和问题，保障作业安全顺利进行。经过不断攻坚与经验总结，逐渐形成以高

温高压井控、窄窗口钻进、储层保护、复杂井况处置等为核心的高温高压井作业技术体系，整理出一整套海上高温高压中石化作业标准，填补业界技术空白。2010年至今，安全高效完成近60口高难度高温高压井，实现国内海域首次超高温高压井测试作业。2017年，中海油高温高压钻完井关键技术及工业化应用获国家科技进步一等奖，平台承担其中70%以上探井任务。“海上融合共建党支部”也获得集团公司管理现代化创新三等奖。

创新“党建+安全”机制，安全水平开拓新局面。坚决压实党支部委员安全管理“一岗双责”，将安全警示教育、技能培训纳入支部重要工作日程，持续提升全员安全生产水平。利用晨会、班前班后会、支部“三会一课”等开展“HSE体系天天学”，将HSE体系学习及宣讲“搬”到钻台上、机舱里。制定井队、设备、船体三册“安全口袋书”，并不断开展新《安全生产法》宣贯学习。适时开展安全演习、培训，创新对现场HSE例行汇报材料“7表合1”，实现材料表格化、可视化、整合化，建起完整的“党建+安全”体系，有效保障平台作业安全。

二、强化基础工作，促进服务保障能力双提升

建立“三化”服务模式，服务方式迸发新力量。沟通提前化。建立公司陆地项目组和甲方项目组、平台现场与甲方监督组之间“双轨”沟通机制，确保两方信息沟通及时准确。根据陆地与现场收集生产资料，结合自身经验，提前做好下步工作准备，实现作业前置化，提高工作效率。指令数字化。平台对日常作业操作要求更加精细，严格执行指令，精细控制起下钻及开泵速度，防止产生激增压力。每班作业人员通过“掐表定时”方式，循环打通节流压井管线，防止泥浆沉淀造成堵塞。操作精细化。创新形成“点滴式”补水和“撒胡椒面式”加重泥浆方式等施工技艺。在钻台设置领班与司钻双岗值守，提升精细化操作水平，保证作业安全平稳进行。

聚焦设备管理提升，后勤保障展现新作为。开展设备全生命周期管理，建立设备备忘录，形成设备维保数据库。通过工程师对设备故障检修事件、备件信息、时间及负责人等详细记录，将平台所有设备建成档案台账，上传局域网，设备“历史故事”一目了然，为维护人员对设备性能分析与决策管理提供强大数据支持。严抓物资申报与库存管理，开展“清仓查库”专项工作，优化库存结构，降低储备资金占用，降低成本。编制《进口设备部件、零备件国产化清单》，推进设备、部件和

零备件国产化。坚持“以修代换”，在设备检修时，对以往需更换总成的设备，拆检修理总成仅更换备件。以平台低压蝶阀为例，通过只更换密封胶芯，一年可缩减25 万元采购成本。

三、强化基本功训练，促进队伍品牌建设双提升

畅通人才成长通道，队伍建设呈现新活力。坚持以思想政治建设和能力素质建设为基础，以提高技术革新能力，发挥专业技术带头人作用，解决现场实际难题为核心，以技师和高级技师培养为重点，扎实推进经营管理、专业技术、技能操作“三支”人才队伍建设，持续改善人才队伍结构。其中以金凤明为带头人的专业技术团队，自 2021 年以来开展平台内部技术交流培训 16 课时，研发各类创新成果和专利 12 项，通过“传帮带”等方式，培养 7 名技术骨干。

巧用妙用劳动竞赛，队伍品牌再创新高度。通过开展公司、平台、班组三级劳动竞赛，建立竞赛常态化运行机制，在以赛促学、以赛促练中，充分激发员工热情，擦亮海洋石油工程标杆品牌。2019 年，中石化、中石油、中海油共 16 家单位 96 名选手会聚首届全国油气开发专业职业技能竞赛，平台派出段茂增、黄小军 2 位员工，并获一金一铜奖牌。2022 年 10 月，平台组织参赛队伍参加中海油海南分公司首届钻完井安全技能大赛，作为外部唯一一支参赛队伍与中海油其他 7 支队伍同台竞技，以个人平均分第一、团体总分第一的成绩，斩获赛事唯一一块金牌，展现出石化海洋石油铁军硬实力。

编者按

该项目管理部坚持高质量党建引领高质量发展，积极践行“安全、质量、进度、廉洁、维稳、服务、形象和执行力”文化理念，强化过程管理，严控质量安全，内强素质、外树形象，新签合同额、完成合同额再创历史新高，实现区域化可持续健康发展。

党建引领树品牌　严细管理创标杆

石油工程建设公司河南油建公司华南项目管理部

石油工程建设公司河南油建公司华南项目管理部成立于 2015 年 5 月，有员工 49 人，其中党员 12 人，主要服务于国家管网华南公司、中石化销售华南分公司、新星石油广州公司等 12 家建设单位，作业区横跨 3500 多公里，年均 300 万元以上项目 30 多个。该项目管理部始终坚持党建引领，精益管理，优质服务，树立良好企业形象，被建设单位誉为“油建铁军、华南劲旅”。2020—2021 年，实现工期符合率达 100%、一次验交合格率达 100%、一次投产成功率达 100%，收到当地政府、建设单位书面表扬信、业绩证明、奖牌锦旗 37 项。先后获集团公司“金牌标杆基层队”、石油工程公司“工人先锋号”和石油工程建设公司“先进基层党组织”等荣誉称号。

一、党建引领，凝心聚力创品牌

始终坚持用党的主题教育成果筑牢思想政治根基，把干部思想统一到“当好奋斗者、建功争一流”实践活动中。不断深化“星火华南”党建工作品牌，12 名党员分布项目一线，持续开展“优秀党员示范工程”竞赛和“我是党员向我看齐”主题活动，在急难险重任务施工中，共产党员始终冲在第一线，亮身份、作表率，发挥先锋模范作用，用党员之“星火”，聚员工之“能量”，引领广大员工持续攻坚克难，实现党建工作深度融入项目建设主战场。共产党员魏永胜率领党员突击队提前20天完成茂名油库#581储罐更换浮盘施工任务，创甲方浮盘最大、用时最短施工纪录。

在新冠疫情高发期，部党支部充分发挥保驾推动作用，开辟重点项目“防疫优先、资金优先、设备优先、人员优先”绿色通道，办理“政府指定运输证明”，采用“点对点、一站式”专车，将50多名施工人员直接运送到施工现场，实现11个在建项目快速复工复产，高效完成建设任务。

二、积极开拓，选项策划抢市场

坚持“以质为先、创效为要”开发原则，建立长效联系机制，及时掌握甲方不同时期发展方向和投资目标，加强区域成品油、天然气和光伏发电等不同项目的市场分析，明确市场开发方向。主要领导发挥“头雁效应”，在掌握项目投放市场情况后，综合分析现场条件、施工工艺、经济效益等因素，确定投标目标；通过协调设计和建设单位，综合考虑工程重难点，认真分析作业环节中可能发生的重大风险，与报价紧密结合，制定有针对性的投标方案，有效提升项目中标率。

2020年，承揽到粤西管道、粤东管道3.7亿元大单，随后成功中标南宁站搬迁、曲靖站返输改造和贵港站增输改造工程。在省级燃气市场，先后承揽到宾阳天然气支线管道工程和广州天然气四期珊田线项目。2021年，又将福建福清和茂名石化分布式光伏发电项目收入囊中，为持续发展奠定坚实基础。

三、精益管理，提质增效树标杆

围绕工程建设安全、质量、进度三要素，以前期策划为基础、以现场管理为重点、以过程控制为抓手，全力为甲方打造“安全工程、精品工程、正点工程、创新工程”。

强化责任落实，抓实风险管控，把安全管理责任落实在现场和每个岗位；建立现场“低老坏”清单和质量控制点，倒排工期、细化措施，赶时间、抢进度，确保项目优质高效完成。在中科一体化管道工程施工中，克服46.8公里成品油与天然气管道同路并行、18米加长管材运布管难度大、14.7公里沼泽滩涂常规设备无法进场、多条定向钻穿越地层条件复杂、台风袭扰等困难，3个月完成顶管32条、定向钻19条，成品油管道焊接一次合格率为99.04%、天然气管道焊接一次合格率为99.01%、管道埋深一次合格率为100%、防腐涂层安装对号准确率为100%、工程检验齐全准确率为100%。在甲方组织的“百日劳动竞赛”综合评比中排名第一，分获中石化“优质工程奖”和石油工程建设公司“工期突出贡献奖”。

四、用心服务，固本强基亮形象

秉持“不辩解、不喊冤、不抱怨”工作态度，对甲方要求不讲条件、不讲理由，全面落实到位。在野外应急抢险、封堵连头作业现场，配备板房、空调、遮阳棚，餐食、饮品、应急药品供应标准化操作，为建设、设计、监测等单位现场人员创造必要的办公条件和生活条件。

想甲方所想，解甲方所盼，全力以赴解决甲方实际困难。曲靖反输改造项目，主动修缮场站门卫室、美化进出站道路；珊田线项目得知第三方施工的场站建设影响整体进度时，主动抽调技术人员和防腐、焊接机组前去增援，得到甲方高度赞扬。由此，被众多甲方授予“优秀承包商”称号。

四、标准化管理

标准化，是指一个行业或企业要有一个清晰、准确、完整、统一的标准，使之成为业内或员工共同遵循的准则。否则，含糊笼统、毫无准则，只会造成工作效率低下，甚至陷入误区，坠入万劫不复的深渊。标准化，一方面要有固定程序让员工遵循，另一方面要充分发挥员工主观能动性，提高质效，降低成本。同时，要让标准执行者了解工作标准化的目的和意义，让其参与标准的制定，贡献自己的聪明才智。只有这样，标准才有效可行；只有这样，才能不断提高标准，增强内生动力，保持行业或企业持久竞争力。这届金银牌队创建，显现诸多标准化管理的案例，编者撷取4篇经典案例入书。比如《“三标管理”助电驱压裂提速增效》《“三个标准化”成就“行业领跑者”》等。这些案例都是标准化管理的践行者、引领者，并在实施过程中获益良多，收效颇丰。总之，他们的标准化管理可圈可点，可资借鉴。

编者按

该队通过生产、技术、经营“三标管理”，实现空间上有序运行、时间上无缝衔接，保障施工优质运行，降低故障发生率，提高废旧物资利用率，有效控制生产运营成本，实现电驱压裂提速增效。

“三标管理”助电驱压裂提速增效

江汉石油工程公司井下测试公司 JH－YL106 酸化压裂队

江汉石油工程井下测试公司 JH－YL106 酸化压裂队成立于 2018 年，是国内首支全电驱压裂整装配套队伍。该队以涪陵国家级页岩气产能示范区建设为基础，以争创电驱压裂第一品牌为目标，深耕电驱压裂核心技术及标准化管理模式。2021 年，共完成压裂施工 40 井次 1144 段，同比增长 55.6%，队伍单机组单日压裂速度最高达 9 段/天，单井平均压裂周期 10.5 天，实现产值 5.24 亿元、利润 4446.10 万元。先后获江汉石油工程公司“标杆压裂队”“涪陵页岩气田电动压裂示范队”“涪陵页岩气田试气工程杰出贡献队伍”等荣誉称号。

一、生产管理标准化，提效能保安全

执行平台化管理机制，提高整体施工水平。持续推行平台经理项目负责制，靠前指挥，现场办公，垂直管理；实施“一段一策”制度，通过风险分析、施工过程分析，制定每一段的现场 QHSE 管理方案；加强对关键工序的监督管理，对现场复杂情况及时分析、查明原因，确定处理方案；加强对承分包商的管理，落实分包商领导带班制度。坚持“一井一总结”制度，对施工中好的做法和不足之处进行总结，全面提高整体施工水平。

实施程序化管理流程，确保安全高效生产。为保障施工平稳运行，平台由现场指挥、现场监督、压裂负责人、供砂负责人、配液负责人、泵送桥塞负责人、供水负责人、异体监督组成压裂现场指挥小组，制定周密细致的管理流程，确保各单位及会战小组的整体配合协调有序。每段施工结束后，组织召开碰头协调会，对下一步工作进行组织与部署，不断总结电驱压裂的施工经验，提升施工效率，完善生产流程，使生产过程更加合理安全高效。

划分模块化施工环节，实现时空无缝衔接。电驱施工各个环节既相对独立，又互相统一。通过现场踏勘、阅读设计、电脑制图，队伍将井场划分为高压、配电、混砂等10个作业区域，实行模块化布局，每个区域指定专人负责，既能单独运行互不干扰，又能统一协调。在时间上，不同区域设备按先后顺序分批进场，有效压缩搬、迁、安时间；在空间上，各施工区域按照各自作业流程和指导书同步运行，实现空间上运行有序，时间上无缝衔接。

二、技术管理标准化，创成果促创新

研发新技术成果，推广新工艺运用。针对电驱压裂工艺技术难题，在专业发展基础上成立曾凡骄创新工作室，发挥人才培养、技术培训、工艺试验等多项功能，“孵化”高技术人才，攻关压裂工艺技术的升级革新，推广压裂装备电气化、智能化、模块化应用，同时处理解决各类复杂难题，充分发挥群策群力作用，创造出一批管理提升、标准化建设、技术革新及降本增效成果。

创建高效运行模式，保障压裂优质运行。结合涪陵页岩气田立体开发模式，形成“2+1”循环压裂和“3+2”交替压裂高效运行模式，确保加砂压裂与泵送桥塞工序同步运行。建立多级供水保障方式，实现现场材料动态补给机制，解决网电跨接难题等，逐一破除各个工序外部阻碍因素，全力保障电驱压裂平台优质高效运行。

构建智能化操作平台，减少施工人力投入。持续完善电驱压裂全流程信息化平台建设，成套机组已全部实现远程集群化操作及智能物联，可实现流程自动化、资源共享、专家远程指导及关键装备参数监测与预警，各类数据准确率达到99%。不断完善高压管件管理数字化，与人工管理模式相比，高压管件故障率已降低30%。将视频信号通过网络传输至公司安全部门或监督中心，及时发现隐患，制止不安全行为。该系统具备连续、直观、灵活、准确等特点，支持业主方实时掌握施工动态，直接减少施工人员15人以上。

三、经营管理标准化，强管控降成本

加强清单质量管控，降低故障发生频率。针对前期准备、交接井、压裂施工等14项作业工序，89项质量控制节点，落实并执行160条质量控制措施，并将其作为开工验收、现场交底重要内容，督促干部反复学习，明确责任、明确要求、明确方法，以“零故障”为目标，做实各环节、各节点质量控制。以清单化施工质量管控方式，将2021年压裂故障复杂发生率有效控制在0.6%以内。

减少现场生产消耗，优化成本管控措施。提高废旧物资的综合利用率，降低生产成本，本着“经济合理、保证质量、统一管理、优先使用”的原则，结合实际情况，制定部分废旧物资利用要求。遵循先修后换的原则，节约材料费用，若无法维修再进行更换，有效地控制队伍运行中的经营成本。加强设备维修保养工作，最大限度延长设备使用时间。提高操作人员操作水平，减少施工中各种安全事故，减少设备发生故障次数，实现高效生产目标。每个平台施工完成后，由队部组织相关人员进行成本核算管控会议，对该平台进行经营成本验收，总结经验，找到差异，提出整改方案，持续有效优化成本管控制度，2021年关键装备寿命延长30%。

编者按

该队对标先进企业和行业标杆，以“标准化建设”为切入点，制定铁规矩，划出硬杠杠，推进生产组织、技术管理、技能提升、班组创建、生产保障规范化，打造一支勇毅前行、担当有为的行业标杆队伍。

“三个标准化”成就“行业领跑者”

华东石油工程公司工程技术分公司 HD605 固井队

华东石油工程公司工程技术分公司 HD605 固井队成立于 2016 年 5 月，有员工 89 名，拥有各类型先进固井设备 11 台（套），服务钻机 22 部，具有中石化甲级资质。近年来，随着市场规模扩大，该队对标先进企业和行业标杆，以“标准化建设”为切入点，推进基层管理规范化，打响“华东固井”品牌。先后获 2019—2020 年度中石化“金牌基层队”、2020—2021 年度“金牌标杆队”，江苏省“模范职工小家”“青年安全示范岗”，华东石油工程公司“双文明先进集体”“双文明标杆队”“先进基层单位”“HSE 先进集体”等荣誉称号。

一、开展“标准化”员工培训，锻造过硬技能本领

规范学习教案，构建标准化培训机制。开展“清单式”管理，按照目标导向分解培训任务。培训前，围绕山路驾驶、长途行车、操作应急处置等重点内容，制订科学的培训计划，明确培训目标，编写培训教案，灵活运用 PPT、视频等媒体手段；培训中，丰富培训形式，建立技师微讲堂、高级工程师泛课堂、党课讲习所，邀请行业专家授课，设置培训节点要求和短期目标，开展阶段性考核；培训后，进行总结和分析，针对培训效果奖优罚劣，提出改进建议。

规范传帮带结对，构建标准化师带徒纽带。开展“差异化”管理，按照能力水

平对等匹配。在能力上，对目标人群分类分级，为新员工安排“双师带徒”、为双机操作手安排“技师带徒”、为普通员工安排“党员带徒”等，同时明确培养内容、目标和帮带期限；在方式上，开展“拜师”问道、“讲武”传道、“打擂”论道等活动，形成“与快的赛，和好的比，带慢的上”向好氛围，锻造“技能尖兵”。2021 年以来，累计签订各类师带徒协议 38 份，完成考核评比 32 份，其中 1 人取得技师资格证书、2 人升任技术负责岗位、8 人达到双机操作水平，员工技能水平明显提升。

二、建立“标准化”生产运行，树立过硬技术标杆

固化现场施工流程，建立标准化作业现场。实行“模块化”管控，以样板为模板广泛复制。制定标准化固井施工流程，固化成图表，施工现场车辆入场顺序、摆放位置、管线布局均统一标准；现场流体走向、闸门开关等均挂牌标注，一目了然；每次施工有标准可依据，有模板可参考；规范作业人员行为，制定行为准则并建卡随身佩戴。

固化生产运行表格，建立标准化日常管理。实行“实时化”管控，做到生产安排实时动态跟踪。每天召开晨会，技术员负责汇报生产进度，实验员汇报实验数据，班长汇报人员车辆安排，会后编制生产运行大表，通过生产运行群发布；设立人员动向公示牌，方便人员动态掌握。通过合理安排生产运行，市场份额和工作量年均以 20% 增速增长，产值连续 3 年突破亿元大关，固井质量优质率连续 3 年保持在 90% 以上，多次创中石化固井新纪录。

固化值班带队分工，建立标准化干部带班。实行“责任化”管控，做到有人指挥有人落实。根据每次施工井况进行难度分级，制定干部带班带队标准，产层固井由正职干部带队、技术负责组织，技套固井由技术负责带队、班组长组织，建立施工负责制，划清范围，厘清职责，为施工增加一道“保险”。

三、提供“标准化”管理服务，彰显过硬保障能力

细化单元细胞功能，展现标准化班组。实施“民主化”管理，按照职能不同，分别成立驾驶班、操作班、井材班、干混班、水电班、技术组、保障组 7 个班组，开展班组长竞聘上岗，落实党员进班组、干部承包班组等制度；定期组织班组员工讨论、决定班组事务，组织对基层班子成员进行民主评议；推行上岗考勤公开化、

绩效考核公示化，列出班组和个人工作清单，建立班组和个人考核积分制，实行工作绩效与考勤积分挂钩，定期公开班组、个人工作绩效，不断激发员工活力。

细化办公生活规范，展现标准化服务。实施“目视化”管理，办公区设立会议室、技术室、实验室、党员活动室；宿舍挂牌，每月开展流动红旗评比；餐厅设立公示栏、食品留样柜、一周菜谱清单、意见簿等；活动设施如篮球场、台球室、健身房、EAP 工作室等明确开放时间。员工办公生活环境明显改善。

细化功能分区规划，展现标准化基地。实施“网格化”管理，队伍基地分区配备道闸、刷脸考勤机、视频监控探头等设备，提高效率、保障安全；分区设置停车区、干混站、井材库、水电房、材料间等；停车位设置限位桩并标注车牌，车辆回厂后入库标齐；物资全部进入货架，分类摆放并建档；通过厂区地面硬化、分区设置等，厂区整洁度提高，员工工作环境得到美化。

编者按

该队探索实践标准化管理，逐步形成包括 HSE、外籍雇员、野外施工和后勤保障的标准化管理体系。中标 S84 项目后，该队将标准化管理体系应用于高效采集项目，实现全项目管理标准化、规范化，连续 7 次打破沙特阿美采集日效纪录，彰显中石化海外物探服务实力。

践行标准化管理　打造精品化工程

地球物理公司国际业务发展中心 SINOPEC351 地震队

地球物理公司国际业务发展中心 SINOPEC351 地震队组建于 2004 年。自成立以来，该队紧盯打造“国际一流物探队伍”发展目标，努力从更高标准、更高水平、更高层次上，不断践行标准化管理，打造精品工程，为安全优质完成各项工作任务提供强力支撑。在沙特优质高效完成 7 个物探项目。先后获中石化“抗击新冠肺炎疫情先进集体”“先进集体”称号，连续两届获石油工程“金牌基层队”荣誉称号。

一、HSE 管理标准化，规范管理避风险

建立适合沙特物探项目的 HSE 管理体系。沙特项目从运行初期开始，遵照国际地球物理承包商协会（IAGC）HSE 惯例，国工 HSE 管理体系七大要素，融合甲方 HSE 标准，经过不断探索和改进，建立 117 个 HSE 作业实施程序、140 个涵盖各工序和岗位的管理标准、54 个技术实施程序和流程的管理体系，形成富有特色的 HSE 标准化管理。

持续开展风险识别与评估，动态管控风险。对每个新区块进行详细踏勘，组织风险识别和评估小组对新区块进行风险识别，编制风险评估报告，制定针对性防范措施；对气候变化、环境变化及时开展风险评估，更新防范性措施，动态管控风险。

常态化开展 HSE 基础工作，夯实管理基础。HSE 管理基础工作包括会议、培训、检查、演练等。规定各类安全会议开展频次，确保各方工作和管理得到有效沟通。制订项目全生命周期培训计划，根据地形环境变化和新增风险进行相关 HSE 培训。开展常态化 HSE 检查，及时整改发现问题；根据编制的应急预案和应急响应流程，按固定频次进行演练。

二、雇员管理标准化，以人为本保生产

合规经营，招收合法雇员。S84 项目外籍雇员 850 人左右，外籍雇员来自 13 个不同的国家，根据沙化比例要求，沙特本土雇员数量需占比 50%。为保证用工合法性，与直接雇员逐一签订正式劳工合同，明确双方权利义务；其他从劳务公司招聘员工，在招聘前严格开展“三查”，即查其证件是否合法有效，查询员工是否是劳务公司名下合法直接雇员，查询项目内部劳工“黑名单”，拒绝招录“黑名单”上人员。

建立制度，依规管理雇员。结合项目管理实际，制定《项目外籍雇员管理办法》，包括员工行为规范、休假申请、警告信、处罚单等，涵盖员工工作、休假、日常行为等多方面因素。现场雇员管理做到有法可依，有章可循。

科学奖惩，正向激励雇员。制定奖惩办法，根据员工岗位、效率、工作表现，落实“三奖四罚”制度，正向激励雇员，调动其工作积极性，最大限度提高雇员劳动绩效，助力项目均衡生产，助推项目提速增效。

三、野外施工标准化，生产效率创新高

优化工序流程化。优化传统放线工序，采用团队合作，流程化作业法，由十字链尺法改三角链尺法，精简人员。野外排列采用“集中管理，分片实施”施工模式，按小组进行收、放线作业，采用横向分片、纵向分段模式铺设排列，减少人员车辆移动距离，提高生产效率。

尽职调查常态化。生产中，提前详细踏勘全部工区，对每个区域内障碍物进行了解和统计分析，做足解决问题的提前量。利用高清卫星图片和推土机清线 GPS 轨迹，把炮点偏移到规定的网格或合适点上，为震源无桩号高效施工提前布设合理点位，保障震源高效施工。

仪器指挥统一化。以仪器车为指挥中心，统一生产，加强现场指挥和应急处置。

当班操作员汇总测量、线班、震源班组的信息，根据实际生产情况，制订线班工作计划及震源的部署。做好现场质量监控，实时监控排列及震源性能，遇到野外突发情况时，根据标准应急程序，现场处置并上报营地应急小组。

四、后勤保障标准化，海外建家保稳定

固定营地布局，标准不变建家园。建设舒适施工营地，营地布局标准固定，即便营地频繁搬迁，除位置发生变化，相对布局并未改变，标准配置整齐的生活娱乐设施“仍在身边”，减少对新环境的陌生感。

规范餐饮服务，过程监控保健康。建立规章制度，监督餐饮分包商在食品采购、运输、储存等各个环节严格按标准提供服务，规避潜在卫生风险。根据项目现场雇员组成，制定符合不同宗教习俗的餐饮套餐，收集雇员对饮食的意见建议，及时沟通整改，提升服务满意度。

营造“家”氛围，凝心聚力保稳定。全面推进项目“家”文化建设，通过自制生日蛋糕、长寿面给员工祝贺生日，在一些特殊节日，如中国人的春节、中秋，穆斯林的开斋节、宰牲节等重大节日组织员工包饺子、吃烧烤、做羊肉饭等，交流感情，使来自 13 个国家的员工切身感受到了被尊重、被重视、被关怀，增强他们以队为家的责任感、自豪感和幸福感，激发出强大工作热情和动力。

编者按

该部深耕细作江苏高速公路市场30年，通过标准化现场建设、标准化安全管控、标准化质量管理，使其在与中建、中交、中铁等强手交锋中，始终处于领跑姿态，多次刷新全国行业纪录，获得江苏省公路系统AA信用等级，在激烈市场竞争中，高高树起中石化工程建设铁军大旗。

实施“三标”管理　建设百年精品

石油工程建设公司胜利建工公司第三项目管理部

石油工程建设公司胜利建工公司第三项目管理部有员工170人，其中党员66人，自2009年组建以来，立足江苏高速公路市场，以现场标准化、安全标准化、质量标准化“三标”管理为抓手，持续提升工程质量和企业品牌，2020—2022年，累计完成产值17.88亿元，承揽项目合同额28.89亿元。先后4次获“鲁班奖”“詹天佑奖”等全国建筑领域最高奖项，19次获“泰山杯”“扬子杯”“中石化优质工程”等省部级荣誉称号，连续2年被评为省级公路系统AA级信用企业，成功登顶江苏公路水运建设市场最高荣誉——守信激励主体对象名单，用雄厚实力和优质服务，在江苏高速公路市场树起石油工程铁军猎猎战旗。

一、扎实推进现场标准化，打造行业标杆项目

以争当国内一流、争创国际一流为目标，不断强化现场标准化建设。所施工的京沪高速、阜溧高速、连宿高速等项目样样工作领跑全线，先后举办12场观摩会，迎接业主、监理和兄弟单位参观学习。

打造国内一流标准化现场。依据高于国家标准的《江苏省高速公路施工标准化指南》，编制项目部办公区、生活区、预制区，以及施工现场、标志标牌标准化建

设细则，务求各项工作高于标准、严于规范，项目建设屡获好评。京沪高速、阜溧高速项目，引入全自动钢筋笼滚焊机、数控锯切套丝打磨生产线、埋弧焊自动焊接机器人等现代设备，全力打造“信息化管控、智能化加工、工厂化生产、超市化配送”钢筋加工配送中心。连宿高速项目成功安装调试中石化唯一一台国际超一流水准的安迈5000型沥青拌合站，相对国内领先产品提升10%生产效率，减少18%燃料消耗；在配套试验室设置土工、集料、水泥等12个功能室，细化明确36项管理制度、59项操作规范、81项检测参数，被业主誉为“五星级”拌合站。

打造绿色环保标准化现场。主动邀请第三方编制《环境保护总体实施方案》等5个环水保方案，明确“6个100%”防扬尘治理目标。拌合站设立$PM_{2.5}$自动监测预警系统，料仓安装自动喷淋降尘系统，使用雾炮洒水车、自动洗车台、裸土防尘网覆盖等进行降尘。路基施工中，建设石灰消解大棚，投入智能粉料撒布车有效抑制扬尘。采用砂石分离系统，将废弃混凝土、临建用砖变废为宝，实现节能减排、绿化提升双环保目标。其中京沪高速项目在紧邻稻田区域使用泡沫轻质土代替回填土，仅此一项节省土地90余亩；阜溧高速项目在钻孔灌注桩作业中采用反循环钻机，减少泥浆排放，有效保护盐城市西塘河湿地保护区180亩水域的自然环境。

二、扎实推进安全标准化，打造省级平安工地

始终把安全放在第一突出位置来抓，以标准化安全管控流程，全面提升本质安全水平。两年来，先后4次获江苏省“平安示范工地”荣誉称号。

建立过硬安全制度标准。以《江苏省公路水运“平安工地”建设考核评价标准》为基础，结合中石化安全环保管理制度，编制符合江苏区域市场特点的23项安全生产管理制度、16项安全管理工作台账、11个安全专项方案、8个应急救援预案，全面扎紧安全标准化制度笼子。

构筑现代化安全管理体系。打造智慧安全工地，创建“平安守护”系统，实现现场所有人员身份证信息采集、指纹采集一体化管控；现场机械设备验收、登记、使用、检查流程化管理；按照“一人一档”“一机一档”规范要求，将人员和设备所有信息生成二维码，张贴在人员安全帽和设备显著位置，便于日常检查督导。打造数据安全工地，在架桥机上配备“数据监控系统”，有效避免倾覆风险；在运输设备上安装自行研发的“声光报警器”，消除交通隐患。打造沉浸式安全培训基地，在京沪高速项目拌合站建起高标准安全实操培训基地，通过BIM模型和VR模拟系

统，有效引导施工人员标准施工、确保安全。

三、扎实推进质量标准化，打造百年品质工程

始终以“铸品质高速、树百年丰碑”为目标，夯实标准化质量管控体系建设。2022 年，阜溧高速公路项目获评江苏省平安百年品质工程创建示范达标项目，成为中石化首个获省级公路水运平安百年品质工程项目。

持续强化质量行为标准化建设。结合多年高速公路施工经验，编制形成施工标准化、质量通病治理、百年品质工程创建等七类图册，运用 BIM 技术进行钢箱梁顶推施工工艺标准化演示，全面提升一线施工人员质量标准化水平。研发创建智慧工地 App 管理系统，通过数据采集、卫星传感等多种途径，实现对拌合站产量、质量，施工现场摊铺机温度、速度，以及压路机碾压速度、遍数和温度的远程监控，既能在手机端生成动态施工云图，也能根据工程参数，随时对质量隐患进行预警。

持续强化质量监管标准化建设。在全部施工项目中，严格推行“班组首件工程认可制”。对涉及结构安全和结构外观整体性的分项工程，明确工序质量控制“自检、互检、专检”具体措施要求，要求各施工班组严格落实“首件认可制”，凡未经首件工程认可的分项工程，一律不得进行后续施工，以此督促各班组进行精细化作业，确保整体工程质量。“班组首件认可制”的推行，不仅及时预防和纠正后续类似工程或批量生产可能产生的各种质量问题，还有效避免返工损失，为打造精品工程奠定坚实基础。

五、项目化管理

项目化管理就是借鉴项目管理的经验做法，像管理项目一样去管理企业。欲知项目化管理，必先了解项目管理。项目管理是通过周密计划管好人、事、物，运用知识、工具、技能、技术解决问题或达到目的。其意义在于确保项目管理目标必须协调一致，把看似矛盾的目标均衡化制约，使其最终不能相互矛盾。项目管理水平高低很大程度上反映了企业管理水平高低，也是施工企业生产经营的综合表现。项目管理与企业生产经营密不可分，企业只有加强项目管理，才能永葆活力，才能为跨越式发展奠定良好基础。项目管理好坏直接导致企业生产经营好坏，甚至主宰企业盛衰。由此可见，项目目标实现了，就满足了多方需求，这就是项目实施的核心价值和意义所在。本届金银牌队创建，呈现许多项目化管理案例，编者精选5篇案例入书。诸如《下好项目管理“四步棋”深耕南方山地“主阵地”》《“三建四管一培养”助项目执行力提升》等。这些案例都是项目化管理的成功范例，也是项目化管理的受益者。望大家取其精华，助自己管理再上一层楼。

编者按

该队扎根胜利油田东部老区，聚焦项目“提速、提效、提质”目标，围绕团队建设、项目管理、提质增效三大要点，坚持高效管理、创新突破，实现项目效率效益双提升，为老区增储稳产做出重要贡献，被誉为“地震勘探排头兵”“贯彻油田要求最彻底队伍”。

锐意进取勇担当　凝心聚力树标杆

地球物理公司胜利分公司 SGC2101 地震队

地球物理公司胜利分公司 SGC2101 地震队组建于 1970 年，是中国石化首批甲级地震队。该队始终坚持以“为国找油”为初心使命，以“扎根胜利本土，服务油田高效勘探”为己任，全力打造敢打硬仗、能打胜仗的物探铁军。2020 年以来，先后完成纯化三维、博兴南三维地震勘探项目，实现营业收入 4.08 亿元，利润 2.2 亿元。先后获胜利油田“十大功勋集体”“基层建设十面红旗”等荣誉称号；2016—2021 年，连续三届获“中国石化石油工程金牌标杆队”荣誉称号。

一、聚焦根基，打好团队建设“持久战”

党员带头双引领，结队共建促发展。该队共有党员 24 名，其中 11 名为退役军人，工作中坚持普通党员、退役军人“双引领”，发挥党员攻坚克难“先锋队”、稳定队伍“压舱石”、提速提效提质“强引擎”作用。博兴南项目针对测量工作量不足、复杂水库、化工厂穿越、新冠疫情暴发等情况成立 4 个党员攻坚小组，党员迎难而上、冲锋在前，极大带动员工积极性，项目在重重困难下实现“零停工”。同时，支部与东营区政府办公室党支部开展联建联创工作，双方在“一盘棋、一家人、一条心”思想指引下，以支部党建共建为载体、业务为依托，积极打造“优势互补、互学互助、合作共赢”党建品牌，推进党建工作与施工业务深度融合，共同推动各项工作提层次、上水平，谱写油地和谐共赢新篇章。

锤炼素质强根基，集聚人才促创新。始终坚持人才培养与技术创新，聚焦“成果发布、技术比武、项目复盘”三大平台，坚持“育人、用人、塑人、留人”人才培育思路，促进专业和技能人才不断提升。通过岗位轮转、挂职锻炼、项目输出、导师带徒等多种形式推动人才队伍建设，实现个人、班组、队伍三层次水平提升。两年来，队伍人才培养效果显著，5名优秀员工输送至各分公司，3人被聘为分公司副主任师、主管技师，在地球物理公司和胜利分公司技术比武中5人获奖，2人获金奖。发布各类科技成果11篇，研发相关实用软件2个，申报国家实用新型专利4项，生产实用型成果6项。

二、精准施策，打赢项目管理“精准战”

尽职调查精细化，点位保障要素化。认真贯彻“七分准备三分干”指导思想，结合胜利油田东部探区特点，探索出“网格化、全覆盖、地毯式、多轮次”尽职调查方法。通过全区无人机高精度航拍、重点区域多班组联合踏勘、施工期间动态信息复核，精确掌握地表障碍物、安全风险点及工农隐患点，形成“多方论证、逐点设计、多轮分析、精准实施”点位全要素管理法。该方法的成功应用使博兴南项目激发点位一次实施成功率大幅提高至96.84%。

立体管理点线面，层层分解保落实。紧抓项目运行面、线、点，梳理项目实施决策面、建立施工流程控制线、找到项目运行过程关键点，通过优化组织模式、强化资源配置、探索工艺革新，扎实做好多层级保障，实现各环节高效衔接，将不利因素影响降到最低，确保项目安全、平稳、高效运行。博兴南项目围绕五大影响因素先后3次论证，反复推演施工方案，最终优化确定“三滚五束”施工模式。围绕测量、放线、钻井、激发四大流程，明确管理责任分工，细化时间节点与工序衔接，以标准化作业流程强化程序执行与动态纠偏。针对新城水库、马桥工业园等关键节点，通过对气枪震源进行“油驱改电驱”工艺革新、探索应用SM26大型可控震源、多震源联合标准化施工流程，实现一级水源地与复杂化工园区高效穿越，为提前14天完成生产任务打下坚实基础。

三、靶向发力，打胜提质增效“攻坚战”

项目部署一体化，质量保障源头化。积极与甲方打造“一体化”合作机制，通过主动参与项目部署与设计，从地表和地下两个维度进行风险评估，确保项目部署更加科学、合理、经济。纯化项目与胜利油田油气勘探管理中心、物探院开展多轮次对接，明确项目南部地区浅层攻关地质任务，以地表情况为切入点，共同论证完成差异化观测系统设计、排列回折设计、走滑断层激发点加密设计、邻区项目拼接设计、差异化药量设计等系列技术方案，为野外采集提供技术指导与有利条件。

“三全一快”保设备，“日效指针”抓进度。针对采集设备稳定性影响资料质量与生产时效问题，总结出“三全一快”（出厂全检测、模拟全泡水、上线全测试，问题快处理）管理方法，该方法在博兴南项目采集中发挥重要作用，设备稳定性较以往提高 12 个百分点，故障处理率降至平均 13 分钟。围绕“以时保日，以日保周，以周保项目工期”目标，探索应用“62369 日效节点指针管理法”强化进度管理，通过缩小时间单元，精确节点控制，保障各生产工序按目标坚决执行，及时纠偏。项目运行平均日效稳步提升，纯化、博兴南项目连续刷新胜利东部探区有缆施工有效日均施工最高纪录。

编者按

该队作为一支成立50多年，拥有丰富施工经验的山地勘探队伍，多年来从精细项目管理入手，通过精准计划对标下好“先手棋”，精确部署运作下好“连环棋”，精细过程管控下好“关键棋”，精进“三化”赋能下好“制胜棋”，实现南方山地高效生产新突破，打造出一支能征善战山地勘探劲旅。

下好项目管理“四步棋”　深耕南方山地“主阵地”

地球物理公司南方分公司 SGC2131 地震队

地球物理公司南方分公司 SGC2131 地震队组建于 1971 年，是一支管理经验丰富、技术成熟的优秀山地地震勘探队。2020 年以来，先后完成綦江区块中梁山地区三维地震资料采集南标段项目、四面山东三维地震勘探项目和新场南、良村北三维地震勘探项目。项目实施中，该队发扬山地物探铁军精神，通过精准计划对标、精确部署运作、精细过程管控、精进“三化”赋能，精心干好每个工程，在“勘探禁区”四面山创南方特复杂山地生产日效新纪录。

一、精准计划对标，下好“先手棋”

反复桌面推演。为确保计划精准性、合理性和可执行性，以全面风险识别为基础开展尽职调查。以尽职调查为抓手，多维度量化分析，组织各工序多轮次开展桌面推演，针对每次推演过程和结果进行深入分析，找准问题关键点并加以改进再重新推演，直至推演达到预期目的，为后续采集工序高效生产提供有力保障。

建立目标体系。多角度优化资源配置，完善运行计划，形成以项目运行为基础的计划目标体系。以总体计划为目标，对计划进行细化分解，制订各工序滚动计划，将计划落实到月、周、天、时，对标对表。以目标管理为导向，定期对计划动态评估、动态纠偏，锚定“工序生产效率”和整体计划推进，强化计划刚性执行。

精准计划对标。以“计划符合率”为项目运营质量衡量指标，围绕项目总体计划目标开展工作、约束行为，多维度、多层次、多周期开展对标。实施目标管理，精准量化分析，利用“动态理性分析”“倒计时量化”“大屏数据可视”对标过程纠偏，增强纠偏效力。

二、精确部署运作，下好“连环棋”

各工序连环运作。在项目工序生产组织上，通过细化作业单元工作量和工期，统筹安排各工序施工模式，串联各工序在复杂区域施工路线，实现各工序精确连环运作，确保项目前期整体高效推进。

测量工序打“游击战”。充分发挥测量组机动灵活优势，以钻机施工计划为参照，灵活、分散和集中有限“兵力”对重点区域进行突击，为钻井工序赢取更多施工时间。

钻井工序打“阵地战”。结合路况、地形、岩性等客观条件，科学规划，合理部署，有效进行钻井资源配置，保证钻机精准投放，最大限度提升钻井效率，解决分包商转战工区搬迁车辆不足问题。

下药工序打“精确战”。做好与采集工序精准衔接，针对城区周边、场镇、村庄等人员密集区，精确规划炸药运输路线，确保下药和放炮间隙可控。同时灵活调配下药工开展巡井工作，确保所下炮井的安全性。

三、精细过程管控，下好“关键棋”

精细风险识别评估与管控。针对南方山地地质灾害频发、冬季雨雪冰冻天气施工、地方工农协调关系极具复杂性等特点，重点做好冬季施工安全管理、工农协调、大型障碍物、地质灾害及工序管理风险识别与管控，制定相应管控措施，消除堵点难点，确保项目风险可控，施工顺畅。

精细流程化作业管控。依据项目施工方案，加强工序能力分析。针对可能产生堵点的重点环节及时破解疏通，使工序流程计划节点更严细；按作业单元分析工区难度，施工中实时动态纠偏，确保各工序流程运行流畅，有序衔接，确保项目各工序高效生产。

精细作业单元高效延拓。针对测量工序，采用最小作业单元管理，直接管理到小组，加强过程管理，量化工作能力分析。针对钻井工序，从钻井工作量差异化分析，到钻井任务书发布，再到每台钻机司钻承诺，最后工作红黄绿牌标识，做到钻井最小作业单元管控。

四、精进“三化”赋能，下好“制胜棋”

标准化赋能。全面运用岗前培训矩阵，实现各工序岗前培训标准化。录制应用检波器埋置、涉爆环节全过程标准化视频教学，保证检波器质量培训到位，涉爆环节管控培训直观，接受程度高。实行“至少 3 次夯实”量化打井流程，既降低冲井率，保证打井质量，也保证民爆物品在井内的安全。

信息化赋能。建立以 SQL - server 数据库为后台，以 GIS 软件为显示前端的，图形化反映生产信息。将测量、钻井、下药、采集等信息导入后台数据库，GIS 软件从后台数据库调用并第一时间展示各工序生产进度，便于生产计划调整。开发基于“草料二维码”的无纸化办公系统，做到“信息可查”“过程可溯”“责任可追”，有效促进各层级履职尽责。

智能化赋能。用好节点仪系统和井炮源驱动两大利器，优化井炮源驱动南方山地的应用基础。通过提前设计通信中继位置，确保通信无死角，提前在全工区范围内开展通信测试，优选中继站架设位置，采取中继站组网模式，确保放炮期间无信号盲区，确保炮班一次激发成功率，有效保障平均采集时效。

编者按

该公司扛牢责任使命，加强项目“四个从严”管控，全力打造正点工程、高效工程、精品工程、放心工程，锻造一支“基础扎实、素质过硬、管理领先、务实高效”管理团队，在市场开发、经营创效方面做出突出贡献，擦亮胜利油建铁军品牌。

“四个从严”管控　打造一流储运品牌

石油工程建设公司胜利油建公司储运工程公司

胜利油建公司储运工程公司始建于1969年，有职工165人，是一家装备齐全、技术雄厚的专业化分公司，拥有16名一级建造师，具备10万立方米大型储罐和大型站库施工能力。2020年以来，该公司秉承“干一项工程，拓一片市场，树一方品牌”服务理念，在项目管控上坚持“四个从严”，持续提升储罐建造能力，综合实力和市场竞争力在业内名列前茅，创树“行业一流、国内领先”石油工程建设公司储运品牌。2020—2022年，新签合同额18亿元，实现利润1亿元，连续3年获石油工程建设公司“先进基层党组织”“先进集体”“工人先锋号”等荣誉称号。

一、从严工期管控，打造正点工程

大型储罐建设中，施工工序烦琐，工作量大，各工种作业、工序衔接穿插严密。为确保项目总体工期安全、正点到达，该公司根据合同和业主总体工期要求，采取“倒排工期”“资源优化”“工艺优化”等方式编制网络计划。施工计划采取月调节、周调整、日实施方法，对关键工序节点进行重点控制。按日下达施工任务书，施工任务完成情况与绩效奖金挂钩考核，当实际施工进度滞后于计划工期时，制定赶工措施，通过“歇人不歇机”“两班倒”“三班倒”等方式保证工期正点。施工期间，开展“对手赛”“比学赶帮超”“抗疫情、保生产，持续攻坚创效”等行之有效专项劳动竞赛，保证各项目工期提前完成。库车商储项目58天完成4台10万立方米罐主体安装；岳阳商储项目提前25天完成预制场地建设任务，提前30天实现4台10万立方米罐主体完工，得到建设单位“安全放心、质量放心、工期放心、廉洁放心”高度赞誉。枝江油库项目16台储罐、综合楼等施工进度均比计划节点提前7天以上，库外管廊60天完成62公里管线主体施工，创造了“胜利油建速度”。

二、从严成本管控，打造高效工程

积极推行全员目标成本管理，全面推行单项目成本核算和单项目绩效考核。抓实项目标后预算和项目实施计划书，严控人工成本、分包成本、机械成本、其他直接成本等可控费用。施工力量上选派精兵强将，实行一专多能，坚持按劳分配、按效取酬分配方式，发挥考核“指挥棒”作用，充分调动全员“攻坚创效，提质增效”积极性、主动性。在机械使用上精打细算、合理调配，提高机械使用效率。在材料费控制上严格执行“限额领料”制度。严格按照计划要求，抓实进度管控，向项目工期要效益。抓实项目质量、安全管控，切实做到敢抓敢管、真抓真管、严抓严管，筑牢安全质量生命线。成本控制上坚持“成本写实”，按日、按周统计分析比对项目成本，坚持按月进行成本分析，及时预警纠偏，使成本始终处于受控状态。坚持项目承包考核兑现，推行层层经营承包，实行项目风险抵押承包，严考核硬兑现。通过各项措施有效落实，项目毛利率逐年提升，库车、岳阳、基地、日京等项目毛利率均为15%以上。

三、从严质量管控，打造精品工程

始终以“追求卓越，打造匠心工程”为宗旨，注重品质，精益求精，狠抓施工质量，建立完善的质量保证体系。加强员工质量教育，落实质量责任，常态化开展质量“低老坏”问题整治、“感官质量”提升活动，落实清单“红线”管控，坚决销项整改闭合。严格执行“自检、互检、专检”制度，对施工中出现的质量问题严管重罚、决不手软，确保工程质量受控。在焊接质量控制上完善焊接管理程序、强化焊接过程控制、规范焊接作业管理、杜绝焊接质量隐患情况，单位工程质量合格率达100%，项目竣工验收一次合格率达100%。2022年库车项目和湖北枝江项目获全国优秀焊接工程奖。

四、从严安全管控，打造放心工程

以“识别大风险、消除大隐患、杜绝大事故”“一把手承包分包商”“打造标准化现场”等主题活动为载体，以精细化管理为手段，大力加强 HSE 管控。坚持从源头抓起，把安全、健康、环保贯穿工程施工全过程。针对储罐高空施工、立体交叉作业多的特点，加强 HSE 教育，增强现场人员安全意识。坚持班前安全喊话、会前安全警示教育，做到警钟长鸣。教育引导干部“人人讲安全，个个会应急”；借鉴东营原油库迁建项目“网格化管理”经验，及时辨风险、查隐患、除漏洞。强化分包商管理，严格执行“三认证”管理、安全管控硬措施。完善现场实时监控和智能化预警系统，做到 HSE 全员、全天候、全过程管控到位；强化全员环保理念，严格落实安全环保主体责任，开展工程余料、废旧物品专项整治，加强绿色工地创建、标准化工地建设，狠抓现场文明施工，打造清洁工程、绿色环保工程。通过 HSE 体系有效运行和安全措施严苛执行，始终保持安全生产平稳运行和“零事故、零伤害、零污染”。承建的基地工程、枝江油库项目被评为公司 2021 年度“HSE 管理优秀项目”，枝江油库项目获“百万安全人工时项目”荣誉称号，日照基地项目被评为公司 2022 年度一季度“百万人工时项目”，东营输油站迁建项目被评为 2022 年度“HSE 管理优秀项目”。

编者按

面对激烈的市场竞争和内生发展需求，该部尝试管理团队、管理体系和“双示范”工程“三个建设”，实施现场施工、安全防范、技术质量、精细经营“四个管控”和青年员工培养为主要内容的“三建四管一培养”管理模式，提升执行力，实现产值利润同步增长，创收创效能力同步提升。

“三建四管一培养” 助项目执行力提升

石油工程建设公司中原油建公司华北工程项目管理部

石油工程建设公司中原油建公司华北工程项目管理部成立于2017年，有干部员工58人，其中党员37人。在市场竞争日趋激烈形势下，该项目管理部勇立潮头，为生存而超越，推行以“三建四管一培养”为主要内容的项目管理模式，提升项目执行力，实现产值利润同步增长，创收创效能力同步提升。2020—2022年，承揽大型工程项目2项，合同额6.52亿元，完成产值4.71亿元，实现利润5020.73万元，安全无事故，焊接一次合格率为98%以上，项目合同履约率为100%，先后获石油工程建设公司“先进集体”“优秀基层党组织”称号。

一、突出“三个建设”，推动生产运行有序高效

以领导班子为核心的团队建设、项目管理体系建设和党组织建设是推动生产运行有序高效的前提保证。该部全力抓好这三方面建设。

夯实团队建设，提升整体合力。围绕“四好”领导班子建设目标，进一步强化领导班子集体智慧和整体功能，在涉及大额资金支付、分包商招标、干部提拔任用、绩效工资分配等重大事项决策时均通过党总支委员会、班子会集体研究决定，把“三重一大”议事决策制度和“一岗双责”“两个责任”落实到位。充分发挥各部

门专业技术和管理人员作用，合理安排每名管理人员业务工作，细化任务措施，精准落实到人，保证项目管理团队精干高效。

夯实体系建设，实现提质增效。坚持在实践中制定、在落实中完善原则，制定HSE、技术质量、团队建设、绩效考核、材料管理、经营控制等方面的管理制度，细化各管理部门职能，明确责权；费用报销签字审批、请销假、人员考勤等均在信息系统上进行，规范化、科学化管理措施保证项目实施有序、高效。

夯实组织建设，构筑战斗堡垒。在“双示范”（党建示范点、党员示范岗）工程建设上，坚持党建引领“一张网”、工作推进“一盘棋”整体思路，把施工难点作为党建工作重点，党建与生产经营深度融合。党员“深耕党建责任田”，立项攻关化阻力，打造出一批优质工程，先后承建鄂安沧输气管道项目，山东管网南干线、东干线项目等一批重点工程，创多项高指标、新纪录，打出中原铁军风采。

二、突出“四个管控”，保证项目预期目标实现

进度、安全、技术质量和经营是项目管理四大核心要素，措施是否有力，落实是否到位，直接影响着项目运行成效。念好“优、严、紧、细”四字经，牢牢把住四大核心要素关，保证项目预期目标实现。

“优”抓进度管控。坚持精耕细作优生产，合理配置施工资源，做到队伍、设备与施工项目相匹配，突出进度计划管理，对每个项目编制运行大表，做到倒排工期、挂图作战、对表推进。强化施工过程动态管理，把好衔接与管控关，做好与经营衔接、与现场施工衔接，全面把控现场重点难点，及时协调解决，全力推进生产有序、高效运行。

“严”抓安全管控。坚持安全第一，实施项目领导个人安全行动计划，压紧压实全员安全生产责任；常态化开展风险识别和隐患排查治理，重点聚焦高处作业、受限空间等高风险、高危险环节，切实做到消除风险宁可“交叉覆盖”也决不“遗漏留白”。强化分包商管理，杜绝“以包代管”“包而不管”，严格审查分包商施工人员资质技能和施工设备完好状况，增强合同管理约束力，对违反保密条款的，毫不犹豫清理出现场。

“紧”抓技术质量管控。对标新标准新规范，严格执行焊接工艺规程、标准规范，科学编制施工组织设计、危大工程施工方案与一般施工方案，抓好工程设计变更，突出过程控制，全力提升施工质量；抓好施工技术交底，推行交底内容化繁为

简，制作“工序明白卡”“焊接工艺卡”等，管住工序质量环节；长输管道施工突出断点连头焊接质量控制，不等壁厚管材焊接控制，确保焊接质量。

“细”抓经营管控。突出“投标阶段、施工准备阶段、施工实施阶段、施工结算阶段”过程管控，标前进行精心策划、中标后强化控制、施工中聚焦质量、完工后瞄准结算，形成闭环经营机制。压实成本管控责任，按管理层、操作层两个层次划分成本目标管理责任。开工前进行合同、经营责任启动交底，细化成本核算，落实管控责任。把好分包管控关，确保合同签订到位、内部沟通到位，有效规避纠纷保“双赢”。

三、突出青年员工培养，增强管理部发展后劲

把青年员工培养作为增强发展后劲最有效举措，每年都根据生产经营实际制订培养计划，全力抓好落实。

量身定做内配外训。根据上级提供培训内容，结合本单位生产经营特点，每年派出 5～10 名生产、技术、质量、预算、合同、安全等岗位上的青年员工进行培训。

精心搭建练兵平台。把不同专业青年员工安排在艰苦工作岗位，历练他们的思想与业务素质。将 5 名优秀的“90 后”技术员提拔到技术质量办、HSE、生产运行等部门关键岗位重点培养锻炼，储备项目管理骨干力量。

重点培育青年力量。每年分配下来的大学生到岗后，根据其所学专业及时组织拜师仪式，结成师徒对子。给不同专业青年员工下达技术成果、建造师资格证书考取等指标，在提拔与荣誉方面向青年员工倾斜。3 名“85 后”走向项目领导岗位，技术、质量、生产、经营等重点岗位上管理人员大都是“85 后”“90 后”。2020—2022 年，13 名青年员工先后获“优秀管理者”“优秀共产党员”“技术能手”“先进个人”等荣誉称号。

编者按

国家管网成立以来，国内油气管道建设格局发生巨大变化，作为油气管道建设领域主力军，该部在管网项目上采取强化外协工作、细化质量安全管理、深化成本管控等手段，积极应对风险挑战，助力项目管理提质增效，提升服务能力和竞争力。

“三个坚持”助力项目管理提质增效

石油工程建设公司江苏油建公司华北区域项目管理部

石油工程建设公司江苏油建公司华北区域项目管理部成立于2019年，主要承担国内石油、天然气长输管道施工任务。作为江苏油建王牌队伍，面对国家管网成立以来日趋激烈的外部竞争环境，秉承“以项目创品牌，以品牌赢市场”管理思路，始终做到“三个坚持”，在抢抓机遇中乘势而上，在攻坚克难中砥砺前行，凭着艰苦奋斗精神和技艺过硬本领在各参建项目中不断获得好评，充分展示江苏油建铁军风范，先后获集团公司“金牌基层队”“技能人才创新成果二等奖”，石油工程建设公司“先进基层党组织”“先进集体”，国家管网建设项目管理分公司“优秀承包商”等荣誉称号。

一、坚持抓实外协“牛鼻子”，让项目推进更快

外协工作是制约管道施工提效、项目创效“瓶颈”之一。树立“外协工作也是生产力”意识，通过不断完善管理、总结经验，持续提升外协工作规范性、科学性、针对性和实效性，真正发挥出外协工作“开路先锋”作用。

明确“双核心”目标。针对2020年以来承建的全自动焊接项目特点，明确外协与生产为项目的“双核心”，地方关系协调围绕全自动焊接机组少转场、不停工为主攻方向，施工组织围绕管线焊接不留断点、尽可能减少后期沟下连头连续施工

为重点，明确任务安排，完善项目计划，保障项目资源投入。西气东输四线天然气管道工程（吐鲁番—中卫）项目线路工程第五标段 4 个月完成 80 公里 D1219 管道焊接，根据任务分解，投入施工机组 23 个，确保各项攻坚任务正点完成。2022 年，在该项目施工单位中综合排名第一，得到业主充分肯定。

建立“反馈 +”机制。倒排工作计划，定期跟踪落实，对标找差距、定措施、保落实，确保各施工任务有序进行。通过晨会、周会、月会等持续跟进任务落实情况，建立以结果为导向的“反馈 +”机制，主动查找外协工作中存在的堵点、难点，深入总结分析原因，找准发展点、创新点。针对外协重难点，紧密依靠协调政府和业主，打通交流渠道，及时反馈各方不同诉求，通过谈判等手段短平快地完成征地协调任务。针对施工重难点，组织攻坚克难，强化技术保障，优化施工方案，及时进行动态纠偏。江苏滨海 LNG 配套输气管线滨海—盱眙项目二标段，在连头滞后情况下，通过采用冷弯代热弯技术方案，降低组合自动焊应用比例，使组合自动焊口比例由原来的 15% 减至 8.5%，连头施工工期节约 22%，提高了项目执行力。

二、坚持守住管理“双红线”，让项目推进更稳

质量安全直接体现项目管理水平。牢固树立“红线意识”“质量底线思维”，坚持稳中求进，确保安全质量，项目施工有序推进。

抓安全从“墙上”移到“心上”。在安全管理上，该部以现场标准化建设为抓手，严格项目启动审核和开工许可，严格执行直接作业环节监管制度，严抓高风险作业环节，严格分包商现场监管，落实各级安全监管责任，通过细化管理措施，使“本质安全”理念深入人心。针对现场常见“低老坏”问题，编制实施《QHSE 标准化手册》，提升现场管理水平。

抓质量从“室内”移到“现场”。明确全自动焊接质量管控重点，与江苏油建专家共同组建技术攻关小组，在施工现场通过不断调整焊接参数、改变焊接手法、革新焊接装置、改善焊接环境等措施，从测量放线、运布管、管口打磨、组对焊接等各工序“量身定制”一套标准化流程，将任务划分至每个人、每道工序，通过不断磨合做到标准化生产，极大提升焊接工效，成功打造全自动化焊接品牌。江苏滨海 LNG 配套输气管线安徽天长—合肥项目三标段主体焊 6069 道焊口，一次合格率为 98.6%，创下单机组日焊接 56 道焊口纪录，总结撰写的《内根焊全自动焊接技术成套设备在水网地区的应用研究》获中石化技能人才创新成果二等奖，进一步拓

展全自动焊接在水网地带的施工应用，树立江苏油建品牌形象。

三、坚持做好经营“绣花工”，让项目管理更实

深化成本管控是提升核心竞争力的重要手段。面对国家管网项目低价格招标和全自动焊接项目竞争激烈状况，该部全体员工上下一心，凝聚全员力量，深度挖掘降本潜力，积极实施“长 + 高”降本举措，多项经济技术指标取得新突破，为公司提质增效贡献力量。

深化成本管控，建“长”效机制。在项目施工期间，优化生产组织和资源配置，确保在各施工工序紧密衔接同时，施工资源达到最大利用率；通过技术手段优化生产过程，提高施工效率和质量水平，降低施工直接成本。江苏滨海 LNG 配套输气管线滨海—盱眙项目二标段，通过技术变更将 4 处大开挖、顶管穿越变更为定向钻穿越，在确保质量安全前提下，节约工期 5.6%，增加项目合同额 8.7%；重视基础资料收集整理，定期总结归结算基础性资料，减少结算争议与纠纷。

制定奖惩方案，提“高”主动性。针对自有施工资源，坚持突出考核导向作用，结合项目实际，科学制定项目考核激励措施，不断探索新形势下内部分包模式，探索最小成本化机组运行模式和分析测试盈亏平衡点，通过控制人工成本，建立灵活用工机制，全面提升人力资源管理水平，支撑项目高效运行。科学考核激励使机组形成自我管理、自我提高良性循环。西气东输四线项目中全自动焊接三机组连续 3 次获“超口奖”，有效调动员工工作热情和积极性，创单日 42 道焊口江苏油建施工纪录，完成从创牌到创效、从效率到效益转变。

六、生产运行管理

生产运行管理是对生产运行系统的设计、运作与维护过程的管理，包括对生产运作活动进行计划、组织和控制。传统生产运行管理主要以工业企业为对象，关注点主要是生产系统内部的计划和控制。随着第三产业占比加大，现代生产运行管理的内涵范围不仅限于生产过程的计划、组织与控制，还包括运作战略的制定、运作系统设计、运作系统运行等多层次内容。所以，从生产管理到生产运行管理不仅是名称变化，也是外延和内涵的扩大。广义的生产运行管理分为生产运作的定位管理、设计管理和运行管理。其目的和任务是用最低成本、在最准确时间提供敏捷、高效、优质、准时的产品和服务。本届金银牌队创建展现了众多生产运行管理的案例，编者择8篇案例以飨读者。诸如《“高严快优”助海上施工质效双生》《生产全流程管理助“双效双增”》等。这些都是生产运行管理的突出代表，也是生产运行管理的佼佼者。虽然它们各自生产运行方式不同，但实质都是一样的，就是通过科学严谨的生产运行管理，为甲方提供优质、高效的服务。

编者按

优化资源联动，精准搬迁安运行；优化技术方案，精研施工措施；优化过程要素，精铸品质工程。面对钻井生产新问题新形势，渤海钻井总公司40217SL钻井队坚持问题导向，创新实施“三优三精”工作法，基层管理水平显著提升，多次刷新胜利东部油区单井进尺纪录，各项指标名列前茅，锻造出一支提速提效钻井“尖兵”队伍。

“三优三精”锻“尖兵”

胜利石油工程公司渤海钻井总公司40217SL钻井队

胜利石油工程公司渤海钻井总公司40217SL钻井队有员工43人，其中党员15人，主要负责胜利东部油区钻井工程任务。为适应钻井领域安全、生产、工艺新特点新变化，该队坚持抓“三基”、强管理、促发展，创新实施“三优三精”工作法，全方位提升服务保障能力，各项指标位居胜利石油工程前茅，锻造胜利铁军“钻井尖兵”品牌。先后获中石化石油工程“工人先锋号”“金牌基层队”“提质提速提效提产”立功竞赛优秀基层队，胜利石油工程公司“先进基层党组织”“五比五创”劳动竞赛“先进基层单位”等荣誉称号。

一、强执行，优化资源联动，精准搬迁安运行

搬迁安作业是钻井生产中的重要一环，在以往作业中易出现分工不明、各自为战等状况，严重影响安全生产和工作时效。该队全面推进预案设计统筹化、人员配置集成化、搬安运行模块化，全力提升井队迁装时效。

预案设计统筹化。每口井搬迁前做到“四提前”——提前查勘搬迁行驶路线，提前掌握新井井场状况，提前谋划设备摆放位置，提前将搬迁安装所用绳套、牵引

绳、推拉杆等工具置备齐全，“因井施策”制定搬迁预案。特别是在雨季生产期间，科学制定雨前雨后排水措施，预先铺好井场防渗膜，保证雨停水净，为雨季搬迁创造良好条件。

人员配置集成化。针对搬迁安作业任务重、分工细、劳动强度大等特点，员工全部在岗“参战”，员工全部“参战”，队部干部组成“第四班组”投入生产，减轻工程班组工作负荷。为确保各班组集合“握指成拳”，将搬迁考核奖金全部奖励给参与员工，主动加班额外奖励12个工时，保证搬安人员充足，激发员工“大干快干一起干”的工作劲头。近两年，施工井全部实现12小时完成搬迁、36小时内起升井架、60小时内一开的预案目标。

搬安运行模块化。口井搬迁中，遵循“三个有利于”的模块化装车顺序：有利于新井卸车和设备安装、有利于各工序的衔接、有利于缩短搬安周期。第一批搬迁货物为钻机底座、机房底座、人字架等，驻井房连续批量发车，做到人力物力从优安排、严密组织。新井安装过程中，副队长、工长、泥浆组长等骨干力量发挥经验丰富的优势，统筹各区域设备安装，单井搬安平均节约时间24小时，搬迁时效平均提高25%，形成了稳定高效的搬迁安模式。

二、严管理，优化技术方案，精研施工措施

随着勘探开发力度加大，施工难度也越来越大，该队通过实施“三严”技术管理，最大限度保障钻井安全生产。通过有效技术管控，利93－斜35井和利93－斜36井实现了单日进尺1430米和1500米，两次刷新胜利东部油区单井单日进尺最高纪录，取得良好经济效益。

严密技术方案。口井施工前，各关键岗位通过公司技术交底会和本队技术分析会，明确施工重点、难点及注意事项，采取“一查二选三跟踪”方法，查阅井史资料，优选相近参数，跟踪措施落实，针对每种工况、每个环节、每项节点，研究制定符合实际、切实可行的技术措施，确保技术准备工作万无一失。

严控施工环节。着力强化技术过程控制，实施“一区域一模式、一口井一方案、一环节一对策”精准化施工模式，队干部旁站监督起钻前10柱、下钻后10柱、开泵循环等重要节点，每天召开2次碰头会、优化2次施工方案，尽最大可能避免工程风险。抓好交接班衔接，利用班前班后会将生产动态传达到每个人，使每个岗位对“该干什么、怎么去干、干成啥样”了然于心，施工效率和完井质量显著

提高。

严防故障复杂。从源头防控入手，认真研判邻井故障复杂，针对性地制定预防措施，细化过程盯防；加大安全奖励，设立千元隐患发现奖，充分调动员工主动性；队干部24小时监督技术措施落地；带班队长负责细化量化工作任务，责任落实到人；工程师盯在关键工序、重要层位，及时研判参数“对症诊治”，严把故障复杂控制关，实现井下“零复杂”。

三、细落实，优化过程要素，精铸品质工程

打开分析口井施工全过程，深化全链条一体化运行，确保口井施工质效。2020年该队钻井进尺在胜利工程公司首上7万米大关，排名第一，产值超1亿元；2022年施工的罗68七口同台井，创新采用同台井“井工厂批钻”模式施工，实现了效益进尺双丰收。

统筹协调促提效。加强与安全、生产、技术、装备等部门沟通协调，密切同管具、固井、电测等第三方单位配合，至少提前1周筹划生产物资准备工作，减少停待时间，为提升生产经营效益争取宝贵时间，钻井速度显著提高，承钻的罗68七口同台井，创新采用同台井“井工厂批钻”模式施工，平均机械钻速提速5.4%，平均钻井周期缩短20.59%，赢得生产施工主动权。

责任承包促提质。根据现场作业区域划分钻台、机房、泵房和场地“四个责任区”，建立责任区生产任务承包制，责任区内互查互评互促，精细施工程序、严格施工标准，任务分解到岗位，责任细化到人头，时限具体到分钟，大幅提升钻井速度和质量，利853－斜04井5.54天完井，刷新了中石化3000～3500米井钻井周期纪录。

无缝衔接促提速。施工中关键岗位人员详细编制钻进、完井等作业运行大表，把工序流程细化为岗位责任统筹推进，骨干跟班作业工序无缝衔接。2020—2022年，施工井电测一次成功率为100%，在平均井深增加309.51米情况下，该队平均机械钻速同比提高0.29米/小时，形成生产组织无缝衔接、生产周期持续优化的良好态势。

编者按

安装标准讲究“高”字，质量管理讲究“严”字，生产组织讲究“快”字，现场施工讲究“优”字。海洋钻井公司胜利十号钻井平台紧紧围绕现场施工提速提效做文章、下功夫，大力推行“高严快优”工作法，切实将管理成效转化为生产实效，实现效率效益双提升，持续推动胜利海上高效勘探、效益开发。

“高严快优”助海上施工质效双升

胜利石油工程公司海洋钻井公司胜利十号钻井平台

胜利石油工程公司海洋钻井公司胜利十号钻井平台组建于2010年6月，现有员工107人，其中党员29人，2011—2018年进军波斯湾，回国后在胜利海域勘探施工。随着海上深井、高难度井比例不断增加，施工标准进一步提高，该队坚持强“三基”抓现场，控过程提质效，大力推行“高、严、快、优”工作法，顺利完成马来西亚云顶CDX、阿联酋项目、胜利海上井组等多项重点任务，先后荣获中石化石油工程“金牌钻井队”、胜利石油工程公司“工人先锋号”“先进基层党组织”“夺六杯”主题劳动竞赛红旗集体等称号。

一、安装标准讲究“高”字

随着海上勘探开发力度持续增大，深井、高难度井比例不断增加，施工节奏日益加快，高标准安装作业是打好井的基础。在抓安装作业中，实行副经理带班、司钻检查验收、岗位落实制度。设备安装不合格，追究带班副经理、司钻和岗位人员的责任，不仅取消本班月度“优秀班组”评选资格，还要对当事人进行经济处罚。在埕北251G－P1井的二开准备中，工程二班负责井口导流管安装，交接班后，工程三班灌井口验封，发现导流管法兰连接处刺漏。重新拆除导流管检查发现，由于工程二班井架工没有认真检查密封圈，密封圈因碰撞出现凹陷，造成密封失效。为此，平台取消工程二班月度“先进班组”评选资格，并对当事人处罚500元，连带对司钻、副经理进行相应扣罚。

二、质量管理讲究“严”字

结合海上钻井施工投入大、风险高、多工种联合交叉作业等特点，过硬的施工质量是提高钻井速度的保障。一旦出现质量问题，轻者造成时间和成本浪费，重者造成井下复杂、进尺报废，导致几百万元甚至上千万元的经济损失。施工中，平台严把质量关，坚持做好“五查五看”，即查施工设计，看是否严格按照设计及技术措施施工；查现场，看是否做到了设备明、仪器灵；查资料管理，看原始资料是否齐全、准确；查油气层保护，看泥浆性能是否达标；查完井作业，看井身质量是否合格，把质量事故隐患坚决消灭在萌芽之中。在埕北251G－P2井施工中，工程一班为抢钻井速度泥浆性能不达标，被钻井监督发现，下达《现场考核通知单》。平台抓住这个反面案例不放，开展了“质量是不是速度、质量是不是效益”的大讨论，提升了干部员工的质量意识。2021年，平台施工的13口井中5口井被甲方评定为“优质优价”井。埕北251GB井组、埕北斜210井、埕北208A井组刷新胜利海上施工纪录10项，其中埕北11NC－P3井首次在胜利海域三开水平段使用斯伦贝谢旋转导向工具，钻遇油层244米，超出设计44米，成为胜利海域首口油层钻遇率为100%的水平井，打破了海上水平井油层钻遇率不足90%的“瓶颈”。

三、生产组织讲究“快”字

重大作业、特殊作业突出一个“快”字。班子成员、大班骨干带头下沉到班组，辅助班组开展工作，实现重大作业能盯上、关键作业能靠上、一般作业能帮上，保证平台生产运行和工作效率。埕北208A－5井遭遇海上恶劣天气，班子成员冲锋在前，带领水手班组，仅用6小时完成25吨泥浆药品、140吨水泥、257根套管卸船上料，保障了生产连续和船舶高效使用。在埕北208A井组施工中，利用甲方采油厂安装生产模块的间隙，平台自主进行顶驱更换，平台班子成员汤学军、陈刚冲在攻坚第一线，工长赵富、司钻孙长青在天车上连续工作7小时，克服导轨螺栓锈蚀严重等困难，协助蜘蛛人悬空拆除导轨调节板等高难度作业，仅用72小时就完成顶驱的自主更换，这在胜利海上尚属首次。

四、现场施工讲究“优”字

平台班子充分梳理现场施工全流程，厘清思路，建立制度，确保施工优质高效。施工设计一经下发，平台立即召开技术交底会，吃透设计、把住重点难点，细化分工，压实责任，根据施工难度、技术含量、风险因素等，制定繁简分流工作方案，提高工作效率。平台经理组织关键岗位每日下午6时与甲方、各服务方召开生产运行会，根据生产进度、施工节点、隐患风险，优化钻井参数、施工方案，优选减震器、高效PDC+螺杆钻具、水力振荡器等“四新”工具，做到准备有预见、施工有计划，过程有管控、事后有总结，达到生产过程“最优化”管控。在埕北古斜23井施工中，二开、三开均实现了一只钻头、一根马达、一趟钻完钻，四开太古界片麻岩钻进942米，创片麻岩施工最长纪录。实施“高、严、快、优”工作模式以来，进尺钻出了高速度、高质量，未出现任何井下复杂，埕北251GB－平1井、埕北251GB－平2井、埕北251GB－平4井和埕北11NC－平3井等重点水平井油流产量屡创新高，2020年至2022年连续3年名列胜利海上进尺榜前茅，受到甲方高度认可和表扬，成为胜利石油工程“创效先锋”。

编者按

该公司 SINO－25 队坚持“安”字当头，强意识、控风险、治隐患，夯实创效基础；“快”字为重，实施“三个超前”，实现岛内搬迁提速增效；“优”字为要，抓住开源节流，拓宽创效渠道，实现经济效益最大化，逐步成为海外市场一支标杆队伍。

念好“三字”诀 树海外创效标杆

中原石油工程公司海外工程公司 SINO－25 钻井队

中原石油工程公司海外工程公司 SINO－25 钻井队组建于 2011 年 11 月 25 日。面对国际市场竞争日趋激烈，马尼法施工区块管网密布、作业面狭窄、钻机整搬受限等不利因素，该队对标一流找差距，提升业绩树品牌，多次创出区域搬迁新纪录，2020—2022 年实现收入 3.75 亿元，较同类型钻机年均收入高 4551 万元，年均利润高 1791 万元。先后两次被评为中石化“金牌标杆基层队”；2021 年、2022 年，分获石油工程公司“比学赶帮超”活动海外队伍第一名、第二名；同年，获中原石油工程公司“先进集体”“海外标杆钻井队”等荣誉称号。

一、“安”字为本，夯实创效基础

始终把安全工作放在第一位，坚持预为先、防为主、治为要，坚定不移抓风险管控，筑牢创效根基。

扎实开展“安全微小组”活动。在日常生产施工中，将作业分解成若干相对独立的具体环节，由两名以上员工组成作业动态小组。小组中岗位最高者为组长，作业时组员之间相互监督、相互提醒，发生责任事故时，不仅要追究组长及直接责任人责任，还要追究小组其他成员连带责任，确保安全责任和安全措施落到位。

切实抓好员工现场培训。将培训课堂搬到现场，将现场变成课堂。重点围绕外籍员工安全操作技能提升，组织中方员工与外籍员工签订师徒协议，制定培训目标、培训计划，明确双方责任和奖惩措施。在室内做好模拟动画、事故案例推演学习，工作中一对一、手把手实操演练，做到在干中学、在学中干，提升培训实效。

狠抓风险隐患排查治理。积极开展日常检查、月度检查和设备、井控、用电等专项检查，从严从细抓好隐患治理。每天做好交接班岗位巡检，发现隐患在交接班会上进行分析，安全官点评，会后及时关闭；大班每 2 小时进行一次全面巡检，发现问题及时整改。坚持周一安全检查，组织全队关键岗位人员参与，对照甲方和沙特公司检查表，逐一进行对照检查，当天汇总检查情况，当天组织整改。每月进行一次“回头看”，将日检查、周检查、月检查统计汇总的问题，进行“回头看”，再次逐项核对，确保全面关闭。突出的安全作业业绩，使该队获甲方管理层书面表彰表扬 3 次，连续 8 年安全生产无事故。2021 年，在沙特阿美公司综合业绩评比中，该队以 101.4 分名列所有承包商队伍第一，成功获得 10 年长期合同。

二、“快”字为先，增强创效能力

一直以来，执行搬迁大包合同，搬迁速度直接影响经济效益。为提高搬迁时效，结合马尼法岛特殊作业环境，不断探索优化提速提效措施，总结出“三个超前”快速搬迁经验。

超前勘察确定合理路线。钻机释放前由机械师提前勘察搬迁道路情况，对高压线、急转弯等特殊地段进行重点标记，测量高压线净空高，以确定井架、泥浆罐是否整体搬迁，同时将重要标记点提前告知搬家公司。

超前协调井场、道路和出入证问题。针对作业区域管网密布条件限制，提前测量井场、标定进出车辆路线、保护井场油气管线和采油树，如搬迁路途、井场存在影响搬迁安装较大障碍，提前协调甲方清除。针对马尼法岛异常严格的门禁准入制度，提前协调甲方为搬家车辆和人员等第三方人员办理出入证。

超前制定搬迁方案。根据道路和井场勘察情况，提前制定搬迁方案，确定设备搬迁顺序、吊装流程。每口井搬迁结束后，及时召开搬迁总结会，对影响搬迁速度的节点进行分析研究，持续改进作业流程，优化搬迁方案。通过不断探索，该队已形成一套成熟的岛内钻机搬迁程序，搬迁时效不断提高，9 次刷新岛内搬迁纪录。

2021 年 11 月，在 MNIF－295 井搬迁中，以 32 小时搬迁周期创区域最快搬迁纪录。2020—2022 年，累计搬迁 87 次，平均搬迁时间 73 小时/次，较进入该区块初期减少 20 小时/次，搬迁创效 4119 万元。

三、“优”字为要，拓宽创效渠道

围绕生产效率和效益提升，不断优化细化管理流程，全方位增收创效。

优化业务程序保证日费率。关键岗位人员事前熟练掌握合同条款，合理利用合同规定的修理时间做好设备维护保养，避免无效作业时间。优化钻具管理措施，定期开展钻具探伤检测，复杂井段施工后加密检测，避免钻具刺漏、断裂造成井下故障。钻井施工中，深入分析每口井设计，吃透工作标准、评价方法，明确生产时效、风险管控等关键指标，优化操作程序，精心操作，避免因乙方原因造成日费损失。2020 年以来，该队连续 3 年保持日费率在 100%，实现日费收入最大化。

优化成本管控提高利润率。加强物资管理，减少材料消耗。严格执行设备配件报废标准，组织干部大班每天对更换的废旧配件进行清点和鉴别，对价值 500 元以上配件替换报废进行分析讨论，能够重新利用的配件，经精心保养和维修继续使用。对更换零部件后能正常使用的设备，坚决不更换设备总成，有效降低材料成本。2020 年以来，该队平均施工利润率在同类型钻机中始终排在前列。

编者按

该中心通过技术创新、工程质量、队伍建设“三招并用”拓市场，以“咬定青山不放松”的韧劲，“不破楼兰终不还”的拼劲，“手握铁骨闯天下”的干劲，励新图强，成为西北工区王牌劲旅。

三管齐下　拓市创效

江汉石油工程公司井下测试公司地层测试中心

江汉石油工程公司井下测试公司地层测试中心牢固树立“成就甲方就是成就自己”服务理念，紧盯甲方需求，坚持技术创新，攻坚克难，不断适应新市场、新需求，将自身打造成为一支作风扎实、服务优质、技术过硬、竞争力强的石油工程铁军队伍，在群雄逐鹿西北市场擦亮“江汉测试”品牌。该中心通过技术创新、质量管控、人才培养等措施，提高队伍作业能力，以优质服务拓展市场。2020—2022年，施工1660井次，创产值2.6亿元，西北市场工作量占比超85%。先后获中石化“金牌标杆基层队”、江汉石油工程公司“思想政治工作先进集体”等荣誉称号。

一、技术创新闯市场

在西北工区激烈市场竞争中，该中心通过“使用一代、储备一代”技术前瞻创新，保持自身“人无我有，人有我精”市场领先地位。

多方协同合作，齐心协力共创新。中心充分发挥自身主观能动性以甲方需求和问题难点为导向进行技术创新。通过加强和市场中各甲方的交流，及时了解他们面临的难题，进行立项帮助解决痛点。通过加强和塔里木、西北局工程院合作，安排部分技术人员到工程院进行联合办院，在技术创新方面联合立项，共同攻关。成立工具研发中心，通过成熟人才引进和自主培养，组建研发团队，掌握研发自主权。

共研发两款套管封隔器比较进口封隔器性能已达到国际一流水准。

完善工艺设计，细化现场施工。针对超深、超高温高压油气井及工区内各种复杂工况井型，中心结合相关施工经验进行总结论证，筛选出工况符合条件的施工井，结合现场实际井况进行理论、实验验证，编写对应工具作业指导书并要求员工严格按内容进行操作施工。其中总结出两套工艺设计方案：悬挂支撑、分段酸压，在工区内得到甲方一致认可并推广。针对“三高”井，对预使用工具，提前结合现场实际工况进行极限压力检测，确保工具入井后性能正常；施工前对通井、泥浆各项性能指标及试验情况进行分析评价，确保井筒准备及液体性能满足施工要求。

二、工程质量稳市场

地层测试中心以提供优质的服务为宗旨，坚持在质量管理上下功夫，传承发扬工具“七分保养、三分施工”优良传统，提高服务质量，创精品工程，全面提升甲方满意度。

抓工具质量源头，减少工具质量事故。优选国内资质齐全、加工能力强、质量管控过硬的生产厂家进行合作，对标国外油服公司，建立一套完善的管理办法，确保供货质量及时效。对新工具制定了细致的入库验收管理办法，设立专门质检人员，保证入库产品质量。对重复使用的工具建立保养台账，编写保养规程，规范保养和试压操作，并实行表单化管理，谁签字、谁负责，各环节质量可控可追溯。

把控施工质量，减少事故发生频率。中心严格把控现场施工质量，提前跟踪施工进度，充分辨识现场风险，制定有效防范措施，把控好施工关键节点并进行技术交底和技术指导。针对复杂重难点井提前部署干部现场带班工作，加强现场各环节措施管控，确保施工一次成功率。施工后，坚持对现场施工质量和服务质量回访，对质量效果进行评价，监督管理实行闭环管控，加大奖惩力度，提高员工责任心。经过不懈努力，中心施工的顺北 4 - 5H 井创分段酸压完井管柱最深纪录；顺北 84 斜井创亚洲千吨井第一深井纪录；城探 3 井创西北工区桥塞坐封位置 206℃ 最高温度纪录。

三、队伍建设拓市场

地层测试中心结合自身实际，制定人才培养积分考核体系，以强有力人才资源，满足日益扩张市场需求。

积分制考核，充分调动人员积极性。在施行积分制管理过程中始终坚持分配、技术、管理“三个导向”。在分配导向中，个人积分由固定积分及平时积分两部分组成，平时积分多少与岗位、工龄无关，只与施工种类挂钩。在技术导向中，依据施工难易程度和施工中承担任务职责的不同而确定分值，分值与施工难度成正比。在管理导向中，施工结束后，队领导召开会议讨论审核后积分签字生效，各项工作落实情况直接与积分挂钩。在积分制管理下，员工积分与绩效表现息息相关，做到“有理有据，赏罚分明”。充分调动员工主观能动性，学习和提升技能欲望明显提升，由逼着学转为主动学，部分后勤员工主动申请转岗至前线，人员运转效率大幅提高，进一步满足市场需求。

师徒传帮带，强化重点人才培养。对入厂新员工，建立培养管理机制，根据岗位需求和个人发展潜力，为每个年轻人配备一名师傅，签订师徒协议，做好传帮带工作。督促新员工成长，早日能挑大任。结合专业面临形势，制定“学研并进争一流”品牌创建方案，精准培养技术人才，补上技术人才缺口。采取压担子、现场锻炼、设计编写、与甲方联合办公、承担（参与）科研课题、生产技术难题攻关等方式，助推新员工快速成长，达到夯实基础、提升管理、锻炼队伍、培育人才、凝聚团队目的。创建技术创新工作室、工匠工作室，开展技术攻关，进行技术革新，并培养一批技术创新人才。

编者按

该队通过实施搬迁过程“精细化”、钻井技术“模式化”、现场管理“制度化”全流程管理，承钻的新深101D井、新深102D井破工区23项纪录，新盛204-1H井保压取芯创国内最深纪录，综合效益居公司各队之首，实现钻井生产“双效双增”。

生产全流程管理助“双效双增”

西南石油工程公司钻井一分公司70149XN钻井队

西南石油工程公司钻井一分公司70149XN钻井队成立于2020年1月，具有中石化甲级资质，配套设备为ZJ70DBS钻机。2021年，按照石油工程区域市场优化安排，钻井一分公司整体回川。面对经营效益不佳、钻井生产运行效率不高问题，该队以“安全高效、提速提效”为主线，狠抓“精细化”生产运行全流程管理，推动钻井生产效益、施工效率持续增长，圆满完成“四提一降”考核指标，先后获中石化“金牌基层队”、西南石油工程公司“优秀基层队”等荣誉称号。

一、搬迁过程“精细化”，促提速提效

面对生产运行效率不高“短板”，在组织协调、生产进度、设备搬运及安装环节找不足、想方法、定措施，生产运行时效性、安全性大大提高。现场搬迁时，抓住提速提效关键点，创新制定并实施以“三定、三提前、三抓手、三措施”为重点的“四个三”搬迁管理提速模板。“三定”，即定目标、定任务、定责任；“三提前”，即提前办理上传各项手续及作业票、提前查勘现场、提前准备与作业方对口的工器具；“三抓手”，即抓事前谋划、抓事中管控、抓事后总结分析；“三措施”，即早发现、早解决、早落实。通过搬迁全流程管理和节点过程管控，强化搬迁过程

无缝衔接和协作配合，实现搬迁提速。

严明搬前准备，采用“先行棋”解搬迁之忧。得到井位后第一时间组织召开生产动员会，明确工作分工，全体员工做到心中有数。通过分解“大任务”，细化“小措施”，制定任务分解清单，将多项任务分解为具体措施，明确当日工作进度和各线工作内容，把工作量落实到现场参与搬迁每个岗位，做到人人身上有担子、个个肩上有责任。

严密搬中组织，采用“组合拳”提速提效。通过班前班后会，对搬迁工作全面部署、层层动员，加强多方协作配合，确保无缝衔接，提升搬迁效率，形成心往一处想、劲往一处使合力。每天对各岗位工作量完成情况进行考核，做到日清日毕；划定搬迁车辆进出井场路线，确保搬迁顺畅高效。

严明搬后总结，采用“绣花功”复盘。搬迁结束后，及时召开生产动员会，总结搬迁安工作完成情况，分析研究出现的新情况、新问题，查找问题症结，研究解决方案，反复推演、不断完善，形成科学合理的“搬迁安”工作方案，为下次搬迁打下坚实基础。

通过实施“四个三”搬迁精细化管理，挖掘搬迁提速潜力，搬迁效率提升20%，创下西南地区70型钻机搬迁最快纪录，在西南石油工程公司“百日攻坚创效”和“四提一降”现场推进会上，经验做法在西南工区得到推广。

二、钻井技术“模式化”，促创新创效

坚持以科技创新为抓手，在钻井施工中突出技术集成管理和施工方案优化，确保优快钻井、提质增效。

完善管理模式，提升创效效能。施工中，推进“一井一策、一段一策、一序一策”模式，根据不同区块、不同井型、不同井深工艺要求和施工特点，对川西同区块同类型井，按照已成熟配套的钻井模式进行施工，形成“钻前优化方案，施工全程监控，复杂情况及时调整”的组织模式，实现优快钻井，推动区块整体提速，促进效率提升。

开展技术攻关，解决工程难题。针对川西海相地层“高温、高压、高含硫”难题，注重与公司技术支持中心紧密配合，成立现场科技攻关小组。实钻中，先后采用预弯曲防斜钻快钻井技术、控压钻井技术、防漏堵漏技术，与设备厂家密切交流，推行个性化钻头设计，强化钻井参数，解决钻头选型困难、地层稳定性差、井壁易

失稳垮塌、深部地层温度高和定向及旋转导向等工具仪器故障率高等系列工程难题。

通过完善钻井技术管理模式，促进创新创效。承钻的新深101D井、新深102D井节约钻井周期57.9天，周期节约率为13.82%，被甲方评为“优质井”，实现营业收入1.17亿元。

三、安全生产“制度化”，促管理保效

严明制度管理，强化执行落实，为优快高效钻井提供有力保障。

牢固树立HSE体系思维。组织员工加强理念意识、标准体系、规程规范学习，严格落实“会前安全教育五分钟”，以班前会为载体，通过学习事故案例、经验教训，引导员工提升对安全标准的认知。现场管理中，通过设置安全警示牌、安全标语等，员工对安全标准认知更加深刻，进一步规范工作行为，避免事故发生。

持续强化风险管控能力。严格落实“7+1”作业管理制度，常态化开展风险识别管控和隐患排查治理，分级梳理风险管理清单，持续优化钻井现场风险管控措施，严格落实承包商管理主体责任，提高现场安全环保管理水平，确保安全生产态势平稳。

不断强化制度执行落实。按照《设备管理检查细则》《QHSE现场检查细则》等规程规范要求，完善现场《管理标准化自检自查和隐患整改实施方案》，实行“班组承包区域、干部承包班组、合并统一考核”网格状管理，通过划分井场区域场地、设备设施、警示标识牌、安全环保制度四大类，实现现场标准化管理全覆盖，并与全员岗位职责捆绑运行，形成垂直管理、相互监督体系，促进各项工作高质量运行。

编者按

该队聚焦压裂施工提速、提效、提质、提产四大核心目标，从精细化管理、一体化运行、集成化创新三个维度，积极攻关国内深层页岩气压裂难题，着力增强队伍施工能力，全力提高经营效益，创标杆队奇迹。

“三化”促“四提” 压裂标杆创奇迹

西南石油工程公司井下作业分公司酸化压裂三队

西南石油工程公司井下作业分公司酸化压裂三队成立于2013年，是一支专业从事油气井酸化、压裂、复合改造的工程作业队伍，主要作业区域集中在川南深层页岩气区块。该区域井深均超4000米，平均施工压力超80兆帕，是国内深层页岩气压裂风险最高区域之一。面对压裂作业难度大、复杂情况多、施工工期紧等多重挑战，该队通过精细化管理、一体化运行、集成化创新，优质高效完成施工任务，促成川南威荣页岩气田建成投产，获“压裂液工作添加剂加入装置”“液压油箱除水装置”等7项国家新型专利和1项发明专利，2次获石油工程公司QC成果三等奖。连续三届被评为中石化“金牌压裂队”，2020年被评为中石化“金牌标杆基层队”，2021年被评为中石化“对标提升行动标杆基层单位”。

一、推进精细化管理，筑牢“四提”根基

针对页岩气压裂高风险特点，坚持以安全管理为工作重心，全面推行HSE体系运行，聚焦36个管理要素，从17个项目梳理出作业期间重点安全风险，落实措施到岗，确保现场安全全面受控。

以过程管控为抓手。严格执行“三个安全五分钟”和“三级巡检”，即施工前5分钟交底、施工中5分钟检查、施工后5分钟总结；作业队长巡检、安全员巡检、

操作人员巡检，实现安全工作全员参与。通过以上措施，保证压裂施工安全风险识别到位、交底到位、监管到位。

以高压管理为核心。依靠高清360度摄像头、远程泄压、高压挡板、无人机等装备，实现高压区禁入管理；实施高压件信息化管理，每根管线绑定芯片，办理“身份证”，录入使用、保养、检测等信息，实现高压件全寿命周期管理，保证合格率为100%。2020—2022年，未发生一起安全环保事故，安全隐患数量同比下降30%。

以标准建设为依托。从人力资源、技术规范、现场布置等6个方面35个项目推进现场标准化建设，形成《压裂现场标准化建设指南》《基层队现场管理手册》《基层队岗位操作手册》标准做法，成为石油工程公司标准化建设示范队，其经验在中石化压裂专业广泛推广。

以人才培养为基石。推行“分类+定向+云学习”培养模式，将员工分为管理、技术、技能三个类别，制订“一人一案”培养计划，创新实行“阶段培养+答辩淘汰”；实施团队带头人和技师培养计划，优选拔尖人才，进行定向培养；利用网络平台，建立应知应会、技能鉴定、岗位能力认证、作业许可四类题库，实现在线学习和考核，全面提升员工综合素质。

至2022年12月，累计培养首席技师1名、主管技师1名、技师3名、工程师5名，员工先后获中石化“岗位能手”“铁军名匠”业务竞赛铜牌。

二、推进一体化运行，提高“四提”成效

针对页岩气压裂规模大、配合队伍多、时间节点紧、生产时效提升难度较大等实际，构建以现场作业为核心、压裂施工为主体、管理团队为牵头的一体化运行模式，统领现场施工，统筹指令发布，统一资源调度。

以标准规范为引领，加强节点管控。按照接井、前期准备、开工验收、施工、排液、钻塞6个方面，建立35道工序标准做法，制定工序时间标准，细化单井节点计划并将时间精度控制到小时，为一体化运行提供规范指导和节点管控。梳理近1个月内的施工任务，超前介入施工准备环节，提前开展道路踏勘、施工方案编写和设备物资准备等工作，严控工序时间节点，实现生产无缝衔接。

以技术团队为支撑，助力质量提升。针对不同施工井，实施“一井一策”“一层一案”，通过总结页岩气施工经验，形成“设计源头识别+编制风险预案+现场

技术团队支撑＋施工过程精细化控制＋总结提升”一体化施工技术体系，为现场施工提供技术保障。

以现场作业为核心，确保生产时效。施工中，以压裂效率最大化为核心，现场资源统筹调度，作业时间统一安排，实现各专业无缝衔接。针对不同井施工，实施差异化管理。平台内井转井，利用施工间隙同时开展物资准备和管线连接，转场施工效率提升30%以上；区域内井转井，辅助作业设备提前进场，缩短压裂设备等待时间2～3天；跨区域井转井，提前安排基础工程建设，做到“场地等待设备”。

通过一体化运行模式，单井施工作业平均提速22%，平台井平均提速26%。2020—2022年，完成工作量每年以15%速率递增，作业效率整体提升20%以上，施工优良率达100%。

三、推进集成化创新，激发“四提”活力

面对大规模、超深井、高压力施工难题，成立技术攻关、专利申报、小改小革、新装备应用4个攻关小组，跟进行业前沿技术，聚焦现场生产难题，实施创新攻关，持续提升队伍核心竞争力。

完善技术体系。通过技术攻关及总结，解决胶凝酸配制效率低、超高压施工泵车盘根故障率高等难题，形成深层致密砂岩加砂压裂、水平井投钥匙无级滑套压裂、海相碳酸盐岩大型酸化和超大规模页岩气加砂压裂的成熟技术体系。

推进设备升级。通过设备自动化和智能化研发，搭建液罐自动化储供液系统，实现液体流程监控、智能供液、信号反馈等，在威页41平台、威页43－6井、丁页3井投入使用。聚焦研发合作，通过与厂家合作，研发自动输砂装置并投入使用，供砂速度达到3吨/分钟，效率是传统模式的3倍，作业人员减少50%，且降低了高空作业风险。

实施小改小革。通过市场调研和现场论证，成功应用130毫米105兆帕大通径管汇，满足多井口拉链施工作业需要，具有大排量、耐冲蚀、抗振动等优势，施工安全性大幅提升，大大提高“井工厂拉链式”压裂施工运行效率，做法也在川南页岩气工区得到推广。

编者按

该队从设备搬迁到完井，每个阶段都精心组织、严细部署、深挖潜力，步步为营，将精细管理贯穿钻井施工全过程，做到规范严谨、条理清晰，真正达到提速提效之目的。

“六有”工作法激活提速提效

华北石油工程公司河南钻井分公司 30908HB 钻井队

华北石油工程公司河南钻井分公司 30908HB 钻井队近年来在市场和成本双重压力下，坚持眼睛向内，深挖潜力，以精细管理为目标，探索推行“六有”工作法，充分激活提速提效内生动力，取得突出业绩，多次获华北石油工程公司“创效红旗基层队”“铁军标杆队”、集团公司“金牌基层队”称号。2020—2021 年，累计营业收入 10237. 31 万元，利润 2737. 27 万元。年进尺突破 4 万米，开创公司国内钻井进尺新历史。

一、搬迁安装规范有序

有序搬迁安装是提高钻井作业效率的关键，也是努力方向和目标。

认真查勘新井现场，做到两个提前。提前勘察搬家路线，及时与甲方沟通，解决道路通行问题，确保搬迁不受影响。提前利用现场照片和现场踏勘，精准确定设备摆放位置，确保设备一次摆放到位。

抓好人机调配，做到三个理顺。首先理顺搬迁次序。先井场设备后营房外围，防止搬迁受阻导致人员和设备被困。其次理顺设备装车次序，特别是井架的装车次序，避免车辆等待、拥堵。最后理顺人力部署，充分发挥各岗优势。队长在老井场带班，及时与甲方和地方沟通协调，排除外界干扰。新井场集中所有正副司钻和井架工，发挥熟练操作工技能优势，加快安装速度。

明确职责分工，精心组织设备安装。首先明确安装作业分工。新老井场由队长和书记分别负责作业指挥，及时协调各项事宜。其次明确各区域负责人。设备副队长、第一技术员负责钻台区域安装，书记负责罐区安装和井场营房拆卸，安全副队长负责井架安装，确保设备安装高效有序。

二、一开施工井井有条

有条不紊、科学组织一开各项工作，为钻井施工争取时间。

有备无患，做好开钻准备。抓住污水泵这个影响一开快慢的关键因素，提前安装好污水泵，确保2台预用污水泵和1台备用污水泵完好可靠，保证工作期间连续不间断供水，为后续施工铺平道路。

把控细节，加快封井器安装。提前做好各项准备，科学调配安装人员，封井器吊装、固定螺丝、安装内控管线均落实专人，分工明确、工序连贯，做到设备安装和螺丝固定高效衔接。

科学部署，抢抓固井时间。一开固井是影响钻井进度关键。一开验收当天，集中精力完成表层钻进及固井，确保次日安装封井器和二开验收顺利接续，有效提前半天到一天二开验收时间，缩短钻井周期。

三、技术措施扎实有效

在落实"一井一策"技术措施基础上，灵活运用自身经验、技艺，提高钻井技术措施针对性、有效性。

抓好"一井一策"技术措施应用。每口井施工前，积极开展资料调研，认真分析临井资料，为科学钻井施工提供依据。积极开展技术研究，制定严密施工方案和安全防范技术措施并贯彻始终。

灵活应用经验技巧，为优快钻井增能助力。结合河南油田东部老区地层特点，钻进时高转速、大排量、坚持倒划眼修正井壁。在老区不同区块中，分别应用不同钻头选型，实现经济快速钻进。

及时掌握定向数据，优选定向时机。定向施工时，及时与定向人员沟通钻具组合、螺杆扶正器尺寸及螺杆使用时间，在满足轨迹控制前提下，优选砂岩段定向，错开泥岩段，提高机械钻速。

四、泥浆控制把握有度

从泥浆性能和成本两方面严格把控，兼顾速度与效益。

严格控制泥浆性能。泥浆性能直接影响机械钻速。以维持低黏度、低切力、低固相泥浆性能为重点，上部地层钻进时坚持用好固控设备，充分清除有害固相，确保泥浆性能。正常钻进时，在振动筛返砂正常情况下，尽量降低泥浆密度，提高钻井速度。

严格控制泥浆成本。在满足泥浆性能前提下，优化泥浆材料的使用。例如，在润滑剂使用方面，复合钻进时不加润滑剂，在井斜大于 30 度定向时，再从泵上水管线处慢慢加润滑剂，做到物尽其用，压缩泥浆成本。

五、完井作业谋划有方

充分抓住完井作业环节，做好前后井衔接工作。

马不停蹄甩钻具。固井期间，提前做好甩钻具准备工作，固井后立即进行不间断甩钻具作业。

见缝插针维护设备。二开后，检测维修污水泵，确保下口井一开钻进时至少有一台备用污水泵。完钻电测时，提前检修泥浆泵，易损件应换尽换，确保下口井泥浆泵完好，避免设备维修耽误时间。

六、奖惩兑现激励有力

应用正反双向激励，激发队伍提速提效活力。

细化岗位责任，严格奖惩激励。细化岗位责任，落实到每一项细小的工作中并严格奖惩，凡是公司通报的现场安全隐患问题加倍扣罚，直至当月的安全奖全部沉没。凡是受到上级表扬和在各类比赛获得名次的，给予重复奖励，充分发挥激励作用。

绩效分配向生产班倾斜。将后勤和生产班绩效工资切块适当浮动，确保同系数、同出勤天数的生产班人员绩效高于后勤人员。开会、培训期间，无论是队长还是普通员工，均按照系数 1 计算绩效，充分体现向生产岗位、向艰苦岗位倾斜的原则。

编者按

该部围绕员工效能提升、页岩油井提速提效、仪器革新改造等难题，充分发挥团队凝聚力、骨干引领力、员工创新力，以正气促正劲，以实干创实效，完成多口页岩油“1 字号”井，实现收入利润连年攀升。

“三促三提升” 打造定向行业标杆

经纬公司胜利定向井公司定向工程二部

经纬公司胜利定向井公司定向工程二部成立于 1993 年 4 月，有职工 56 人。随着石油寒冬期逐步回暖，面对钻井工作量、页岩油井勘探部署日趋增多，仪器保障能力面临不足现状，该部以“提速提质提效，打造精品工程”为工作目标，在效能提升、标准提升、仪器提升等方面不断打造标杆，连续十届获中石化石油工程“金牌基层队”荣誉称号。

一、促定测一体化施工提升，打造提高效能标杆

给全员梳理成长线。在工作量增加，人员不变情况下，率先推行定向测量一体化施工，紧紧把握“多干多奖，超得多奖得多”鲜明导向，定期分析员工岗位素质能力，通过开展“ABCD”员工能力等级评级，不断优化调整人员组合，匹配“师带徒”“强带弱”，确保骨干多干有高收益，一般员工多学有盼头。先后 3 人历练成长到公司管理部门，4 名工程师成长为副主任师，3 名技师成长为主管技师。

给党员讲责任担当。发挥基层党组织政治功能，充分利用“三会一课”、职工大会等进行宣讲，从定向井辉煌历史业绩讲担当，从低油价寒冬期工作量萎缩讲责任，从经纬公司成立后定向井市场不断扩大讲形势，党员身份观念和党性意识不断增强。创新实施“党员在线”工作法，每项工程、每口井确定党员带队，以党员带

群众、以骨干带全员，在新冠疫情攻坚、海外拓市等重要工程和急难险重任务面前，充分发挥党员先锋模范作用。

给员工算清绩效账。坚持管理人员宣传、调查、关心、兼岗“四下基层”制度，把激励政策讲透彻，把一体化施工与以往状态两种情况下的员工收入对比算明白，达成“多打井就是讲政治、多创效就是讲担当”“只有多干活才能更好活下去”等思想共识，每月形成绩效考核公报，表彰先进、鞭策后进，员工收入差距最高达2.5倍，用实打实数据说话，打通思想转化“最后一公里”。差异化绩效考核举措，刺激员工学技术动力，有效解决市场规模扩大、工作量增长带来的结构性缺员矛盾。

二、促页岩油井施工标准提升，打造定向施工标杆

重心前置，把困难想得多一些。为保障页岩油井高效开发，专门成立技术保障团队，在仪器设备、人员技术等方面靠前组织、靠前运行、靠前指挥，积极应对大平台、井工厂模式及地质条件复杂、井下高温等风险带来的巨大挑战。2020年8月，完成的樊页平1井，经受住高温、高压、高泥浆密度“三高”严峻考验，旋导工具创单趟钻进尺1287米高指标，投产后最高日产油171吨，创国内页岩油单井日产最高纪录。至2022年底，完成樊页、丰页、牛页等胜利页岩油区块7口高难度“1字号”井施工，先后攻克定向技术难题17项。

骨干当先，把优质兵力顶上去。创新推进“党建+重点项目+技术骨干”工作模式，组成党员先锋队，优选技术精、能吃苦、肯担当党员骨干，攻坚页岩油定向施工难题，表彰党员示范岗3个，扛起“支撑油气、服务钻探”使命担当。2021年1月，党员带头施工的丰页1-1HF井完钻，储层油气显示活跃，助力东部油区中低成熟度混积型页岩油商业产能实现新突破。2022年12月，由党员骨干施工的牛页1-3-504HF井，被评为公司“十大优质工程”。

形成标准，把经验固化下来。对已施工页岩油井总结回顾，形成三个规范。规范页岩油定向井专项作业指导书，引导施工人员上标准岗、干标准活、交标准班；规范《页岩油工程资料模板》，提升施工方案、完井报告资料优质率；规范“一纸两单”：页岩油定向质量安全明白纸、作业活动清单、安全工作提示单，员工以简洁明了的表单化方式完成工作要点，提升质量安全操作水平。

2022年，在国家级页岩油牛页一区示范井组，保障4部钻机，完成20口井测录定一体化施工，迭代形成胜利页岩油施工2.0版本推荐做法。总结形成的《提高

胜利工区页岩油水平井二开稳斜段平均机械钻速》获经纬公司 QC 成果二等奖。

三、促仪器适应性改造提升，打造革新提效标杆

责任到人，带头攻坚。成立“仪器革新工作室”，将一线人员中擅仪器、勤思考的技术骨干纳入革新团队，人人选题立项，个个革新改造，定期分析进度、研判工作重心、明晰攻坚方向，完成 7 项仪器革新改造项目。其中“MWD 仪器无线应用改造推广项目”将原有有线传输方式，改为地面无线传输，有效降低施工强度和安全风险，在 70 钻机和海洋平台全面推广使用。

聚焦堵点，打通梗阻。对年度仪器误工情况进行统计梳理，确定将“MWD 仪器因连接问题导致信号故障”这一最频发问题作为 A 级攻坚课题，发挥团队优势，历时两年大范围试验连接替代方案和材料，经过硬连接改软连接、软连接改航空插头连接 2 个版本的改造，形成最优化连接方式。改造后故障率下降 50%，仪器成功率平均超过 96.5%，提升 1 个百分点。

鼓励创新，借力破题。随着多项仪器难题被攻克，更多技术骨干投身仪器革新，更多员工关注适应性改造，全员革新创效氛围更加浓厚。针对仪器动力单元锂电池入井工作时间短问题，加强与行业领军电池企业沟通，借助外脑革新改造，电量由 29 毫安增至 40 毫安，使用时间由 180 小时增至 280 小时，可取代原有仪器双电池配置模式，并在公司推广使用。

七、技术装备管理

技术装备管理，顾名思义，就是技术、装备方面的管理。对油气勘探开发、采掘储运大型施工型企业来说，技术和装备如车之两轮，鸟之两翼，缺一不可。两者之间是种相互依赖的关系，没有精良的装备，再先进的技术也只会纸上谈兵；没有技术，再精良的装备也难以驾驭并取得预期生产效果。二者必须做到有机结合，统筹兼备，不可偏废。在抓好技术管理和技术创新同时，也要做好装备管理和升级改造。只有精技利器，方能百战不殆。本届金银牌队创建凸现很多技术装备管理案例，有以技术管理见长，以特色独有技术攻克施工难题，提高生产效率效益；有以装备管理占优，高效利用生产装备，实现施工质效双升；有充分发挥技术装备结合优势，打造精品工程，创品牌，拓市场，实现经济、社会效益双丰收。譬如《战备管理法擦亮深钻利器》《推动装备“六化”助力提速创效》《技术链条式管理锻超深钻探技艺》等案例，共6篇，一并辑录本书，供大家学习参考。

编者按

该队所用 ZJ120DB 钻机国内仅有 3 部，是智能化深地钻探“攻坚利器”。为此，该队借鉴军队设备管理经验，创新实施“战地设备”管理法，全力提升现场设备管理水平，确保设备召之即来、来之能战、战之必胜，为中石化“深地工程”突破再立新功、再创佳绩。

战备管理法擦亮深钻利器

胜利石油工程公司塔里木分公司 99101SL 钻井队

胜利石油工程公司塔里木分公司 99101SL 钻井队有员工 52 人，其中党员 11 人，主要负责南疆顺北工区钻探任务。面对超深、高温、高压钻井难题及恶劣自然气候对装备的高要求，该队坚定“深层、超深层勘探大突破”信心，借鉴军队设备管理经验，实施“战地设备”管理法，实现 ZJ120DB 钻机智能化控制，全力提升“深地工程”现场设备管理水平，充分展现深井、超深井领域施工硬核实力，先后获评中石化“先进基层党组织”“石油工程金牌基层队”、胜利石油工程公司“文明建设先进单位”等荣誉称号。

一、抓好“人性关爱”，做到设备“召之即来”

在中石化命名“深地工程”顺北油气田基地，深层、超深层已成为我国油气重大发现的主阵地，对深地油气勘探开发能力提出了更高要求，也对钻井装备性能提出了严峻挑战。该队把这部钻机看作“传家宝”“心头肉”，将“装备决定战斗力”的部队文化贯穿于设备管理，专门成立设备管理领导小组，对各类各台设备实行定岗、定责、定人，落实设备管理责任。员工把设备看作“战友”，对每台设备进行人性化维护保养，按时“投喂”营养，适时进行性能“调理”；按时检测油、电、气各路系统和跟踪配件运转，进行调整、更换、清洗和维护，增强设备的“免疫力”；对服役年限较长、处于“亚健康”状态的设备，增加诊断次数，实时保养维护；出现问题及时“治疗”，全身检查，深究病根，对症下药，使其快速“康复”，坚决杜绝设备的带病上岗、疲劳作业。北疆冬季寒冷，每年10月井队提前开启锅炉和使用保温材料，为主要管线和关键设备“穿衣戴帽”，切实做到冬防保温“无死角、全覆盖”，确保所有“战友”随时待命、即时响应。“战地设备管理办法”实施以来，该队及时将设备隐患消灭在萌芽状态，钻机设备完好率保持在99%以上，实现施工期间设备零故障、零缺陷、零等候、零停工目标。

二、抓好“一级战备”，做到设备“来之能战”

该队ZJ120DB钻机最大钻深能力12000米，最大钩载9000KN，是国内仅有的3部12000米钻机之一，采用全数字化交流控制技术，通过电传动系统PLC和触摸屏及气、电、液、钻进仪表参数的一体化设计，可以说这部钻机是一把超深井“利剑”。钻井工人离不开设备工具，就像部队军人离不开武器弹药。该队牢固树立“武器装备是军人的‘第二生命’”理念，全面推行设备全生命周期管理，运用“望、闻、问、切”诊疗法，及时将设备隐患消灭在萌芽状态。即一看设备尾气颜色，就知道动力运转是否正常；一听设备运转声音，就知道设备是否出故障；一问设备运行状况，就知道工作性能是否良好；一摸设备震动部位，就知道故障症结所在。为每台设备建立“健康档案”，清晰备注记录出厂、保养和检查时间等信息以及设备管理人员巡护和交接过程，不让一台设备超保漏保。每口井完钻后，大班对分管设备认真检查、保养，精准掌控设备状态。在完井作业和电测、固井等期间，增加调试、保养设备频次。为防止新疆高温条件下发电机组运行过热，给机房安装空调，创造恒温恒湿环境。他们还深挖现场废旧物资创效潜力，利用废旧铁管，制作成可以长期重复利用的警戒杆，有效避免大风刮断和易老化断裂的弊端，本质化带动战斗力提升。

三、抓好“沙场练兵”，做到设备“战之必胜”

打胜仗前提是设备如新好用，关键在“兵”。面对西北工区深部地层可钻性差、易漏失、压力大、井壁不稳定、施工难度大等诸多钻探难题，该队按照“上部高泵压、下部大钻压、全程大排量”思路，把“练兵”与岗位责任制紧密融合，组织学习“口袋版”《岗位操作手册》，开展“情景模拟式”“点餐式”等专业培训，邀请厂家人员到井教学，培养一批对新装备性能“一口清”、故障“一摸准”的“用修双通”型人才。在队内微信群设“妙法实招”“老师傅传你一招”等栏目，不间断分享设备知识，潜移默化提高员工技能。每月对设备管理优秀者和进步显著员工进行激励奖励，员工主动学设备原理、学设备操作规程、学设备维护保养方法，形成“比学赶帮超”浓厚氛围。2020 年至 2022 年，累计创收 1.915 亿元，打破亚洲纪录 6 项，国内纪录 13 项，中石化纪录 3 项，探区纪录 2 项。其中，顺北蓬 1 井创 5 项全国纪录；顺北 11 井设计井深 8625 米，两次刷新国内 120.65 毫米井眼最深纪录、侧钻点最深纪录，助力胜利石油工程钻探深度首次实现 9000 米跨越；且深 1 井设计井深 8800 米，开窗井深 8198.6 米，创国内陆上钻井套管开窗最深纪录，同时创国内陆上钻井该井眼套管下深最深新纪录、套管悬重最重纪录，为集团公司“深地工程”油气勘探开发做出突出贡献。

编者按

为不断夯实提速创效根基，该队视装备为“钻井战场上的武器”，建立符合自身实际的装备“六化”管理机制，始终保持“武器”的锋利度，保障井队提速提效，助力该队成为西南工区攻坚克难、提速创效一支劲旅。

推动装备“六化”　助力提速创效

中原石油工程公司钻井二公司70227ZY钻井队

中原石油工程公司钻井二公司70227ZY钻井队现有人员47人。针对施工的西南区域对装备性能要求高、设备维护保养难度大等实际，大力实施装备“六化”（全员化、精细化、标准化、预防化、清单化、规范化）管理，实现安全生产平稳运行、设备安全平稳运行无事故。2020—2022年累计实现收入1.89亿元、利润5670.83万元；先后获中原石油工程公司HSE先进集体、中原石油工程公司“工人先锋号”等荣誉称号，在威荣区块被甲方评为年度“优秀钻井队”。

一、健全管理机制，推动责任落实全员化

井队结合悬吊系统、动力系统、循环系统等不同区域，以全面落实岗位责任制为抓手，建立覆盖全队员工的设备管理体系。设备管理实行定人、定机、定期、定点维护保养，按班组划分责任区，责任落实到个人，责任人做到对设备的性能、状况全面了解，重点加强对引起设备损坏的根源问题进行检测、预防和控制，及时采取积极措施防患于未然。以设备运行故障率为主要考核指标，健全设备全生命周期管理模式，制定完善《70227钻井队设备管理考核规定》，队部考核大班、大班考核班组、班组考核个人逐级评比奖惩，形成大班履职尽责、班组争先创优、人人参与管理良性局面。

二、注重过程管控，推动基础工作精细化

突出抓好设备安装、维护保养和完井检修等全流程管理，在钻机动迁安装前认真进行基础复测和整改，安装时严格落实“七字标准”，安装后及时校正偏差，确保设备运转平稳。规范现场目视化管理，做到设备各类标识齐全、醒目，并按照《设备基础资料管理规范》，及时、准确填写各类基础资料。利用完井等井位间隙，对照《设备检查整修记录》中227个项点逐一进行检查、维修，确保在新井搬迁之前完成单井设备整修；并结合春、冬换季专项整修时机，开展全面拆检整修、全面防腐、冬防保温等工作，保证设备整体性能优良，主要设备故障停机率连年为零。该队施工的焦页148－1HF井完钻井深6476米，最大井斜93.5°，导眼井连续取芯151米，收获率99.74%。

三、规范作业执行，推动现场操作标准化

以中原石油工程公司《基层队“三基”工作指南》《基层队“三基”工作指引》中的“操作标准化”要求为准，及时将各设备维护保养操作规程下发各岗位，由队干部、大班不定期进行抽查提问、现场演练，重点检查员工是否清楚设备性能、操作执行是否正确、保养维护是否到位、故障判断是否准确，奖优罚差，督促员工切实掌握规程、规范操作。结合人员素质基本情况，制订相应培训计划，对设备操作人员定期开展现场教学，让员工针对现场具体问题提问，根据现场需求缺什么补什么，员工不明白的就在现场教，就在岗位学，现场答疑解惑，通过培训补强员工弱项，提升操作者业务技能。同时，针对顶驱、网电等新增设备，利用网络学习群、餐厅电视机滚动播放等方式，组织关键岗位作业人员学习操作、维护保养技能，快速掌握设备性能。该队施工的威页31－8HF井使用旋导工具＋马达三趟完成三开裸眼段2452米井段钻进，较设计缩短周期6.52天，施工期间没有因设备故障而造成生产停待。

四、强化超前管理，推动检修维护预防化

积极树立“算大账”理念，实施“预防性检修”。以设备运行台账、配件更换记录为基础，对各设备的主要参数性能、保养维修记录和配件材料使用周期等数据

进行统计分析，切实掌握各设备保养维修规律，确定主要配件更换预警时间，利用生产间隙，优选质量过硬或原厂配件，提前对相关材料维修更换，有效减少钻机停待，井队设备管理形成良性循环，设备维修周期有效延长，维修费用明显降低，为公司省下了真金白银。施工的泸 210 井，完钻井深 6670 米、水平段长 2200 米，创中石油页岩气井深最深、储层埋深 4000 米以上深水平段最长 2 项纪录。

五、坚持常态管控，推动隐患治理清单化

坚持将设备本质安全放在设备管理工作首位，激励全队员工积极提报设备安全诊断建议，以问题清单形式对巡检发现的设备隐患进行挂号问诊、销项整改，累计查找设备方面问题隐患 24 项，均已及时整改。日常巡检发现自排绳气动绞车护罩存在开口间隙过大，该队干部和大班带头集思广益，实施封闭方案，有效消除设备隐患，封闭整改方案在全公司其他队伍推广。开展临边孔洞防护、泥浆泵泄压装置、密闭加重装置、盘刹低压报警、顶驱防碰、井架走道和生命线、吊耳吊点等关键设备、要害部位排查治理，设备隐患专项治理计划完成率 100%。严格落实关键设备设施检测检验要求，按周期提报有资质单位检测鉴定，确保在用关键设备设施检测检验率 100%。严格执行设备变更管理，按程序做好设备变更分级申报审批。

六、注重细节把关，推动油水管理规范化

严格落实设备油水使用技术规范，用好专用油品房、油品快速分析仪、冰点仪及加油桶、手油泵等专用工具，并将油品管理制度、“五定”润滑图等分别张贴在油品房、值班房，强化全员油水管理意识。强化油品对路使用，依据设备性能和季节要求，及时更换质量合格匹配用油；加强在用油水监测，油液面下降或缺损时及时补充，防止损坏设备；按周期进行油品自测，油品变质及时换油，确保设备润滑良好、运转正常。该队主要设备综合完好率 100%，连续 3 年未发生设备责任事故、未发生因设备异常造成的长时间生产停待。

编者按

该队通过链条式技术管理模式，优化施工方案筑根基，全面交底保质量，坚持“三个落实”保障措施执行到位，现场技术小组及时会商处理异常纠偏，常态化总结促队伍技术整体水平稳步提升，在飞沙走石大漠戈壁写下江汉钻井铁军传奇。

技术链条式管理　锻超深钻探技艺

江汉石油工程公司钻井二公司 70222JH 钻井队

江汉石油工程公司钻井二公司 70222JH 钻井队组建于 2018 年，有员工 49 人，主要承担顺北工区深井、超深井开发及侧钻等特殊工艺井钻井任务。面对工区日益激烈的市场竞争，该队积极打造特色钻井技术，以技术创效为突破口，采用“优化方案—全面交底—三个落实—会商纠偏—总结提升”技术链条式管理，勇挑难题，持续攻关，依靠技术打造永不卷刃地下尖刀，牢牢站稳市场排头兵和主力军地位。

一、优化施工方案，筑牢技术链条根基

施工方案是施工整口井灵魂，该队按照“地质工程一体化”“工程、泥浆一体化”原则，采取“一井一案”方法编写、优化单井施工方案。分析邻井地质、钻井资料，研究该井所在区块地层构造特点和施工中重、难点。梳理风险管控点，编写施工方案时重点描述到位。优选参数、优化钻具结构，制定出适合区块地层特点的施工方案。增加故障复杂专篇，有针对性地制定井漏、井涌等异常防范、处理措施，确保施工顺利进行。

在编写顺北 121 斜井施工方案时，通过分析地质、工程资料，判断目的层奥陶系鹰山组存在断层发育，有较大井漏、井涌风险。在施工方案中，针对鹰山组断层提出密切关注地层压力变化、优化钻井液性能、强化井控等针对性技术措施，确保

该井顺利完成目的层施工。

二、全面技术交底，夯实技术链条关键

扩大技术交底参与人员范围，把技术措施涉及所有岗位全部纳入交底对象。采取“立足现场、全员参与、充分互动”交底模式，由技术员逐项逐条讲解、项目部补充完善、井队人员参与讨论。技术员组织司钻及以上关键岗位召开碰头会集中交底学习，由技术员逐项、逐条讲解施工方案，让大家对口井施工思路有更全面、更清晰的认识。开次施工前，技术方案优化后，组织人员进行技术交底，讲解每趟钻技术措施、注意事项。

部分员工受文化水平等因素影响对技术措施理解不足，为保证交底质量，多次利用班前会、班后会对技术方案进行深入浅出的讲解，真正做到“钻进到哪个层位，参数怎么调，泥浆怎么配比，都有详细作业指导”。并对部分员工进行针对性培训，进一步加深现场人员对方案措施的理解，避免井下故障复杂的发生。

三、坚持“三个落实”，抓好技术链条支撑

坚持“三个落实”，确保技术方案贯彻实施，即技术措施落实，技术员细化量化技术指标，将技术指令在班前会中进一步解读，根据施工重、难点细化技术指令，据实调整技术参数。提高措施适用性、可操作性；岗位操作落实，按照作业指导书、岗位操作规程分解各岗位标准化操作步骤，把任务和技术指令分解到岗位、落实到人头，确保各项技术措施得到贯彻落实；井控管理落实，严格落实井控17项管理制度，做好井控管理标准化，杜绝井控事故发生。

针对顺北区块二开长裸眼段漏垮同存问题，施工顺北1－22H时，坚持利用每天吃饭时间，组织讨论分析当天技术重、难点。通过调整二叠系、志留系钻井液性能，优化钻井和水力参数，细化技术指令、规范操作等措施，顺利完成二开长裸眼段施工。该井钻井周期115.5天，缩短钻井周期30%，创顺北1区钻井周期节约最多纪录。

四、及时会商纠偏，避免技术链条失衡

出现复杂情况后，及时采取正确处理措施，避免复杂故障化、故障扩大化，最

大限度减少经济损失。由队长、书记牵头，组织工程、泥浆、设备技术骨干成立现场技术小组，有效提高井队异常反应速度。通过对钻井、钻井液参数、返出泥浆、岩屑情况的观察，密切掌握井下情况，出现异常情况及时反馈，组织现场技术小组人员进行技术会商，采取应对措施将复杂情况消除在初级阶段及萌芽状态。

在顺北 1－22H 井施工中，三开钻入侵入体后频繁出现井下掉块，如不及时处理可能会导致卡钻。为避免井况复杂化，队长第一时间组织技术小组进行技术会商，在分公司技术人员帮助下找到掉块原因并商讨制定技术方案。技术员迅速将方案完善成技术指令下达到生产班组，通过纤维重稠浆洗井带出大量侵入体掉块。在后续钻进施工中，生产班组严格执行技术指令，进一步优化钻井液性能平衡地层压力，安全钻穿侵入体，顺利完成顺北 1－22H 井的施工。

五、总结提升常态化，促进技术链条发展

贴近现场，分析总结及时有效。高度重视技术经验总结提升工作，利用班前班后会开展阶段性复盘，将总结提升融入日常工作中。进一步明确技术路线和工艺思路，优化钻井液性能，强化钻井参数，通过技术对标找差距、定方案、促提升，不断提升队伍技术管理水平。

技术创效有效提升队伍核心竞争力，2020—2022 年，陆续交出顺北 1－22H、顺北 5－16H 等优质工程井，获 7 面甲方流动红旗，1 面集团公司流动红旗，队伍综合排名名列前茅，成为江汉超深井钻探王牌之旅。

编者按

该队通过压实设备管理责任、夯实设备全流程管控、实施奖惩正反激励，全面提升设备管理水平，提高生产时效，促进设备管理、维保、操作人员技能水平不断提升，增强队伍竞争力，促进项目增收创效。

“三全”管理锻造设备利器

江汉石油工程公司钻井二公司 90108JH 钻井队

江汉石油工程公司钻井二公司 90108JH 钻井队组建于 2018 年，在顺北工区完成 5 口深井、超深井钻探任务，累计获西北油田分公司流动红旗 10 面，2020 年被集团公司授予“金牌钻井队”称号，被誉为顺北“深地工程”先锋军。随着顺北产建开发不断深入，向万米地球深处进军难度越来越大、风险越来越高，对设备精细管理和本质安全提出更高要求。该队通过压实管理责任，强化过程管控，实施奖惩正反激励，实施全链条、全要素、全天候管控，全面提升设备管理水平。2020—2022 年，安全高效完成顺北 57X、顺北 801X 井施工任务，顺北 801X 井刷新顺北 5 号断裂带三开最快施工纪录，年设备完好率连续 2 年高达 99.88%，稳居西北工区首位。

一、“一组两制”同频共振，调动设备“全链条”管理神经

完善管理模式是维持钻机长期安全运行的基础。该队成立设备管理小组，以队长为主导，设备副队长为核心，相关干部大班为组员的齐抓共管管理团队，在执行上级管理制度基础上，群策群力细化管理准则、量化检查维护保养流程，落实小班—大班—队长逐级负责制度，做到井场设备“部件齐、声音正、马力足、仪表灵、资料全”。创新实施“机长制”。现场设备连续作业时间长，恶劣环境易造成故障频发，该队自主创新，仿照古代“伍长制”，制定《机长制》管理办法，即每台

设备都指定专人操作、专人管理、专人维修，几台设备组成一个管理单元，由一名机长负责，确保每台设备“分田到户”，实现设备全员管理、模块化管理。严格落实“日检制”。明确值班干部、大班、班组人员日检责任、日检要求，小班员工上岗前，按照巡回检查路线，对所管辖设备检查，第一时间在队钉钉群晒出“问题”设备图片，邀请群友帮助判断；大班每日巡检不少于 3 次；值班干部进行关键设备全面检查，对当天设备的巡回检查、一岗一责制、交接班落实督促指导。“一组两制”同频共振，打通设备管理“末梢神经”，确保人人都有“责任”田、每台设备都有“主人”管。

二、“五化一训”同向发力，激发设备“全流程”管理细胞

钻井施工 24 小时不间断作业，连续施工设备设施难免有“头疼脑热”，影响钻井施工进度。为第一时间发现问题、解决问题，该队创新设备“五化”管理法，即设备检修“提前化”，在设备使用前坚持把维修工作做在前面；设备维护“制度化”，根据工区环境制定设备的维护保养规程，每年入冬前及时更换冬季用油，并做好记录，保证不因油质出现失灵、冻堵现象；设备使用“目视化”，将保养或维修时间直接标注在设备相应部位，员工能直接了解情况，相互监督、相互提醒；基础资料“精细化”，每台设备安排专人管理，据实际填写设备交接和巡回检查记录等基础资料；设备维修“自主化”，钻井队明确设备自主修理明细，通过自主学习和向设备生产厂家请教的方式，提升检、维修能力，积极主动开展设备修理维护，提高设备“出勤率”。为使“五化”效果最大化，该队开展“每日一训”。邀请厂家技术人员现场讲学；由井队副队长、机电师和工长轮流讲学；观看公司网络视频直播，学习传授设备操作规范、保养须知和故障判断，每日班前班后会上由设备副队长开展每日一问、每日一答活动，师生共同提问作答，共同交流探讨，激发员工学习积极性，让每名员工熟知设备操作、维护和保养要点，在“五化”基础上，进一步提升设备本质安全水平。

三、“一奖一罚”双轮驱动，筑牢设备“全天候”管理防线

管理要求是否精准落实落地，流程管控是否精细执行实施，需要建立、实施配套的奖惩办法。设立设备管理专项奖励基金，对员工在巡检、值班、施工过程中，发现设备存在“带病”工作情况或隐患，经设备管理核实核查，据实给予 200 ~

1000 元奖励。严格运用 NPT（当月影响生产的设备修理时间占当月总生产时间的比例）管理考核办法。设备 NPT 考核是江汉石油工程为查找现场管理的优势与不足，提高现场设备管理水平的一项重要举措，NPT 指标高，说明设备修理时间占总生产时间长。将 NPT 值细化到班组、细化到岗位，将上级要求的月报表改成周报表，每周总结分析每次因设备修理影响时效的原因，查找改进措施，对操作不当、设备维护保养不及时等要求立罚立改。“一奖一罚”双轮驱动，正、反向激励，激发员工主动落实管理责任，增强主人翁意识，提升现场设备管理、维保、操作人员技能水平，筑牢设备“全天候”管理防线。

编者按

该队为集团公司金牌标杆队。在强手云集的西北酸化压裂市场，秉承“三老四严”优良传统，高举“华北压裂铁军”战旗，提炼形成酸压施工“三线工作法”，助力该队连续18年业绩排名第一。

“三线工作法”助华北压裂扬名大漠十八年

华北石油工程公司井下作业分公司 HB－YL201 压裂队

面对塔河油田酸压施工井超深、超高压、超高温特点，华北石油工程公司井下作业分公司 HB－YL201 压裂队在保证质量上，探索形成以“施工泵压、施工套压、施工排量三条曲线”为主线的“三线工作法”，通过多措并举，纵深推进，实现平稳、高泵送速度冲刺，连续18年在西北工区业绩排名第一，多次获中石化“金牌基层队”荣誉称号。

一、事前五分析确保泵压、排量曲线平稳

酸化压裂水质质量、储罐摆放至关重要，特别是在大规模施工井及地层亏空严重井，滑溜水设计液量往往大于压裂液设计量。在此情况下，合理布局储液罐、储酸罐、供液系统的位置，对保证高排量持续、稳定施工起着关键性作用。

通过五分析，即一分析施工井地质背景；二分析施工井液体规模；三分析滑溜水、压裂液冻胶、酸液设计规模比例；四分析地面环境气温下液体流动性；五分析管柱结构后，由副队长带着问题、思路，上井踏勘、布局落罐、监控水质、全程监督液体配制，在配液现场做压裂液交联挑挂实验，做到“手中有粮、心中不慌”，确保施工现场泵压、排量曲线异常波动时能早发现、早处理。

2022年8月，该队在顺北超大规模、超高压酸压施工中，动用2500型压裂车

组及配套设备80余台（套），入井液量2810立方米，最高施工压力120.1兆帕，最大施工排量11.5立方米/分钟，历时8小时，顺利完成施工作业。为保证该井储液罐合理分布，保证后期酸压施工满足高排量供液需求与压裂机组合理分布，仅踏勘井场这一环节，就因1米的距离二上距基地300余公里的井场与甲方、钻井队协调场地，使50具储液罐精准就位，也使压裂车组左右科学布局，保证施工液体在高压、高排量下合理流向，降低高压风险，确保泵压曲线平稳。

二、压裂机组保超高泵压、高排量曲线持续平稳

工程技术组在塔河主体区块历年酸压施工泵压、套压、排量曲线的“三线”回头看技术质量分析活动中，发现施工压力总体上升，再结合甲方顺北区块储层改造高泵压、高排量思路，针对“高泵压、高排量”，制定《车辆（设备）关键点班组周、月检查大表》，采用设备月检、突击检相结合，细化车辆（设备）关键点班组周、月对照检查六大项，70条；细化上井液（酸）罐对照检查九大项41条。通过量化检查制度的执行，结合奖惩考核制度得以兑现，一套完善的考核制度来保证设备发挥高效率，确保高泵压、高排量施工连续，对甲方切实做到“既然上井，就必须高效运行”的承诺，对内实现质量本质保障。

始终坚持一名干部全程旁站于素有压裂机组“心脏”之称的供液车操作室，全程监控压裂液、酸液交联质量，做到能够及时发现交联异常情况，及时调整，做到泵压、排量实时监控、实时调整；高压机组由设备主管带领设备维修小组全程巡检，避免设备异常停机造成泵压曲线、排量曲线大幅下降，这一环节在西北季节温差巨大的自然环境下显得格外重要；现场指挥人员全程保持高度集中，及时精确分析曲线每一秒点，做到异常早发现、早沟通、早处理。

三、两对接一计算，确保套压曲线平稳

由于西北酸压市场封隔器往往由第三方提供，施工前与西北油田分公司工程院、工具方双对接，这一环节不仅详细了解了封隔器承压能力、密封原理、套管完好程度及耐压能力，特别是在面对套漏井施工时，做到提前介入，提前分析漏、补平衡点排量及持续补给时间来计算套压补给用水，以及合理布置现场连接方式显得至关重要。

2022年6月，承揽塔河区块酸压施工工程，在运行前期，技术组在研读施工设

计时，发现该井前期套管存在明显漏点，“套漏”在塔河主体区块很少出现。对此，他们通过电话反复与西北油田分公司完井测试中心、采油二厂确认套管漏失速率。随后召集工程技术组人员根据设计施工用液规模、设计排量来预算施工用时，结合套管漏失速率预算施工时间，从而计算出施工期间补给平衡压所需排量和液量，确保该井施工期间套压平稳运行，有效保障了井下安全。

敢于直面问题，“稳质创优”质量初心始终不变。始终秉承“成就甲方才能成就自己”的服务理念，时时处处以战时状态扛起铁军担当，以打造“优秀工程”为出发点，将“稳质创优”质量目标落实在为甲方提供优秀服务上，用业绩诠释标兵队伍永站排头责任担当。

编者按

该队以“深耕西北市场，塑造精品工程”为目标，践行“质、控、责”三步法，打造设备管理升级包，实现专用设备零丢失，蹚出一条新冠疫情时期低成本态势下设备高稳运转新路，跑出项目采集加速度，成为西北市场唯一一支被授予“优秀作业队”的物探队。

强化设备系统管理　助力项目降本增效

地球物理公司华北分公司 SGC2113 地震队

地球物理公司华北分公司 SGC2113 地震队始建于 1970 年，是物探行业首批获认证甲级地震队。该队以“两个一流、一种精神、一项特色、三项工程”诠释新的“2113”，以“创新创效献佳绩、凝心聚力铸名牌”深耕西北市场。2020 年以来，先后完成顺 8 南三维、顺 8 北三维、顺北 11 井三维、昆仑三维、顺北 6 号带中段三维等项目，累计采集 26.8 万炮，覆盖面积 2531 平方千米，实现产值 10.3 亿元，边际贡献率达 52% 以上，在西北市场连创佳绩。

一、以“质”为标，打造设备管理升级包

完善制度，为设备“备案”。采取“定人、定期、定管”制度，对专用设备进行分级、分层、量化管理。通过全面系统梳理，简化管理链条，将设备使用、维检、存储责任逐一分解，细化到岗、落实到人；以周为单位，紧抓实时管控，分析核对设备使用、维修、计价等台账，梳理偏离情况，及时纠偏防偏；培养并固定一批有专业能力和丰富经验的信息员、设备管理员和维修人员，专注不同地区设备管理流程和模式，确保设备效能最大化。

全面检测，为设备“把脉”。采用“望、听、比、查”四字排查法，提前启动

采集链和检波器等专用设备100%测试检测，掌握每个采集站、每个检波器实际状况，针对设备故障、运行异常等问题开展分析，查找原因，采取措施，及时实现各种“慢性病”的预防和发现，提高西部市场设备健康度。2021—2022年，累计检测采集链12.5万余道、检波器40余万串，为保障地震项目高效采集和设备管理注入新动能。

量身定做，为设备“增寿”。通过设备自身重量、灵敏反应和物理特性，优化车辆转载模式和人员配置。专用设备采用隔板分离轻载运输、电源站泡沫包装、采集站和检波器接头架空在2米竹竿之上、电源站垫高等措施，在施工中维护好易发故障部件，保证设备长期处于良好状态。以2022年冬季顺北6号带中段三维项目为例，专用设备维修率为0.9%，因设备保护到位，采集结束后仅5天完成从顺北6号带向下一区块项目设备交接事宜，助力两个项目设备运行无缝衔接。

二、以“控”为本，跑出项目采集加速度

做足准备，以固本强基控活力。结合员工岗位特点，采取老带新、师带徒、经验分享、操作示范及现场设备维护相结合方式，开展专项设备操作、维修技能培训，逐步实现技术人员和操作骨干“专一精二通三”基本技能，提高对设备安全隐患的判断力和常见故障问题的解决能力，纠正员工在操作中不规范行为，杜绝因操作不当造成的设备损坏，促使设备有效利用。

小改小革，以改良创新驱动力。以华北分公司创新工作室为中心，围绕专用设备操作使用和检、维修，推动技能改良创新，研制抽拉式破线器、沙漠新型检波器埋置器、沙漠过路线埋置器、快速判断检波器串漏电部位软件、防水检波器扶正器等系列小改小创产物，减轻设备操作人员劳动强度，开展“比赶超”，激发积极性，大幅降低设备配置率、故障率、现场非正常损坏率和检、维修成本，提升安全性，提高维修效率，稳定运行周期。

协同推进，以苦干实干聚合力。首先，生产班组协同摸清通道道路情况，分区域前瞻三天标记哪些路需修复，哪些路适合哪类车行驶，在提高运转效能的同时减少设备损坏。其次，成立专门巡线小组，按照“三天一覆盖”对全排列进行循环巡查，修复被风沙掩埋、通道裸露的设备。最后，以专职防护小组为主，以查号工为辅，前后排呼应，以沙丘迎风面和高大沙丘顶部为中心，实施常态化风后整改。顺北6号带项目在新冠疫情封控、沙尘暴肆虐等影响下，比生产计划指标提前21天完

成任务，实现专用设备零丢失，助力项目降本增效。

三、以“责”为准，铸就队伍管理新气象

守好“主阵地”，避免责任落空。全面落实设备生产责任制，签订设备管理协议，明确规定设备的施工方法和计量考核办法，确保事事有人管、人人有专责。加强设备维修率管理，将设备维护纳入员工业绩考核，以设备出勤率、维修率设定为考核指标，科学建立测量班、推土机班、钻井班等协同班组设备管理责任考核。

织密“铁笼子”，促进责任落实。加大设备监管力度，加大责任追究力度，不存“下不为例”的侥幸，不打“仅此一次”的幌子，不找“法不责众”的理由，严实压稳员工的责利对等。到现场看、见具体事、听员工说，紧盯日收放线工作量统计表、日检修统计表、日检查记录统计表、仪器日测试统计表和日工作流程，及时跟进解决设备现场问题，做到日修日清、日勤日稳。

用好“撒手锏”，倒逼责任落地。用好复盘还原、考核兑现“撒手锏”，在多道多炮、高质量发展新形势下，抓牢主体责任、监督责任“牛鼻子”，用强力问责倒逼责任落实到位。2022 年，通过岗位、工序、项目三个层次对完成项目进行复盘分析，提炼设备系统管理 8 项亮点和 12 项不足，坚持零容忍、高标准、严兑现，打造一支素质高、技能好、执行力强的劲旅。

八、安全管理

安全管理是企业管理重要内容之一，也是企业综合管理水平的重要指标。做好安全管理，可以消除存在的各种隐患和风险，最大限度预防和避免意外事故发生。抓好安全管理，就是通过规范人的行为，减少人的不安全行为，避免员工发生受伤害的事故，避免企业遭受巨大的经济损失。抓好安全管理，就是通过对物的不安全状态的管控，减少事故发生潜在因素，为企业创造良好经营业绩和员工提高收入保驾护航。安全管理是通过制定相应的管理措施和教育培训，使员工具备处理意外事件的能力，降低企业在事故中的财产损失。本届金银牌队创建提交了一批安全管理案例，譬如《念好“三字经”织密“安全网”》《强化属地管理　夯实安全根基》《“四抓四强”夯根基　安全管理出效绩》等，均在安全管理方面有独到举措，收到良好效果。编者选录了4篇典型案例，作为引玉之砖，望能引一得之获，也不枉编者一片苦心。

编者按

该队牢固树立“生命至上、安全第一”理念，夯实安全基础，按照“史为鉴、预为先、防为主、治为要”要求，结合“达三标、强三基”工作，制定“实、善、严”三字工作法，让员工从“重视”向“重实”转变，实现设备、人身“零伤害、零事故”。

念好“三字经” 织密“安全网”

中原石油工程公司钻井一公司 70333ZY 钻井队

中原石油工程公司钻井一公司 70333ZY 钻井队有员工 46 人。针对施工区域风险隐患和队伍安全管理薄弱点，紧密结合“达三标、强三基”工作，制定“实、善、严”三字工作法，切实筑牢安全生产运行基础。2020—2022 年，完成四川页岩气泸州工区多平台钻井施工任务，完成收入 1.94 亿元，实现利润 3269 万元。先后获中石化“金牌基层队”、中原石油工程公司“先进基层单位”“HSE 先进基层队”等多项荣誉称号。

一、坚持“实”字为先，强化履职能力

严抓全员安全生产责任制落实，持续推进“每日风险提示清单”工作法，全面强化现场隐患排查，扎实做好员工安全培训，确保钻井生产安全高效。

切实履行岗位职责。以岗位安全生产责任制为切入点，坚持开展“班前班后十分钟”学习教育，现场开展知识问答竞赛，设置必答题、抢答题、风险题等类型，每日评出前三名进行奖励，实现岗位职责内容入脑入心，推动安全工作由“重视”走向“重实”。

扎实做好风险管控。持续推进“每日风险提示清单”工作法，结合主要施工任

务，以清单形式张贴在醒目位置，严把风险分析、措施制定和过程监管“三道关”。

切实排查治理隐患。平台经理带头开展事故隐患专项排查，带班干部实时监督员工做好交接班巡回检查，员工之间相互监督是否规范操作，及时纠正违章、就地解决隐患。

务实员工技能培训。结合岗位需求和员工实际，采取“干什么，学什么，缺什么，补什么”的培训思路，以练兵房和现场设备为练兵台，广泛开展全员性岗位练兵活动和日常基本功训练；以师带徒活动引导员工“在干中学”“在学中练”，通过奖优罚劣，促使师带徒培训工作落到实地；以“请进来”的方式，结合员工技能薄弱点，让公司专家“送培训到现场”工作更具针对性，员工技能提升效果显著；以“送出去”的方式，参加公司组织的倒班培训、岗位能力提升培训等，使员工全面提升岗位综合技能。

二、坚持“善”字发力，凸显安全实效

善用活动载体、巧用季节特点，注重创新方式方法，多途径发力，抓实安全生产。

善用载体抓安全。以“安全生产月”和“百日安全无事故”等专项行动为载体，结合本队实际、班组实际、员工实际，全面开展“翻箱倒柜查问题、举一反三抓整改”活动，事前分工明确，干部查管理漏洞、大班查设备隐患、小班查岗位风险；事中查摆问题，制定落实整改措施；事后总结提升，实现安全活动落实落地。

善把关键抓安全。将 HSE 工作和季节特点紧密结合，针对夏、冬两季节气变化和西南区域雨季汛期的风险隐患特点，制定防范预案 12 份，组织开展应急演练 46 次。强化特殊时期、重要节点每日交接班交风险隐患、交整改情况，确保关键风险要害有人巡查、管控措施落实有人督查，使得施工安全得到有效保障。

善创新法抓安全。大力推进“三个三”安全动态管理，立足施工现场、结合本队实际，抓严抓实关键环节管控和工作细节管理，及时暴露三个最大安全风险，找出三个技能薄弱岗位，发现三个安全管理难点，实时开展综合评定、跟踪管控，动态更新 27 项“三个三”内容，隐患治理排查工作不断深入；大力推进“违章暂停”工作法实施，及时发现违章行为或违章意图，落实停工教育培训工作，通过深入浅出的现场分析和警示教育，让责任人和现场人员充分认识到违章的危险性和后果的严重性，促使其“心存敬畏，行有所止”，自觉遵章守规。

三、坚持“严”字为要，狠抓执行落实

注重坚持安全理念、强化安全考核奖惩，确保安全生产落实在具体行动上，真正做到思想自觉、行动自发。

严格落实理念站位。坚决树牢“安全第一”思想，始终把“严是爱、松是害”“宁听骂声，不听哭声”作为安全管理出发点，干部班子成员、HSE 监督切实提高政治站位、强化责任意识、履行管理职能，坚决把好各项工作安全关口。累计落实队干部特殊工况双带班 61 次，HSE 监督关键环节盯防 238 次。

严格落实行为规范。始终将管理理念与行为规范保持高度一致，在思想重视的同时，着力强化管控落实。全员坚持“以三铁（铁面孔、铁心肠、铁手腕）反三违”，坚决杜绝“安全口号喊得凶、现场管理抓得松”的“两面人”现象，坚决抵制违章操作、隐患施工、冒险作业，以实际行动坚守安全红线。累计发现违章操作 17 次，处理违章人员 29 人次。

严格落实考核奖惩。严格落实“343”月度考核制度，做实“负面清单、安全记分”追责问责，对发生严重违章行为、导致重大事故干部员工在评先评优、晋级升职方面施行“一票否决”，对出现违章一般员工给予警示教育或离岗培训后才能重新上岗工作。累计上报安全诊断建议 12 条，获公司以上奖励 6 人次、28000 元。

编者按

为促进基层安全管理抓实、抓细、抓落地，该队强化员工属地意识，对属地区域作业进行监督检查负责，对属地区域内设备设施运行和“三标”建设负责，对进入属地区域的其他人员安全负责，形成全员参与、互相监督、在岗尽责的安全管理氛围，进一步夯实基层安全生产根基。

强化属地管理　夯实安全根基

中原石油工程公司西南钻井分公司 90106ZY 钻井队

中原石油工程公司西南钻井分公司 90106ZY 钻井队自 2015 年 9 月重组以来，面对现场复杂多变的安全风险挑战，强化属地管理，以责任划分为主线，以管理落地为重点，网格化推进安全属地管理工作，实现安全管理精细化。先后完成普光 1、新黑池 1、马深 1、枫 1 等重点井，其中 6 口井被评为“优质工程”，创高指标新纪录 57 项，为普光气田、元坝气田、建南气矿勘探开发做出突出贡献，先后被授予中石化“功勋钻井队”“金牌基层队”、中原石油工程公司“HSE 先进基层队”等荣誉称号。

一、健全属地管理工作规范

完善安全管理模式，发挥网格管理细分优势，根据岗位实际，合理划分安全责任属地，明确职责和标准，牢记于心，付诸行动。

构建管理网格。对照现有岗位职责，结合生产实际，逐一细分作业现场管理单元，坚持“对属地区域作业进行监督检查负责、对属地区域内设备设施运行和‘三标’建设负责、对进入属地区域其他人员安全负责”的“三负责”原则，抓住班组这一生产核心、非常规作业这一风险重心、生产现场这一管理中心，分三个维度进行网格划分。

明确管理责任。推行“三员一体制”运行模式，即在班组网格，由副司钻兼职安全员，对当班人员落实风险防控措施过程监控；在非常规作业区域，由作业区域岗位负责人担任安全监管员，按照安全标准、规定对属地区域内所有作业人员进行安全监管；在现场网格，明确全员都是本岗位属地区域安全协管员，对进入自己属地的人、机、物安全负责，对不安全行为进行制止、不安全状态给予提示，将“区域内存在的一切不安全状态和不安全行为都是你的责任”岗位安全要求落到实处，保证现场安全管理无死角。

规范工作标准。严格执行5S现场管理法，制定“五按、五干、五检”的“三五”工作法，即按程序、按线路、按标准、按时间、按操作指令；干什么、怎么干、什么时间干、按什么路线干、干到什么程度；由谁来检查、什么时间检查、检查什么项目、检查标准是什么、检查结果由谁来落实。进一步明确设备安装使用标准，提升设备本质安全水平，促进现场标准化，规范员工上岗行为，实现现场操作“只有规定动作，没有自选动作”，提高岗位识别风险、应对风险能力，形成“今天我当班，现场零违章”良好安全氛围。

通过强化安全属地管理工作，2020年以来，在各级安全检查中，均取得良好成绩，获中原石油工程公司月度安全奖励23次。

二、推进属地管理工作落实

以增强员工安全属地管理意识、提高岗位安全履职能力为目标，从教育培训等方面着手，加快工作落实。

深化思想入脑。强化安全属地管理宣传教育，从转变思想着手，从改变习惯出发，采取班前会、专题学习等方式，与典型事故案例结合，将属地管理内涵意义讲实讲透，把安全管理重要性讲清讲明，不断强化全员抓安全主动性，使每名员工都清楚掌握自身网格在哪里、职责是什么，切实将安全属地管理理念内化于心，营造“我要安全、我懂安全、我能安全”工作氛围。

强化技能提升。以实现属地区域内全要素管理为目标，进一步消除责任盲点，提高员工对属地内各类危害主动识别与防范能力，在设备保养维护、安全检查、工余等期间，按照基层党政正职带班子、班子带大班、大班带班组模式，开展现场引导培训，从人、机、环、管等方面，结合“五懂五会五能”要求，通过案例学习、实操训练，从人的不安全行为、物的不安全状态、管理的缺失等方面对属地责任人进行全方位现场培训，不断提升属地责任人安全管理意识和能力。

用好“目视化”。将属地区域岗位职责、履行范围、巡回检查路线、属地管理签到牌等内容统一制成标准规格标识牌，悬挂于钻台区、泵房区、钻具区、场地区、机房区等醒目位置，达到“目视化”管理要求，实现属地管理责任处处有标准、时时有提示、事事有提醒，促进责任落实。

三、强化属地管理工作保障

为保障工作推进，从提能力、抓帮扶、强考核三方面着手，构建支撑体系，完善管理流程。

强化分析机制。班后会选取适用性强的案例，由平台副经理通过对违章行为分析图逐项分解，判定不安全因素的属地管辖责任，分析风险原因，制定控制措施，强调操作中需关注事项，增强员工网格内自主管理能力。

强化帮扶机制。建立高岗位与低岗位结对帮扶机制，如工程师与司钻结对，平台副经理与副司钻结对，对日常生产中发现的问题现场解决，并对原因、后果等进行研判交流，运用“交报询领”，做到思想摆正、根源溯准、措施定明，确保各岗位属地内同类问题不再发生。

强化考核机制。完善检查考核办法，建立奖惩机制，将属地管理责任落实、属地设备维护保养等作为井队巡检内容，纳入个人安全积分管理。对检查出的问题进行通报，驻井 HSE 监督、平台副经理不定期进行复查，对重复性问题严厉处罚，确保各岗位属地区域内类似情况彻底整改，实现整改一个问题、防范一类风险。

该队安全生产管理水平进一步提升，违章行为明显减少，风险隐患及时发现消除，员工参与安全管理积极性进一步提高，责任心进一步增强，行为进一步规范。2020—2022 年，连续 3 年安全生产无事故，为创效奠定坚实基础。

编者按

该队采取抓思想教育强意识、抓现场管控强本质、抓技能培训强本领、抓支部引领强堡垒"四抓四强"安全工作法，构建安全管理全链条，实现全年高效勘探、安全生产无事故，打造一支能征善战、能打硬仗、能闯市场的金牌队，在西南工区擦亮江汉钻井品牌。

"四抓四强"夯根基　安全管理出效绩

江汉石油工程公司钻井一公司 70765JH 钻井队

江汉石油工程公司钻井一公司 70765JH 钻井队组建于 2011 年，有员工 45 人，作为主力军和先遣队先后参与鄂西渝东、普光气田、涪陵气田、中石油四川页岩气勘探开发建设。面对油气勘探巨大安全压力和严峻市场竞争形势，该队坚持把安全管理作为提升队伍实力、增强市场竞争力重要抓手，从严从细抓紧抓实，从思想、行为、素质、作风等方面实行安全工作全流程管控，自组建以来实现安全生产，累计完成进尺 14.6 万米，3 次获评集团公司"石油工程金牌队"。

一、抓教育引导强意识，筑牢安全"防火墙"

做实月度"安全三个一"。每月开展一次"安全学习日"，组织班组员工集中学习习近平总书记关于安全生产的重要论述、上级安全精神、安全规章制度等；每月签订一次安全承诺书，结合岗位责任清单和工作任务清单，员工承诺守岗有责、在岗尽责；每月组织一次安全宣誓，收集员工与家人的合影、亲人安全寄语制作安全亲情牌，组织员工面对亲情牌进行安全宣誓，告诫员工为了自己、家庭、企业按章作业，安全生产。

强化安全警示教育。推行"会前安全教育 5 分钟"，逢会必看安全事故案例，剖析发生原因、讲解应采取的防范措施，警醒员工吸取教训，规避同类风险；开展月度“安全沙龙”，组织员工讲身边的违章现象，查思想上的侥幸麻痹，谈个人的感悟体会，现场通报当月“违章查纠”情况，考核当事人，奖励发现者，员工安全意识得到极大提升，能自觉做到上安全班、站安全岗。2022 年该队连续 3 个月获得公司安全绩效奖励。

二、抓现场管控强本质，夯实安全“主阵地”

严管直接作业环节。按照“管业务必须管安全”原则，将现场分割成五大区块 10 个单元，形成队长书记统管、干部大班分管、班组岗位主管的管控网络，设立属地重点风险提示牌，确保现场安全管控无死角；全面落实“五个必须”“九个步骤”，严格执行“钻井施工十不准”，干部跟班带班履职尽责，分解作业过程，梳理作业风险，制定预防措施，落实作业监护，把好直接作业环节预防关。

严格防范作业风险。发挥异体监督现场管控职能和移动单兵“天眼”作用，协同开展日常作业全程监管，特殊、非常规作业重点监管，纠正不安全行为，督查违章现象，使作业风险在控受控；执行日检、月查、周通报制度，每日 6 次安全巡检，每月 1 次集中隐患大排查，每周对安全隐患进行“一公布、三落实”，做到立查立改、及时销项，实现安全生产平稳运行。2020—2022 年，高效完成阳 101 井区、泸 203 平台 8 口重点井施工，创 5 项工程纪录，质量合格率 100%，经济技术指标名列工区前茅。

三、抓技能培训强本领，打造安全“标杆队”

“线上 + 线下”同步推进。借助魔学院、考试酷等手机 App，组织员工线上学习理论知识，每月根据积分排名评选“学习之星”给予奖励，激发员工学习动力；围绕施工井工况和现场操作等内容开设“技能微课堂”，由干部和技术骨干轮流授课，让员工知晓做什么、怎么做、如何做对；收集员工学习需求，通过“点餐送餐”式培训，把课堂搬到现场、融入岗位，提升员工操作技能水平。

“师徒结对”同奖同罚。干部和班组骨干与入职不满 1 年新员工签订师徒协议，帮助新员工从“学会看”到“学会站”再到“学会干”，每半年开展一次岗位能力评估，评估成绩与师徒绩效挂钩，进一步传递压力，提升“师带徒”成效。年均开展学习练赛 100 余场次，2020—2022 年，在江汉石油工程公司岗位技能大练兵中综合成绩始终排名前三，9名员工走上司钻以上关键岗位，在泸203H55－2井以89.97天创区块钻井周期最短纪录，两次荣登四川页岩气公司钻井标杆榜。

四、抓支部引领强堡垒，激活安全“红引擎”

“党建＋安全”同谋划。在支部增设专职安全委员，加强支部对安全生产的组织领导，每月在支委会上讨论研究安全生产重要事项，坚持把“三查三强”列为支部主题党日的规定动作扎实开展，推行“党员安全积分”，量化党员在安全工作中发挥作用情况，并作为民主评议党员和评先选模重要指标，推动安全管理与支部工作深度融合、同频共振，促进安全工作有效落实。

“党员包保”建屏障。大力推行党员安全包保活动，根据9名党员的个性、专长，分别与员工个人签订包保协议，做到“两个100%”，即100%党员有包保对象，100%岗位有党员包保，明确包保责任并上墙公示，党员承诺践诺带动员工履行安全职责、严守安全操作规程，以严谨态度和过硬作风为员工作安全表率，提升全员识别风险、消除隐患、杜绝违章能力。2022年，该创新做法在江汉石油工程公司基层党支部建设推进会上得以推广，成为党内创新品牌，队支部获中石化“先进基层党组织”荣誉称号，被集团公司党组命名为“基层党支部建设示范点”。

编者按

基层安全管理纷繁复杂，“上面千条线，下面一根针”，施工现场各种风险交织叠加。该队抓主要矛盾和关键环节，坚持“两手抓两手硬”，将错综复杂“千条线”织成钻井生产“安全网”，实现经济、安全效益双丰收。

两手抓两手硬　织牢生产“安全网”

华东石油工程公司六普钻井分公司 70268HD 钻井队

华东石油工程公司六普钻井分公司 70268HD 钻井队组建于 2004 年，有员工 46 人，具有中石化甲级队资质。该队始终坚持“市场是根，服务是魂，安全是基，效益是本”理念，服务东北油气分公司油气勘探开发。坚持抓主要矛盾、抓关键环节，坚持组织引领与全员参与“两方面”发力、风险防范与隐患治理“两腿”走路、安全文化与安全制度“两手”同抓，做到两手抓、两手硬，织牢钻井生产“安全网”，连续 4 年被甲方评为“优秀承包商”，生产经营指标始终稳居工区前列，先后获江苏省“青年安全生产示范岗”“工人先锋号”、中国石化“金牌基层队”等荣誉称号。

一、坚守人身伤亡与生态环境两个硬底线

把防范人身伤亡事故和生态环境事件作为不可触碰的“硬底线”，紧盯现场重点问题和关键环节，确保安全环保管理全覆盖。

紧盯直接作业环节监管。直接作业是高风险作业环节，严格执行作业许可制度，每次作业前认真开展作业安全分析，制定落实防范措施，进行作业许可审批，将安全措施、环保措施落实到位，保障员工生命健康安全和生态环境安全。

紧抓现场应急措施完善。每口井根据现场情况，制定完善人身伤害和生态环境

保护应急预案、应急处置措施，按计划定期组织演练、修订，保证预案和措施可行性、适用性。

紧抓员工应急技能提高。通过开展“一日一题、一周一课、一月一考、一案一练”，加强员工安全环保应知应会知识学习和应急技能提升。坚持倒班培训制度，员工倒休结束返岗，必须经过倒班培训考试合格后才能上岗。

二、坚持组织引领与全员参与两方发力

始终坚持“全员、全过程、全方位、全天候”管理理念，注重发挥领导引领力，带动全员参与安全管理。

党建融合安全精准化。将党建工作与安全管理深度融合，与甲方监督中心第三党支部开展党建共建活动，围绕现场安全管理薄弱点，邀请监督中心安全专家到现场授课，发挥党建工作在安全管理中“稳定器”作用。

干部带班制度具体化。制定完善干部带班“四必带、五必查”制度，“四必带”即重大节日、重大活动、特殊环节、特殊时期施工作业，必须由领导带班；明确领导带班“五必查”，即班前班后会必查、施工方案必查、重要部位必查、劳动纪律必查、违章行为必查。

班组安全活动常态化。坚持每周到班组参加班务会、班组安全学习会，组织学习安全知识，讲评一周安全工作，发动全员参与安全管理。常态化开展“我为安全做诊断”，凝集大家智慧，解决安全生产“疑难杂症”。

三、坚持风险防范与隐患治理两条腿走路

风险是事故发生可能性与严重性结合，隐患则是事故发生的必要条件。从防范风险、治理隐患两方面入手，强化现场管理。

风险排查人人参与。钻井工程是个多工种、多工序、立体交叉、连续作业系统工程。采用“拉清单”方式，强化现场风险管理。每口井施工前，组织全员对钻井施工设备、人员、环境、管理制度等方面存在风险危害进行拉网过筛、追根溯源，确定等级，并进行分级管理。

防范措施人人知晓。按照“分级管控、落实到人”原则，根据风险级别落实防范措施，做到“低风险人人知晓，一般风险项项有措施，较大重大风险个个有预案”，让全员掌握现场具体风险、防范措施及应急处置。

隐患治理人人尽责。发动全体员工立足本职岗位，查找安全隐患，鼓励大家将发现隐患发布到专项微信群里，逐一进行销项治理、“立查立改”，不让“隐患”成为“后患”。

四、坚持安全文化与安全制度两只手同抓

文化是内在驱动，制度是外在制约，坚持安全文化与安全制度两手抓、两手硬，影响和规范员工安全行为。

压实安全责任。岗位责任制是石油行业传家宝。该队及时修订完善安全生产岗位责任制并严考核硬兑现，做到“有岗必有责，上岗必担责，履职必尽责，失职必追责”，实现连续多年安全环保零事故管理目标。

提升安全意识。开展青年安全大讲堂活动，弘扬“为生命安全和家庭幸福而工作”的安全文化理念，组织事故案例讨论，激发员工“珍爱生命、珍爱家庭”，让员工深刻理解“为什么而工作”。

强化制度执行。组织员工学习操作规程，严格执行班前班后会制度、交接班制度、巡回检查制度，让员工明白“什么能做、什么不能做”和“怎么做才安全”，从思想和行动上牢固树立安全第一观念。

九、特色管理

特色管理是以达到最好效益为目的的管理方式。特色管理注重情、理、法并重。管理中，动之以情，晓之以理，关心员工，尊重员工，既注重满足员工情感需求，建立团体中良好人际关系，疏通好组织内人际沟通相关渠道，又注意管理基础工程建设，建立完善规章制度、精细成本核算与规范操作程序，建立按劳分配多种分配制度和有效激励机制，把管人、管事与管物有机结合起来，突出人的主体地位。把刚性管理与柔性管理、法制约束与民主管理结合起来，坚持激励为主和人与组织协同发展原则，打破原有组织结构、减少管理层次、鼓励民主管理、集体决策，主管与管理团队相结合，便于组织内信息共享，使员工在职责范围内直接参与管理，做出决策。本届金银牌队创建活现若干特色管理案例，譬如《“长宽高”撬动“质速效”》《“四点”发力促提质增效》《“三个导向”锻造拓市创效尖兵》等，均在特色管理方面标新立异，自成一格。编者择取8篇案例入书，以便效仿。

编者按

"长"效机制抓队伍建设，"宽"领域抓融合驱动，"高"标准抓精细管理。该队在打造"六个高地"部署中找准定位，巧用"长宽高"工作法，紧紧抓住队伍建设、融合驱动、精细管理三大要素，打造一支能担重任、敢打硬仗石油钻井铁军队伍，成为工程公司提质、减耗、创效标杆。

"长宽高"撬动"质速效"

胜利石油工程公司渤海钻井总公司 50619SL 钻井队

胜利石油工程公司渤海钻井总公司 50619SL 钻井队组建于 2002 年，现有员工 45 人，其中党员 16 人，主要承担胜利东部油区钻井工程任务。随着超深井、页岩油气井勘探开发力度逐步增大，为钻成质量优、速度快、效益高优质井，该队聚焦提升支撑保障"四提"目标，高水平完成桩 139 区块大位移水平井组、渤古斜 6 井等重点示范井，先后获山东省"标准化施工现场""青年突击队"、石油工程"金牌基层队"等荣誉称号。

一、"长"效机制抓队伍建设

强化素质培养，凝聚"长效合力"。针对新入职员工，成立人才培养专项小组，建立"名师带高徒""保姆式培训"模式，邀请二级单位中层领导、首席专家"一对一"签约培养，激发新生活力。2021—2022 年新分高校毕业生流失率为零，全部走上钻井工程师岗位。定期开展熟练工上"讲台"活动，利用送班车流动小讲堂、班前班后会微型小课堂等形式传授工作经验做法，鼓励老师傅抢献"金点子"，争当"小诸葛"。副队长肖卫东设计的"便携式卡瓦取出装置"有效减轻劳动强度，在胜利东部油区推广使用。

强化制度建设，落实“长效机制”。牢固树立“在岗一分钟，尽责六十秒”理念，将岗位责任制度执行作为基层管理重要抓手，实施巡回检查制度“过程化”管控，在巡检项点设置“班中巡查牌”并录制视频，由干部大班按照“住井副队长—司钻、副队长—副司钻、安全队长—井架工”等对应岗位实施闭环确认，进一步加强岗位责任制落实。

强化考核激励，增强“长效动能”。构建符合本队实际的配套激励机制，实行“安全＋时效”双频考核激励，在专业经营单位发放无违章足额10万元安全激励奖金的基础上，根据工作效率额外单列班组专项奖，实现同频共振，全方位引领长周期安全生产。鼓励小改小革，按照创新程度、成本节余等情况进行奖励，激励团队不断进步，实现队伍从应急式管理向长效化管理转变。

二、“宽”领域抓融合驱动

技术管理从常规化向高端化拓宽。紧跟钻井技术前沿，加强成熟技术集成应用，积极应用新型水力振荡器，解决大井斜、长裸眼钻头脱压、轨迹调整困难等问题。在桩139大位移同台井施工中，创出15天完成3000米水平段的高指标，首次成功实施“旋导＋地质探边＋有机盐无黏土钻井液＋充填防砂＋生物酶完井液”施工模式，开创了钻井队原钻机进行完井工艺施工先例。

安全文化从井队向家庭拓宽。把“以人为本”作为安全管理的核心价值，厚植安全家文化，开展“油嫂送情到一线”活动，与家属、员工签订安全承诺书，邀请安全专家上门开展家庭成员安全教育，发动员工家庭参与到安全生产工作中来，让员工家人每天多一句叮嘱、多一份关心，共担安全生产责任，共筑安全生产防线。

员工福利从单一化向多元化拓宽。推进民心工程、暖心工程建设，除营养可口的“一日四餐”膳食外，该队还为职工提供餐后新鲜水果、饮料等“小福利”。夏季高温炎热，以前搬迁安装作业员工午间没有合适的地方休息，该队积极向二级部门建言献策，争取到空调休息室、临近宾馆午休等福利，并在全公司推广。

三、“高”标准抓精细管理

“高水平”抓降本。通过成本动态管控，“井井”计较，米米抠“效”，制订班组搬迁计划和目标任务时间轴，分区块、分油气藏特征，从优化井眼轨迹、优选钻井液体系等方面深挖潜力，减少钻井周期，降低油料物资消耗。重点井组桩149区块大位移水平井节约成本1585万元。其中桩149－斜20井泥浆药品节余55%，常用材料费节余33%，设备修理费仅用0.98万元，单井节余12.2万元。在桩601同台井施工中，循环利用泥浆500立方米，单项成本节余50余万元。

“高效率”抓装备。修订装备管理配套制度，按岗位划分设备网格管理责任片区，用网格化管理推动岗位职责落实。2020年至2022年，该队设备利用率98%，设备故障停机率低于0.19%，与同区域同类型钻机相比，钻井周期降低10%，机械钻速提高15%。在桩171同台大位移井施工中，四口平均井深4300米，实现最高机械钻速45米/小时，时效节约14.81%，创同类型井最快机械钻速纪录。

“高精度”抓施工。精细论证钻井工程方案，精准制定施工措施，做到“精准预判、风险先知”，杜绝井下风险复杂“遭遇战”。根据钻时和地层变化，加强井眼轨迹监测、泥浆性能调整，准确控制井眼轨迹。强化重点环节管理，严抓工艺纪律，开展单井、单组、单项技术措施“三单管理”，细化中完及完井技术措施，实现“一口井、一精品”。承钻的渤南潜山地层页岩油探井、义183井组等井身质量、完井质量合格率100%，被甲方评为“优质优价井”。其中桩139－平23井获得甲方优质优价奖金40万元，被评为一类“优质优价井”。

编者按

为提高经济效益，打造低成本竞争优势，该队立足现场生产实际，围绕全面质量管理体系中“法”（机制）“机”（设备）“人”三要素做文章，强化成本过程管控，深挖降本潜力，有效降低生产运行成本，持续提升创效能力，成为海外市场提质增效一支劲旅。

扭住“三要素”　提升创效力

中原石油工程公司海外工程公司 SINO－11 钻井队

中原石油工程公司海外工程公司 SINO－11 钻井队组建于 2011 年，在沙特阿美公司南部修井部施工。几年来，甲方安全、井控和设备检测标准逐年提高，当地化比例要求逐年增加，原材料和服务价格持续上涨。为克服成本压力难题，提升经营质量，该队以“法”“机”“人”三要素为创效抓手，在降低运行成本上下功夫，持续提升队伍经营质量。2020—2022 年，累计修井 80 口，日费率始终保持 100%，实现收入 3. 26 亿元。先后获中石化“2020—2021 年度金牌基层队”、中原石油工程公司“2020 年度先进集体”等荣誉称号。

一、建机制，从“法”上控成本

紧紧依靠“法”这一要素下功夫，构建降本增效长效机制，常态化压减物资材料成本。

建立组织结构，压实降本责任。建立以平台经理为组长成本决策和管控小组，设立兼职材料员，协助平台经理做好日常管理。制定细化材料月度消耗计划指标，落实责任到岗到人，月底对实耗情况分析评比，评比结果与月度绩效挂钩，充分调动员工降本增效主动性积极性。两年来，该队变动成本与往年相比降低 19. 8%。

加强过程管控，推进降库提效。从材料计划申报入手，合理制订月度材料计划，大班生产会集体严格审核，提高计划准确性，避免盲目备料造成积压。运用材料管理系统，加强材料动态管理，大班实时跟踪库存和所报物资到货情况，精细材料动态管理，确保领料合理，有效压缩支出。该队每月领取常用材料较其他同类型钻机节约 6 万元。月度定期盘库，对设备升级产生的闲置物资，在中原工程公司沙特市场内部实行资源共享，减少闲置物资。

坚持问题导向，提高管控能力。每月利用对标提升平台，对成本管控情况进行研究、分析和比较，通过纵向横向对比，发现问题，及时采取有效措施加以纠正，提升成本管控水平。通过比较，发现照明车电瓶消耗比其他队伍多，经认真分析，查明电瓶未能充分充电，导致电瓶使用寿命下降。采取增加电瓶充电次数方法，月均减少材料费 3000 多元。

二、强管理，从“机”上节成本

围绕“机”这一要素做文章，抓节能降耗，抓设备完好率，有力促进生产效率效益同步提升。

夯实管理基础，保障设备运行。对所有设备进行挂牌管理，压实工作责任，明确每台设备责任人。通过 CMS 装备管理系统，完善每台设备基本信息、保养项点、保养时间、责任人等，严格按要求维护保养设备，及时填写设备维护保养记录，并在 CMS 系统中完善信息，有效避免设备漏检漏保，保障设备正常运转。2020—2022 年，3 年设备完好率 100%，确保日费收入。

强化维护保养，降低材料消耗。加强设备日常巡检，大班人员每天巡检设备两次，小班人员检查设备一次，确保设备处于良好状态。通过科学维护、定期保养，确保设备正常运转，延长使用寿命，减少易损件更换次数，有效降低材料消耗。通过加大吊卡和卡瓦冲洗、保养频次，卡瓦牙更换时间由原来的 3 个月延长至 6 个月以上，每只卡瓦每年可节约 1200 多元。

合理使用设备，避免装备损耗。严格按照设备使用规范，合理使用设备。根据工况，控制柴油机使用数量，避免长期低负载造成燃油浪费，延长柴油机大修周期。搬迁期间，严格落实设备拆卸、安装、运输安全保护措施，防止设备损坏，造成不必要材料和配件消耗。设备拆装时，针对 BOP 航吊管线和接头易损情况，专门加工固定平台。针对载人绞车联动阀易磕碰情况，加装保护罩，有效避免设备损坏。

三、挖潜力，从“人”上降成本

坚持在“人”这一要素上求实效，通过系列活动，充分调动员工创新创效积极性，形成争创一流效益浓厚氛围。

激发全员活力，开展对标提升活动。以中原石油工程公司“对标提升年行动”为契机，对外对标沙特阿美公司其他承包商井队先进指标，对内对标沙特区域最好指标，将对标指标分解到岗位，落实对标责任目视化清单。健全岗位考核机制，针对越过“红线值”指标，深入分析原因，提出改进措施，并在月度绩效考核中体现，激发全员对标一流指标、争创一流业绩积极性。2022 年，在中原工程公司对标提升年行动年度评比中，该队在沙特市场综合排名第三，其中日费率 100%，排名并列第一，搬迁节约率 40.9%，排名第二。

动员全队员工，开展“五小”成果活动。围绕生产难点热点问题，动员全员积极开展群众性创新活动，抓好创新成果推广应用，创新成果多次获中原石油工程公司和海外工程公司奖励，有效提高生产效率，降低生产运行成本。围绕提升钻机搬迁时效开展潜力分析活动，探索搬迁过程中本岗位提速的关键点、岗位协作配合的改进点，总结出一套快速搬迁方案，该方案获中原海外工程公司潜力分析活动三等奖。

发挥骨干作用，开展修旧利废活动。发挥中方员工大班及骨干人员技术优势，从小处着手、从点滴做起，大力开展修旧利废活动。组织大班人员拆卸报废设备中可使用的通用配件和材料，做到可用尽用；对废旧物资和整改材料剩余边角料，做到变废为宝。2020 年以来，自行维修举升车、照明车及振动筛等设备设施，修复空调 36 台、泥浆罐气泵 1 台、井场摄像头 1 个，节约外修费用 200 余万元。利用报废管材，自行加工钻杆架，既满足现场使用需求，又节约外购加工费用。

编者按

面对井况复杂、技术、设备等多重压力，该平台创新实施“一聚三提”工作法，着力打造海上战斗堡垒，增强员工干事创业热情，提升作业速度和质效，顺利完成高难度大位移井作业，助力东海油气增储上产。

“一聚三提”擦亮东海大位移井作业品牌

海洋石油工程公司上海钻井分公司勘探七号平台

海洋石油工程公司上海钻井分公司勘探七号平台作为中石化最先进自升式钻井平台之一，自2016年投产以来，在东海、南海等海域进行海洋油气勘探开发作业，累计作业59口井，总进尺16万余米，安全高效完成多口高难度大位移井施工作业，以6502米完钻井深创最大钻井深度纪录，连续8次刷新中海油集团公司钻完井周期最短纪录。凭借优质高效服务，平台累计获合同外奖励1100余万元，先后多次获集团公司“金牌基层队”、上海市“工人先锋号”等荣誉称号。

一、聚人心，强化特色党建

平台以“海陆双线”党建工作模式为依托，扎实推进“把好的工况留给下一个班”“好心情也是生产力”等党建特色子品牌建设。针对每天两班倒和休假对班倒制度特点，当班班组致力于把当下工作做到最好，把设备状况、工程进度交“完整”班、交“清楚”班，让接班班组清楚前班作业情况，明白本班组工作事项，做到有序衔接，保证安全顺畅。充分发挥党支部政治核心和战斗堡垒作用，坚持以人为本，注重人文关怀，平台党员干部每人都身兼“三员”，即党群工作指导员、思想政治辅导员和心理问题疏导员，通过常态化形势任务教育、谈心谈话、为你点赞等活动，让职工了解企业发展形势；常态化开展“我为群众办实事”实践活动，从平台网络带宽提升这种“小事”着手，及时解决员工后顾之忧；利用心福咨询平台，扎实推进EAP心灵关爱活动，大大提高队伍凝聚力，增强员工干事创业热情，平台“家”文化越来越浓郁，营造出浓厚“好心情也是生产力”工作氛围。

二、提速度，优化统筹衔接

在海洋钻井作业日费制模式背景下，需平台做好各项工作统筹安排，合理安排工序，加强生产衔接，避免停工损失。平台从强化作业衔接和提升单项工作能力两方面入手，增强生产作业效率。一方面，通过加强与固井、定向、测井等协作单位沟通和配合，卡准时间，提前联系，各项施工做到不等不停，确保生产作业连续性。另一方面，平台员工集思广益大胆创新，及时解决生产中存在的实际问题，尽可能简化作业工序，减轻劳动强度，解放劳动力，提升单项作业效率。平台利用南海修井期间作业经验，针对导管架平台作业升高管安装作业，巧妙设计并试用升高管提升工具，通过三截升高管在钻台连接好后整体下入到采油平台井口的方式简化升高管的吊装及安装工序，单井节省作业时间近9小时。大力推行“设备备忘录”管理办法，通过共享在平台局域网上的Excel表格完整记录平台所有设备的检修过程，方便检索查询，建立平台设备数据库，提升设备管理效率，减少因设备维修造成的停待，提升综合作业效率。

三、提安全，狠抓执行落地

东海油气田地层构造复杂，大位移井作业井下异常情况多，钻井作业难度极大，安全风险高。为此，平台从细化复杂预案设计、强化责任落实、创新管理形式等方面入手，保障作业安全。细化复杂情况处理预案设计。积极学习前期平台作业中复杂工况处理经验，聚焦防漏、防卡、防喷等关键环节，细化施工方案，严格落实技术措施。在每道工序开始前组织生产碰头会进行技术交底，并在每次班前会上，向班组人员下达详细技术指令和提示，保障作业安全顺利进行。开展“党员责任区+定置管理”工作，严格落实党员安全生产责任和定置管理责任。在大型作业和关键井段施工环节，落实干部值班跟班制度，公司派技能大师、专家等技术骨干赴平台坐岗，对复杂情况给予技术指导，带头解决生产中实际问题，从源头上保证施工质量，减少复杂情况发生。开展帽贴认证，推动安全生产可视化管理。制作平台、三级安全教育、气绞车操作、BOP叉吊操作、月度安全之星、年度安全之星和党员帽贴七类标识，贴在安全帽上，保证安全教育、持证上岗、安全激励可视化，结合“党员亮身份”，有效提升安全管理效率。由此，项目获集团公司第 26 届管理现代化二等创新成果。

四、提效益，深挖技术革新

积极开展技术革新，着力提高作业时效和本质安全水平。平台技术团队对钻井系统特性和防喷器控制系统逻辑进行深入分析，发明钻井绞车与 BOP 防提断控制系统，实现绞车与 BOP 安全互锁，从本质上杜绝误操作造成重大设备事故风险，该项目获国家实用新型专利。积极改造 BOP 滑移装置，从根本上解决棘爪与轨道磨损打滑、移速慢等问题，从原先需要 4 ~5 人配合花费 2 ~3 小时，锐减到仅需 2 人 0.5 小时便完成 BOP 滑移作业，既安全高效，又节省人力，“小改造”切实创造“大效益”。加大备件国产化力度，在不同工况情况下，对国产备件进行多组试验，严格比对测试参数，将泥浆泵活塞、缸套、凡尔、凡尔座，铁钻工钳牙板等消耗件，BOP 闸板、顶驱冲管总成、顶驱考克等关键件成功国产化，为降本减费再添新动力。在维修方面，坚持“能换备件不换总成，换下总成能修必修”原则，提前采取预防式修理方式，加大备件总成全周期管理，减少备件总成消耗，降低维修成本，真正做到降本增效。

编者按

该队聚焦“快、精、顺”目标，深入实施提速提效“攻坚战”、降本增效“狙击战”、安全故障“歼灭战”，实现生产经营质效双升，成功晋级中石化“金牌基层队”。

聚焦“快、精、顺”　促经营质效双升

西南石油工程公司重庆钻井分公司70148XN钻井队

西南石油工程公司重庆钻井分公司70148XN钻井队组建于2008年，有员工45人。多年来，该队聚焦钻井“快、精、顺”，持续实施提速提效“攻坚战”、降本增效“狙击战”、安全故障“歼灭战”，相继完成大邑201、彭州6－2D、彭州6－3D井（彭州6平台）等重、难点深井和超深井施工任务，生产经营质效持续提升，队伍核心竞争力显著增强。连年被评为“先进集体”“生产运行先进集体”。先后获西南石油工程公司“安全生产先进集体”、彭州气田“钻井工程单井最低故障率指标奖”等荣誉称号。

一、聚焦“打得快”，决胜提速提效“攻坚战”

聚焦“打得快”，组织党员骨干和技术干部，集中“优势兵力”，决胜提速提效“攻坚战”。

优方案，把源头。优化施工方案，制定最佳战略战术，有效应对可能出现的问题难题；及时跟踪、分析实钻情况，及时调整应对措施。

强攻关，克难题。组织党员骨干和技术干部，先后采用“旋转导向”“防卡PDC钻头”“新型油基钻井液”等技术和工具，攻克随钻技术难题，并实时调整优化钻井参数，提升机械钻速。

重引领，保效率。组织党员突击队冲锋在前，勇赴急难险重，确保生产无缝衔接。搬迁安时，党员突击队主动承担放喷管线连接等外围工作；半夜紧急压井时，党员突击队毫无怨言，立即起床参与加重泥浆。党员突击队还积极参与装卸泥浆材料、套管、检修设备等工作，减少辅助作业时间，提升纯钻效率。

2020 年以来，共刷新和创造彭州地区钻井工程技术指标 15 项，机械钻速高于同区域平均值 62.63%，钻井周期较设计缩短 18.5%。

二、聚焦“打得精”，决胜降本增效“狙击战”

建立以支委班子成员为主的成本管控领导小组，强化现场管理，组织降本增效“阻击战”，杜绝无效成本，阻止效益流失。

严把材料成本关。严格按生产急需、分轻重缓急上报物资计划，物资计划细化到一颗螺栓、一把扳手，最大限度降低备件库存成本。材料员采取严苛措施，严控材料使用等大额支出，最大限度控制直接成本。

对比分析堵“漏点”。成本管控领导小组不定期清查成本管理台账，建立成本预警体系，及时进行成本分析，严查成本“漏点”，设定成本增速异常、材料大额支出、用途异常、总额异常等系列报警线，铁面无私禁漏堵漏，确保每笔支出都用在创效“刀刃”上。

精挑细选控采购。同等质量比价格，同等价格比质量，能够更换部件的就不采购总成，能够加工改造的就不再另行采购；能够国产替换的就不从国外进口。同时，积极协调周边井队可用资源，降低备件库存成本。

修旧利废直降本。2020 年以来，组织机修组自行加工制作井场大门、重浆罐管线，自主加固泥浆罐，共节约加工成本 20 万元以上。2020—2021 年，每年利润均超过 1000 万元。

三、聚焦“打得顺”，决胜安全故障“歼灭战”

坚持把实现“零故障、零污染、零伤亡”作为“第一要务”，把牢安全环保“层层防线”“道道关口”。

提素质，强本领。组织党员干部传帮带，开展“师带徒”、技术比武、岗位练兵、知识竞赛等系列活动，提升队伍整体素质，确保胜任本职岗位。

建网络，压责任。构建“党政主要领导包班组 + 钻井大班包岗位 + 正副司钻包个人”的“承包网”，严查“三违”“低老坏”，压实安全管理责任。组织党员干部和员工，常态化开展拉网式安全隐患排查，将安全隐患消灭在萌芽状态。紧盯设备运行状态，常态化排查设备安全隐患，确保设备安全高效运行。2020 年以来共排查、处置安全隐患 19 项。

细措施，重落实。以绿色基层队创建为抓手，根据每口井设计井深，制订排污控制计划，杜绝污染事故和排污超量现象发生。安装雨棚接水槽、引水管线，实现“清污分离”“雨污分流”功能；对油罐区、钻杆架等区域铺垫防渗膜、围堰等，防止污染物接触土壤。用好泥浆不落地装置、环保厕所、拉运车等设备设施，有效做到废物减量化、无害化处理。元飞 203H 侧井场风大，党员突击队带领机修组及时加固遮雨棚，降低环保污染风险，实现绿色钻井生产。

编者按

该队强化战斗堡垒建设，狠抓基础培训、党建融入生产、打造沙漠绿洲特色文化；多措并举，增强员工安全技能，增强人人都是安全员意识，提升本质安全；开展劳动竞赛，优化运行，精准管理，实现降本增效，在“深地工程”主战场取得良好业绩。

强根铸魂锻铁军　安全创效展风采

华北石油工程公司西部分公司90105HB钻井队

华北石油工程公司西部分公司90105HB钻井队组建于2009年12月，配备12000米交流变频钻机，获中石化甲级资质。该队在“深地工程”这一主战场，搭建平台聚众智，强根铸魂建堡垒，闯关夺隘勇争先。顺利完成阿东1、顺托1、顺北55X等中石化重点探井，刷新“深地工程最快施工项目”“亚洲第一深井”“陆上最深水平井”等10余项纪录。施工的顺北53－6H、4－12H井，被评为优质工程。两年来，先后获西北油田8面流动红旗及石油工程“四提”立功竞赛“优秀基层队”、西北工区“优胜基层队”、中石化“先进基层党组织”“金牌基层队”等称号，被誉为“华北铁军”。

一、强根铸魂，支部堡垒见成效

加强学习，注重员工技能培训。抓学习，以“业务上高水平，工作上高成效”为目标。发挥党员先锋模范作用，党员带头，利用“三会一课”提高员工安全意识、生产技能。操作中，现场培训指导帮扶，利用班前班后会，宣贯井控知识、井控案例，提高员工井控技能。

融入生产，发挥党员示范引领作用。成立党员技术攻坚创效小组。调研邻井资料，召开技术分析会，优化施工措施。完善落实干部值班、井控管理、井壁稳定、设备保障等10方面措施。在顺北55X井发生漏失后，全体党员组成突击队，参与堵漏作业，历经46小时不停鏖战，成功堵漏。

解放思想，开展改进作风大讨论。统一思想，增强责任意识，树立市场意识；党支部和井队骨干沟通交流，放下思想包袱大胆工作，引领班组长及骨干勇担当、敢创新；开展大讨论，细化生产组织，提高生产效率；查摆问题，采取措施，改进作风，增强队伍战斗力。

文化引领，打造沙漠绿洲文化。该队长年扎根大漠腹地，冬冷夏热，风沙不断，艰苦环境锻造出不怕苦、不服输精神，如大漠胡杨一样坚毅刚强，红柳一般柔韧倔强，形成蓬勃进取、永不言败绿洲文化，以绿色生产为思路引领，强化安全环保工作，优化现场施工环境，确保队伍思想稳定。

正是通过强根铸魂，充分发挥支部战斗堡垒作用，该队各项工作取得较好成绩，2022年获中石化“先进基层党组织”称号。

二、守牢安全，助力八年无事故

加强安全培训教育，增强员工安全意识。通过组织员工学习安全文件、安全知识、事故案例等，树立全员“安全第一”意识，真正把思想统一到“不论何时，都要在确保安全前提下才能作业”频道上来；严格落实安全责任制，推动“尽职免责、失职追责”鲜明导向，激励全体员工担当作为，在现场形成人人重安全良好氛围；通过经常性安全知识教育和岗位操作规程学习，多讲怎么做不违章、怎么干更安全更高效，达到人人懂安全知识、人人遵章守纪；通过“应知应会”、井控知识、安全常识、操作规程等考试，检验员工安全素养和日常培训实效，考核结果与安全奖分配挂钩。

发动员工比安全，助力安全生产无事故。秉持“人人讲安全，个个会应急”理念，突出“学、诊、规、责”，即强学习，用好安全生产月+会前5分钟+24小时循环播放安全教育片，让全员时刻绷紧“安全弦”；抓诊断，常态化开展“我为安全作诊断”，让“人人都是安全员”入心见行；严规程，推行新工培训+师带徒+心理安全工作室+安全健康档案；压责任，强化岗位责任制+积分奖罚，发动全员严守每道关口、盯紧每个环节，让“人人保安全”落地生根。

正是凭借高标准、严管理、细操作及顽强拼搏精神，该队在“深地工程”施工中，多次面临急、难、险、重情况下，连续 8 年实现安全生产无事故。

三、争先创效，打造管理助推器

安全创效以竞赛为抓手。对标石油工程“四提”“五比五赛”，开展讲意义、讲形势、讲目标、讲任务、讲责任、讲担当的竞赛“六讲”，将目标分解至周、月、季、半年、年度各个阶段；建立以岗位为主体的竞赛场，实行“计划、实施、检查、改进”动态闭合管理模式。

优化运行，精准管理，实现提速提效。针对超深井运行及地层特点，建立以时保班、以班保天、以天保周“三保”运行机制，保证生产节点有效衔接；推行“六个一”管理模式，采取“一井一案、一层一案、一趟一案”，细化施工技术方案，精调钻井参数、优化泥浆性能、优选钻具组合，制定可操作性强的应急预案，实现提速增效，夺得华北工程“争创型标杆先锋队”劳动竞赛第一名。

降本增效，强化管理，实现安全创效。强化大班、班组、岗位三级成本管控，打造节约型班组，员工评比与单井单项目施工效益、员工考核绩效挂钩兑现，持续提升经营效益。

编者按

以队伍管理、能力提升、优快钻井、技术创新为效益提升点，该队总结提炼出“四点创效法”，助力完成多口优质工程，实现效益最大化，成为一支作风优良、技术精湛、业绩优良的钻井铁军。

“四点”发力促提质增效

华东石油工程公司六普钻井分公司 50516HD 钻井队

华东石油工程公司六普钻井分公司 50516HD 钻井队组建于 2012 年 8 月，先后转战苏、湘、鄂、川、黔、渝等省市，具有中石化甲级资质。该队结合自身管理模式，抓牢创效关键点，效率效益持续提升。2021—2022 年，单井毛利率达到 32%，并先后获中国石化“金牌基层队”、中地调“十大科学进步奖”“双文明先进队”“安全先进集体”等荣誉称号。

一、以队伍管理为立足点，激发提质增效活力

目标响应到位。全体成员统一共识，以效益为中心，提升现场标准化管理，推进科学高效钻井、营造爱岗敬业作业氛围为目标，总结提炼出“不断进取，争创一流；团结一心，铸就辉煌”团队精神。通过精神导向，推进目标响应。

责任落实到位。各班组签订目标责任书，将成本和管理目标层层分解，落实到班组，落实到岗位个人。明确“一岗一责”制，做到事事有人管，层层有人抓，促进骨干及员工责任心不断提高，形成一个纵向到底、横向到边的“创效”责任链。

检查考核到位。日常工作中，强化岗位督查，深入挖掘问题根源，明确界定责任，严格督导问题整改。实行单井成本考核和“岗位积分制”考核，管理小组对班组考核，班组对成员评比考核，根据目标成本和岗位责任区标准化实行情况增减积

分，把考核结果作为奖惩、参评各类“先进”的重要依据，奖惩结果公示，促使每个员工都把工作业绩提高放在心上，落在行动中。

二、以素质提升为切入点，增强提质增效能力

开展全员学习。结合公司岗位说明书、安全操作规程、钻井施工标准化建设、页岩气勘探开发有限公司规范等行业标准，编制《各岗位应知应会知识汇编》，通过班前班后会开展“快问快答”竞赛，实行“难点课堂”专题学习，以及“以考促学”活动，每月组织全员参加各岗位能力验证上机考试，由班组长任命倒班组“考官”，实行考试积分制，互相监管，奖优罚劣，形成“争创学习型班组”“争当学习型个人”良好氛围，有效提升专业水准。

帮扶短板改进。注重班组长培训管理，鼓励班组长参加各类外出培训学习，组织班组长开展“师带徒”，促进全员整体业务提高。按照缺什么补什么要求，开展“引进来”培训方式，不定期邀请专家利用班前班后会，现场就安全、技能、标准化等方面内容开展“十分钟课堂”，采取讲练结合方式，让员工都能参与实践，掌握处置方法，增强应变处置能力，实现全员共同进步。

三、以优快钻井为着力点，提高提质增效效率

强化组织运行。生产组织上，坚持做到超前计划，把加快生产节奏、消除非生产时间视为关键。坚持利用各种生产间隙进行设备检修保养，减少停待时间，做到每次搬迁、安装都同步保养检修设备。每次施工前，广泛收集邻井资料，认真制定口井各阶段技术措施，根据不同井型、不同井深、不同井段采取施工参数，规定进尺短提、控制加接单根和起下钻时间，促进生产时效不断提高。

强化过程监管。对每个阶段工作做到精心组织、精细安排，对每个工种、每个岗位的责任意识进行强化，根据生产实际和队伍具体情况，合理分工、分责，并强化过程监管，坚持做到队领导干部与技术人员带班作业与 24 小时轮流坐岗值班制度，做到班班有领导、事事有记录、岗岗有措施，认真完成每道工序，抓住每个细节，取得最大管理效益。

四、以技术创新为关键点，提高提质增效水平

优化技术应用。在继承和吸纳传统工艺基础上，探索区域钻井模式，总结非常

规页岩气勘探开发经验，加大推广应用，收到良好成效。在鄂阳页 1 井施工中，针对性优选 GC315M 取芯钻头，使用寿命提高 2 ~ 3 倍，连续取芯作业收获率 100%。针对上部地层易漏及下步地层可钻性极差、易垮特点，鄂阳页 2 井钻进中采取微过平衡钻井液密度、短程寸提倒划方式、优选牙轮钻头配合中速螺杆钻进，顺利完成陡山沱破碎带地层钻进施工，取得机械效率较同地区、同井段、同层位提高 3 ~ 4 倍的骄人业绩。

优化难点工序。在隆页 1 – 3HF 井施工中，为解决潜山构造地层倾角大问题，采取 PDC 钻头、井下动力钻具与 MWD 随钻测斜联合的“三合一”主动控斜技术，由被动纠斜变主动控斜。施工中实现一开 2 趟钻完钻，创同类型水平井施工中导管及一开钻井周期最短、机械钻速最快纪录。后续施工隆页 1 – 2HF 井，着重优化钻具结构，再次刷新这两项纪录，创导开及一开钻井周期缩至“个位数”新纪录。

编者按

“三查三到位”抓实现场管控，“两重一细除隐患”抓牢设备维保，“云问诊”抓细正点到达率和测井一次成功率。该队围绕严细实抓安全保质量创效益，紧盯技术创新切入点，深化“三争”夯基础，打造“四提”新引擎。党建铸魂勇担当，打造技术过硬、作风优良石油铁军先锋。以“永争第一，永葆标杆”坚定信念，创出一流施工业绩和经济效益。

管理技术促生产 党建铸魂助发展

经纬公司胜利测井公司 SLCJ6－C－2－L 队

经纬公司胜利测井公司 SLCJ6－C－2－L 队组建于 2002 年 6 月，获中石化甲级队资质。该队始终坚持“永争第一，永葆标杆”信念，承担起西北工区超深、超高温、超高压和井况复杂及恶劣环境条件下艰巨测井施工任务。依靠严细管理抓安全、技术创新强根基、党建铸魂塑先锋，磨砺铁军“利器”，攻坚克难立新功。先后获中石化“重大油气发现奖”、石油工程公司“工人先锋号”、西北油田“测井承包商标杆队”等荣誉称号，3 次被评为石油工程公司“金牌标杆基层队”。

一、严细管理重实效，奏响安全主旋律

现场管控更加严格。始终把安全生产挺在前面，积极推进现场一体化管控，做到“三查三到位”，即查设备工具，下井仪器完好到位；查关键节点，工序管控高质到位；查资料质量，测井曲线优秀到位。下井仪器故障排查抓住出厂、井场和井口等位置要点，队长定时巡回检查，盯紧地面系统、液压系统、仪器组合选配和井口安装拆卸等工序节点，强化资料质量“三过关一反馈”管控，即资料程序自检、判别异常曲线能力和单井预验收过关，解释人员 24 小时在线把关，及时反馈曲线异

常情况，不断改进提高质量管理水平。资料优等品率保持在98.05%以上，中石化测井队伍人均创效排名居于前列。

设备维护更加严实。以“两重一细除隐患”为抓手，加大对设备维护保养力度，即重点突出老化设备使用后检查保养，重点加强长途井施工车辆、高温高压仪器保养，细化设备分类保养和岗位交接班，认真落实行车每200公里“一停四查”和仪器定期打开“内芯”强制保养。针对排查出的设备隐患，提出合理化建议，责任到人盯进度、盯质量、保安全。完成地面系统供电面板改造、直推式仪器胶锥缓冲装置设计等小改小革5项，发现并排除隐患22项。在因新冠疫情阻断交通期间，利用公司专家和技术员“云问诊”，提前做好现场仪器设备维保工作。2022年，施工井次同比增长73%，设备完好率99%，正点到达率和测井一次成功率均为100%。

二、技术创新强根基，争做行业排头兵

深化“三争”夯基础。深化“争做学习型班组、争做知识型员工、争做最优标杆”活动，根据岗位员工整体素质、接受能力不同，以员工创新工作室和高技能导师为引领，采用“师带徒”教学，一对一、多带一实操培训，强化社会化用工业务技能训练，补齐人员综合素质“短板”。组织参加“练本领、强技能，夺红旗、建新功”劳动竞赛活动，有第一就争、见红旗就扛，拿下中石化“深地一号”10%以上工作量，在西北工区26支测井队综合排名第一。夺得主题竞赛活动2022年第三、第四季度3面红旗，1人获中石化业务竞赛测井技术金奖和胜利测井“十大杰出青年”称号。

打造“四提”新引擎。综合考虑井别、井身结构、井眼环境，合理选取下井仪器及施工方式，提高现场施工安全和时效。顺北工区油藏埋藏深、井况复杂，大多是超深、超高温、超高压井，坚持在“支撑油气、服务钻探”中完善技术配套、提升综合性能指标，磨砺出“一趟快测”和超深井裸眼测井等系列高端技术利器，创行业多项高指标、新纪录，被誉为“超深井的克星”。在中石化重点风险探井——且深1井创出井底温度190℃高指标，在塔深5井创出亚洲电缆测井和电成像测井井深最深、垂深最深纪录（9017米）。顺北71X井获高产油气流，以优异施工业绩被甲方全工区通报表扬。顺北9X等两口井被评为西北工区“优质测井工程”。首用“一趟快测”技术，为顺北81X、84X等井节省单井建井周期100小时。

三、党建铸魂促发展，凝心聚力再扬帆

党旗指引当先锋。塑造独具特色的“党员责任”文化，“党员结对”全覆盖，将党史学习宣讲和形势任务教育做到员工车厢内、饭桌上。走进新疆生产建设兵团第二师铁门关市革命历史纪念馆，开展“牢记初心使命，高扬铁军旗帜”主题党日活动，与经纬公司市场开发运行部党支部创建“双示范”党建工作，收听、收看“微党课”40余人次，守护好石化油服责任担当的“红色家底”。作为党员突击队，第一个进入指定工区，面对后方补给难以及时送达等困难，一管牙膏合着使、一粒药片分开用、一碗泡面一起吃，把党员先锋作用体现在迎难奉献上，将队友深厚情谊融入共克时艰里，战疫3个月完成测井施工21井次，抗疫保产业绩卓著，被石油工程公司授予“提质提速提效”立功竞赛“优秀基层队”称号。

文化引领聚合力。积极参加公司《“四同”驱动战疫保产思路举措探索与研究》党建思想文化创新课题活动，“同向发力”显担当、“同船划桨”创佳绩、“同题作答”解难题、“同心画圆”扬士气，筑牢战疫保产坚实屏障。积极探索研究流行疾病防护措施，杜绝群体性感染事件发生。开通“钉钉云影院”，组织聆听“经纬心泉”EAP专题讲座，参与率达100%。在家休假干部党员加入“巴州鸿雁”志愿者服务队，走访慰问职工5户，帮助职工家庭婚丧嫁娶3户，助学高考子女2户。依托报纸、网页、微信等平台，组织宣传战疫保产典型人物事迹，在石油工程公司和经纬官方媒体发布推文20余篇，其中1篇获石油工程公司“传承石油精神·弘扬石化传统”主题征文三等奖。

编者按

把准“目标”磨炼拓市能力，突出“实干”磨炼保市能力，注重“结果”磨炼创效能力。该队坚持以“目标、实干、结果”为导向，扛稳扛牢“支撑油气、服务钻探”职责使命，深耕西北油气市场20年，逐步成长为一支经得起市场考验、创出优良业绩的尖兵队伍。

“三个导向”锻造拓市创效尖兵

经纬公司华东测控分公司HD211队

经纬公司华东测控分公司HD211队是一支在疆施工20年的测井施工队伍，主要承担中石化西北油田、中石油塔里木油田测井施工任务。两年来，该队坚持“目标、实干、结果”三个导向，磨炼“拓市、保市、创效”三项能力，高水平完成顺北8X井、顺北14井等多口重点井测井任务，为中石化“深地工程”顺北油气基地勘探开发提供高效优质测井技术服务，创西北工区测井施工纪录3项，完成收入3212万元，实现利润877万元。先后获石油工程公司“金牌基层队”、西北油田工程技术市场“金牌作业队”“优秀作业队”等荣誉称号。

一、坚持“目标”导向拓市场

顺“市”而为，推进工艺革新。牢固树立“市场需求至上”理念，详细了解超深层测井指标参数和工艺要求，与现有测井工艺全面比对，列出“工艺革新清单”。2020年，将测井仪器分批次进行耐高温高压升级，实际应用中，先后创西北工区顺北8X井最高井下压力（145兆帕）和顺北14井年度工区井底温度最高（182℃）测井施工纪录。

闻“需”而动，更新技术装备。成功开辟附加值更高的直推存储式测井、缆测声波远探测测井市场，积极引进全套 ECLIPS－5700 成像测井仪器、万米绞车等先进技术装备。2021 年以来，完成直推存储式测井 82 井次，有效解决超深井井下漏失、液面无法确定等难题；在和西 1 井对比测井施工中，缆测声波远探测测井技术所取资料清晰可靠，获甲方高度认可。

迎“难”而上，提升能力素质。围绕新领域、新业态技术骨干短缺现实问题，以培养“高、精、强”技术人员为目标，实行“4＋1”能力素质提升工作法，即采取“导师带徒、岗位练兵、实操轮训、现场演练”四种模式进行学习培训，以“季度考核”进行技能水平评定，促使人员能力素质快速提升。2020 年以来，累计签订“师徒协议”5 对，培养超深层测井技术骨干 3 名。

二、坚持“实干”导向保市场

增强技术保障能力。推出“发现、认领、立项、研究、应用”五步走技术创新和小改小革工作法，激励员工解决生产难题，积极主动，大胆尝试。2020—2021 年，6 名员工牵头完成技术创新项目 4 个，小改小革项目 2 个。通过技术创新、小改小革，提升油气勘探开发服务水平，为巩固西北市场打下坚实基础。

增强质量把控能力。编制完善《测井分队资料验收流程》，实行操作工程师、队长、解释员、带班经理四级验收，确保原始资料的准确性和真实性。开展以质量把控为核心的“1＋3”学习培训。“1”是指岗位履职能力，“3”是指学原理、学规范、学操作。两年来，该队资料质量优良率全面提升，测井一次成功率和资料优良率均达 100%，把每口井都干成“金字招牌”。

增强精益管理能力。实行岗位标准化，推进“岗、责、权、励、能、绩”六统一，使岗位责任具体化、可操作、能考核。实行流程标准化，严格执行“三会两册”，开好施工准备会、井况交底会、作业总结会，用好管理手册、操作手册，每个施工环节无缝对接，提高生产效率。实行现场标准化，通过科学规划井场、严格隐患排查、规范基层台账、强化设备管理，做到安全高效施工。

三、坚持“结果”导向创效益

把经济账算到岗位。改变只管干活不算效益旧思维。结合西北项目部年度经营指标，将产值、利润核算到所施工的每口井，分解到每个岗位，使各岗人员对指标任务“心知肚明”，做到“肩上有指标、心中有目标”，通过压力正向传递，指标分片包干，增强每名员工“先算效益账，再干效益活”效益意识，形成“人人讲效益、人人懂经营、人人控成本”良好氛围。

把成本账算到个人。以全员成本目标管理为抓手，实施对标评比、经验传承、专项帮扶成本管控工作法，建立健全《测井分队成本管理台账》，对施工井按照材料成本、维修成本、运输成本、人工成本等进行成本预算。通过抓牢成本这个关键点，“干毛巾也要拧出三滴水”的降本思想在该队融于心、践于行。两年来，该队多次自主完成仪器、设备、车辆维修保养，节约成本近 80 万元。

把收益账算给全员。不断深化“拓市增效、多劳多得”理念，推出复杂井、重点井“积分”工作法，对愿意接受紧急任务、高难度井施工的人员进行工时积分，按照 1 个工时积 1 分，每月绩效 1 分 20 元进行额外奖励。评先选优只能从加分人员中产生，极大地激发该队员工“拼市场、创效益”干劲。两年来，坚持算好“三本账”，让每口井都实现效益最大化，创造良好经济效益，在竞争激烈的西北测井市场站稳脚跟。

十、能力建设

能力建设是指个体或团体提升自身能力的建设工作，是基层队核心工作。能力建设包括方方面面，主要是学习能力、专业能力、执行力和改革创新能力。具体来说，就是独立工作能力、学习创新能力、抢抓机遇能力、协调合作能力、统筹兼顾能力、沟通交流能力、注重效率能力、自我评判能力。加强能力建设，就是不断增强员工队伍学习能力、专业能力，主动适应、积极探索、大胆创新，不断提高运用互联网技术和信息化手段开展工作的能力，推动工作高质量发展。本届金银牌队创建出现不少能力建设的案例，譬如《念好“四字”诀　练就“真功夫”》《岗位练兵出实效　优质高效创一流》《“四三二”工作法　加速青年员工成才》等，均在基层队伍能力建设方面摸索出一套成功经验，具有鲜明的时代性、典型性、实用性。编者选取4篇案例入书，仅供兄弟单位学习参考、复制推广。

编者按

为持续提升队伍员工综合能力素养，该队牢固树立“课堂就在现场，老师就在身边”的工作理念，按照“立足岗位、聚焦实操、抓在日常、突出实效”要求，念好“融、严、新、励”“四字”诀，让员工从“被动学”变为“主动学”，整体素质全面提升，队伍战斗力持续提高。

念好“四字”诀　练就“真功夫”

中原石油工程公司钻井二公司 50487ZY 钻井队

中原石油工程公司钻井二公司 50487ZY 钻井队现有员工 44 人。该队针对部分员工素质不适应岗位要求、学习主动性不强等问题，聚焦“五懂、五会、五能”目标，总结提炼了“融、严、新、励”“四字”培训要诀，有效提升培训效果，为安全生产、提速提效赋能。2020—2022 年，完成西南区域焦页 27 平台及焦页 42 平台等施工任务，实现收入 2.02 亿元、利润 4988 万元，先后荣获石油工程公司“提质、提速、提效”立功竞赛优秀基层队、涪陵工区“2020 年度 HSSE 先进集体”称号。

一、坚持“融”字为先，助力员工有序学

将培训与队伍建设、党建工作、员工培养有机融合，增强培训工作系统化、科学化、规范化。

融合岗位管理职责。落实“支部书记抓培训，平台经理抓考核”要求，成立以支部书记为组长、工程师及大班岗位为成员的培训小组和以平台经理为组长、平台副经理及班组长为成员的考核小组，明确分工、细化责任，按计划开展培训、督导、考核。

融合党建工作清单。结合中原石油工程公司钻井二公司下发的《月度基层党建

与生产经营深度融合指导清单》中不同阶段的培训要求，该队党支部每月研究制订《现场培训计划》，围绕岗位管理单元、操作项目和操作风险3个方面，制定培训项点97项，确保培训内容常学常新。

融合员工培养计划。重点做好新员工培训提升，明确新员工第一周为“观摩周”，观看同岗位巡回检查、操作要点、注意事项及其他基础知识等；第二周为“见习周”，了解、跟学岗位关键技术和应急处置技能；第三周为“实习周”，在班组司钻、师父的日常监护下，逐步上手跟班操作，让新员工分阶段消化、吸收、掌握培训的知识技能，尽快适应岗位要求。

二、坚持“严”字当头，督促员工认真学

注重外引内培相结合，重点解决优秀人才成长、现场培训效果问题，不断提升培训质量。

严格开展“师带徒”工作。按照高岗带低岗的原则，依托党建结对帮扶工作，该队大班与班组骨干结对签订师带徒协议、党员与员工群众签订一对一目标责任书，明确培养目标、计划和措施，定期检查培训进度，严格结果考核，确保提高结对帮扶的质量和效果。重点培养的司钻张思瑞参加公司代表队，一举夺得中原石油工程公司业务竞赛石油钻井工团体一等奖。

争分夺秒及时学。把常规培训与有针对性的培训结合起来，充分利用班前会、班后会和培训会，见缝插针开展培训。坚持每天在班前会上进行5分钟安全知识点分享，安全注意事项讲解，每月开展学习总结，分析存在的问题及原因，提出整改措施，增强培训生动性直观性。

严格做实“送培训到一线”活动。提前收集汇总员工反映学习问题，利用公司组织的培训专家到一线现场授课机会，认真学习、当场解惑。授课结束后，及时组织员工分岗位、分专业学习交流，互帮互学、互问互查，巩固培训学习效果。

严格做好岗位练兵。坚持“课堂就在现场、老师就在身边”，用好现场练兵台，由大班带领小班员工学习背呼吸器、辨识钻具接头、拆装冲管等知识，强化现场实操、增强知识储备，促进施工作业更加优质高效。

三、坚持“新”字为要，帮助员工高效学

不断创新学习方法和内容，有效解决员工培训“听不懂”“学不通”“记不牢”

问题。

提炼速记内容新。在精练培训知识和内容上不断创新，创作简单易记顺口溜，帮助员工快速理解、准确记忆。如“十不吊”简化为“号、斜、重、散、人、埋、病、光、棱、风”等，实现“深奥问题浅显化、枯燥培训活泼化”目的。

结合案例载体新。参照《钻井常用知识365问》及典型案例，结合当前工况调整每日培训内容，利用新媒体优势，在钉钉群、微信朋友圈等网络平台分享知识、交流经验，将培训延伸到生产全环节、全流程，让培训内容“看得见、摸得着”，提升了培训效果。

不拘形式考核新。除传统答题考试，在班前班后会、日常巡检、月度检查中，安排队部大班、技术人员通过当场抽问、实际操作、模拟演练等形式，现场考核员工学习情况，成绩纳入培训结果，督促员工真学真练。在上级检查考核中，考试成绩名列工区前茅，满分率保持在40%以上。先后晋升高级技师2人、技师4人，12人职业技能鉴定等级提升，极大地激发员工的学习积极性。

四、坚持“励”字为重，推动员工主动学

持续加大考核力度，坚持以正向激励为主、个别帮扶为辅，推动形成员工共同学习、共同进步的良性循环。

学习优秀有奖励。定期开展“优秀师徒”、学习型班组和“明星学习个人”等先进评选，与绩效考核、评优评先、岗位晋级挂钩，激励师傅传真招、学生学真经。4对师徒、12人获井队奖励，2人被评为公司“优秀师徒”。

进步迟缓多鼓励。对培训排名末位员工进行鼓励帮扶，采取“话家常”、谈心聊天等方式帮助查找症结、对症开方，有效帮助学习进度较慢人员尽快提升。

营造氛围重激励。坚持用身边人、身边事激励和教育员工，引导员工端正学习态度，自觉向培训学习先进典型对标，营造学知识、练本领、争先进浓厚学习氛围，先后培养和输送工程师、司钻等高岗位人员8人，且连续多年无人身伤害事故、无环境污染事故，故障复杂时效始终保持为零，实现优质安全生产。

编者按

该队注重班组人员培训工作，通过“细化分工、创新模式、科学评价”三方面做好基本功训练，让班组人员成为技术能手，增强员工基本功，提高队伍整体素质，在西北工区奋勇争先、屡创佳绩。

岗位练兵出实效　优质高效创一流

中原石油工程公司塔里木分公司90107ZY钻井队

中原石油工程公司塔里木分公司90107ZY钻井队组建于2017年12月，有员工53人。该队成立以来，一直将基本功训练作为“提升工作标准、创造一流业绩”重要抓手，从“细化分工、创新模式、科学评价”三方面全力抓好岗位练兵，队伍整体素质得到提升。高质量完成于深1、多来1X等重点井施工任务，在西北油田分公司综合业绩排名第一。先后获中石化“金牌基层队”“优秀青年突击队”、石油工程公司“提质提速提效集体二等功”、西北油田分公司“工程技术市场金牌作业队”、中原石油工程公司“先进基层单位”等荣誉称号。

一、细化团队分工，夯实练兵基础

工作要想干得好，合理分工少不了。

健全组织领导。岗位练兵作为一项贯穿全年的中心工作，该队一直秉持“党支部领导、大班协调、骨干主训”原则，专门成立由支部书记、平台经理任组长，平台副经理、HSE监督任副组长，大班、司钻为成员的岗位练兵活动领导小组，具体负责练兵活动的组织实施、督导检查、考核评比等工作，形成全队上下齐抓共管、通力合作工作局面，为岗位练兵深入开展提供有力的组织保障。深入开展岗位能力评估，从业务技能、沟通协调、团队协作、创新思维、工作质量等方面，对各岗位人员进行能力评估，根据评估结果分析研判短板弱项，制订年度岗位练兵工作计划。

细化团队分工。建立由工程师负责封井器、远控房操作程序培训，机械工长负责泥浆泵等关键设备工作原理、维护保养培训，平台副经理负责直接作业环节重点工作培训，带班队长、司钻负责对实习司钻进行岗位巡检、刹把操作培训，副司钻负责对井架工进行泥浆泵日常维护保养和故障判断培训的网格化培训模式。实现课堂教学与现场实操相结合、基础培训与专业训练相结合的多维度、多层次、全覆盖培训模式，确保全员做到“五懂、五会、五能”。2022 年，施工的于深 1 井，三开有效控制井斜、位移，单只钻头进尺 1112 米，机械钻速 6. 28 米/小时，较邻井轮探 3 井同层位机械钻速提高 96. 25% 。

二、创新练兵模式，提升实战效果

针对固定培训老师负责既定内容讲解，受训者被动聆听，缺少受训者互动和反馈，收效甚微现象，该队树立“课堂就在现场，老师就在身边”理念，打破常规练兵思维，创新练兵方式方法。

开展“人人都是讲师”活动。提前让工程师做好培训计划，从小班人员中依序安排人员当老师，明确教学内容，老师提前学，然后利用空闲时间把大家集中起来，老师脱稿讲、放开讲，若有错误，其他人补充。这个活动从场地工到司钻，再到大班，循环一遍，让每名员工体验讲师角色，发挥自身特长，激发全员参与培训工作积极性，使培训更加贴近现场、贴近实际。

开展“每日你问我答”活动。交接班时，组织司钻等关键岗位互相提问关井程序、溢流处置办法和控压钻进等内容，讲述身边发生的案例，分享岗位好做法、小妙招，加深员工对理论知识和岗位技能的理解，交接班培训的持续开展，有效提升各岗位员工专项能力素质。

开展“每周模拟对抗赛”活动。针对设备故障排除、特殊情况下关井等课题，组织电气师、司钻之间进行模拟竞赛，通过技能比拼、风采展示，提高员工学习主动性；“五一”劳动节、国庆节等节假日期间，围绕阶段生产工况，涵盖安全、生产、装备等方面内容，搭建安全生产知识竞赛擂台，设立必答题和风险抢答题两个环节，各班组通过以赛代练、以赛促学等形式，提升员工业务技能和班自为战能力。随着岗位练兵活动持续有效开展，全员业务技能提升明显。

2021 年，施工的塔深 5 井，刷新直井井深最深、取芯井深最深和直径 244. 5 毫米套管下深最深3项中石化纪录。在中原石油工程公司业务竞赛中，获2项个人三等奖。

三、科学评价考核，促进长效提升

评价考核是促进基层队生产运营的必要手段，也是提升基层管理水平的有效办法。

科学评价，正向激励。组织平台经理、HSE监督、员工代表及成本员成立评价考核小组，坚持逢练必考原则，量化考核标准。每次岗位练兵结束时，从“完成步骤、完成时间、完成效果”等方面进行评价打分，结果与员工安全业绩考核、岗位晋升、评优评先挂钩。对练兵中取得优异成绩的员工进行奖励，通过发放剃须刀、洗衣液、吹风机等物品，激励员工保持最佳精神状态和昂扬斗志参与练兵活动；对参与意识不强、参加不主动、多次排名靠后员工进行批评教育，通过警告、调整工作岗位等方式，督促其转变思想观念，主动学习技能，提升自身素质。

统一思想，持续提升。大力营造“比学赶超、创先争优”干事创业浓厚氛围，通过示范引领、正向激励和反面警示督导鞭策，凝聚起全员“扛红旗、站排头、争第一”思想共识。考核小组每月总结评价岗位练兵效果，分析问题不足，制定有效措施，在后续工作中改进提高，确保练兵活动持续有效开展。

2022年，勇夺甲方流动红旗3面，成为西北工区标杆和旗帜；在西北工区背空呼、井控演习等井控类技术比武项目中，获多项第一。

编者按

该队以“学、做、严”“三字”诀为核心，坚持问题导向，创新工作方法，多措并举强化员工技能水平、责任意识和工作执行力，优化完善队伍建设工作机制，用新状态适应新常态，促“三基”工作有效提升。

念好“三字”诀　激发“三基”活力

西南石油工程公司钻井一分公司70142XN钻井队

西南石油工程公司钻井一分公司70142XN钻井队组建于2007年，先后参加元坝、川西会战，交出元坝22井、元坝221井等7口重点井。该队聚焦基层队管理不严、执行力不强、员工技能水平不高等问题，在丰富形式、紧贴实际中创新求变，推动“三基”工作见实效。先后获中石化“青年文明号”“工人先锋号”“‘三基’管理先进基层队”“川气东送功勋基层队”“元坝会战一等功”等荣誉称号。

一、“学”字为先，激发个人创造力

结合员工学历结构、专业结构、年龄结构，为确保学有所得、学有收获，采取班前学、班后学、集中学等形式开展教育培训，坚持学思用贯通、知信行统一，确保培训入脑入心，以推动工作见实效作为落脚点，充分激发干部员工学习积极性。

创办“井队夜校”，让教育灌输“活”起来。以“建设团结战斗的班、建设成长进步的校、建设温馨和谐的家”为目标，组建创办“井队夜校”，本着“干什么学什么、缺什么练什么”原则，每周开设2次课程，鼓励员工学习石油钻井行业现代化生产技术、工艺流程；让生产骨干、操作能手、优秀员工走上讲台，通过“面对面”讲解工作流程规范、“手把手”开展现场实操辅导，教育引导员工争做知识型、创新型人才；在做好帮扶指导的同时，采取周汇报、月总结、季考核、年述职方式对学习情况进行监督检查，确保学习效果不流于形式。2020—2023 年，累计开课 200 余次，员工参培率 100%，技能鉴定考试通过人数、通过率在公司排名第一。

抓好学习载体，让教育氛围“热”起来。创新学习方式方法，探索“规定 + 自选”方式，个性化定制学习计划，坚持每周一次集中学习、每月一次专题学习、每季一次交流研讨，进一步丰富学习教育内容和载体。推动“师带徒”制度化，突出“师带徒”个性化培训内容、标准和要求，建立“师带徒”成效评价与奖罚激励约束机制，促进形成“高带低”“老带新”的“教练式”培训体系。2021 年，该队派出的团队在成都百万职工技能大赛高新区分站赛三类赛石油钻井工比武大赛中获“优秀团队奖”荣誉称号。

二、“做”字为本，提升队伍凝聚力

坚持问题导向，把教育培训作为员工素质能力提升重要抓手，推动教育培训走深走实。

找准问题症结，落实管理责任。推行“123 现场工作法”，提升队伍凝聚力、战斗力。培养雷厉风行团队作风，提倡“马上就办、办就办好”，在注重执行速度的同时，更加注重工作细节与工作质量。充分运用“三秒”工作法，在完成一个无须开具票证许可的工作时，必须在“三秒”内在脑海中识别风险隐患，确保作业安全；充分运用“任务导向”工作法，以任务为导向，强调团结协作，提升团队工作效率；培养形成没有发现不了的隐患、没有克服不了的困难、没有完成不了的任务“三不”团队工作理念。

打造队伍文化，凝聚奋进力量。培育“用行动证明实力，用业绩捍卫尊严”队伍文化，坚持对标一流，从学习提升、安全环保、效益节约、管理规范、和谐稳定五方面，深化“五型班组”劳动竞赛。在班组间摆下提速提效竞赛“擂台”，将安全生产质量、起下钻速度、钻井进尺作为重要考核指标，扎实开展“比学赶帮超”活动。积极开展业务应知应会抢答、HSE 知识竞赛，充分激发员工学习热情。在职工技能鉴定中，连续 2 年以超过 90% 的通过率公司排名第一，1 人成长为公司首个钻井、柴油机双技能高级工，2 人被聘为技师。2019 年，获西南油气分公司彭州气田开发项目部“‘比学赶帮超’劳动竞赛优秀队伍”荣誉称号。

三、“严”字当头，提高队伍执行力

紧紧围绕队伍建设目标，坚持把“从严治队”融入日常、抓在经常，着力打造一支作风过硬、技术精湛、经营高效的西南石油工程铁军。

在统筹谋划上发力，把住“源头关”。遵循“简单、实用、标准”原则，对各级各项制度、体系、标准、规程及资料、报表等内容，按岗位职责细化，修订完善《基层岗位操作手册》《基层岗位管理手册》。推行线条化管理，按业务线条制定各岗位安全管理职责，对日常岗位工作进行细化，让员工知道“该谁做”“怎么做”“协同做”。

在严以律己上发力，守住“底线关”。坚持民主决策、民主管理，重大事项决策由班子集体讨论决定。善于听取员工各方面意见建议，充分发挥员工的聪明才智。坚持“工资奖金发放、员工奖罚、食堂开支”三公开，增加管理透明度，有效调动员工积极性。

编者按

青年员工成长成才是企业高质量发展的基础。该所深入探索并把握青年成长规律，把青年成长与自身优势相结合，个人发展与岗位需求相结合，在环境推动、制度保障、实践锻炼方面形成“四三二”工作法，造就一支素质高、能力强、作风硬的优秀青年人才队伍，有效促进中心工作提升。

“四三二”工作法　加速青年员工成才

石油工程建设公司石油工程设计公司海洋工程设计所

2020—2022 年，石油工程建设公司石油工程设计公司海洋工程设计所整体人力资源负荷率在 130% 以上，人力资源紧张及结构性缺员是制约高质量发展的关键因素。该所牢固树立人才强企理念，以“四三二”工作法加速青年员工成长成才，促进中心工作提升，海洋业务连续 2 年增长超过 20%，人均完成产值 150 余万元，获授权专利 35 项，行业协会专有技术 14 项，主编国家及行业标准规范 10 项，是石油天然气行业滩海油田指导性设计单位。2014—2021 年，连续四届被评为集团公司“金牌标杆基层队”；2021 年，被评为中石化“基层党支部建设示范点”。

一、“四项工作”完善青年人才培养机制

谋划职业发展规划，坚持班子工作“深下去”。该所班子成员“深”入海洋工程行业前沿找方向，“深”入中海油、上海海洋局等市场找需求，“深”入胜利油田了解老客户技术难题，“深”入自身找“瓶颈”。开展技术对标，分析人力资源、技术实力和“卡脖子”问题，制定《中深水海洋工程技术发展战略规划》《五年技术发展规划》，全面谋划未来发展目标。深入了解青年人才职业构想，引导其将个人发展融入企业发展，综合评估其发展潜力，明确培养方向，制定《员工职业发展

规划》。

完善人才培养方法，助力青年人才“浮起来”。推行“双导师带徒”“典型文件库学习”“筑基提能基础培训”三项培训体系，促进青年员工成长成才；打造“重点工程”“继续教育”“动态考核”三个平台，促进技术骨干能力提升；聚焦“行业领先”“项目管理”“科技研发”三个方向，培养高端人才。2020—2022 年，青年员工有 10 人获评高级职称，6 人取得国家注册师资格，青年人才持续不断地“浮起来”。

强化政治引领导向，打造“靠得上”青年队伍。人才培养坚持“德才兼备，德育优先”，注重政治素质锻炼，青年典型树得住、立得稳。充分利用“百日攻坚创效”“劳动竞赛”等活动，鼓励引导青年员工发扬实干精神、争先精神和团结协作精神，从考核分配、岗位晋升、评优获奖等方面激励“想干事、能干事、干成事”青年人才。工作中，急难险重任务青年人才争着上：李春磊在青东 5 管道腐蚀泄漏的危急时刻，春节加班加点完成治理方案；张先锋带头攻克国内首个海海定向穿越技术难关，刷新油气管道海海定向钻穿越长度、管径、水深等 3 项世界纪录。

细化保障措施促创新，实现“跨得远”工作目标。打造“党员青年突击队”、组建创新工作室、细化创新考核机制，从体制、机制、环境等方面，持续激发青年人才创新热情，实现市场开拓“跨得远”。从信息化走向数字化、智能化、“智能 +”，完成中海油首座全数字化交付平台，抢占智能化油气田技术先机。从海洋走向陆地，形成联合穿跨越等系列长输管道核心技术。从化石能源走向新能源，承揽海上风电、光伏等项目。从国内走向国外，成功“跨”出渤海湾，拓展到东海、南海，里海、加纳、巴西也留下他们的足迹。

二、“三化培养”搭建青年人才培养平台

长效化导师带徒，带青年人才稳步成长。推行“双导师带徒”制度，职业导师负责政治理论和职业规划的指导，专业导师负责职业素养和技术提升的培养。持续深化三个层次工作——对高层次后备人才，突出研究思路、工作方法、管理经验的培养；对中间层次人才，突出科研攻关能力、解决问题能力培养；对新进人员，突出基本素质、岗位适应力培养，有效推进人才队伍素质整体提升。

标准化人才培养，建青年人才培养体系。制定《典型人力资源模型》，作为青年人才培养的基础目标。依托标准化设计成果、设计缺陷库、软件使用手册、培训

教材等资产，形成海工、海油、水工三个专业的《岗位培训矩阵》，从技术基础、创新提升等7个方面形成培训课程210余项，确保每名青年员工都能得到标准化专业体系培养。

个性化培训培养，搭青年人才特色发展平台。细致做好青年员工能力评估和职业评价，明确主要培养方向。对于业务管理能力强的，重点向经营管理方向培养；对于创新能力强的，重点向专业技术方向培养；对于生产协调水平高的，重点向项目管理方向培养；对于外语水平高的，重点向涉外方向培养。个性化培养成果显著，近些年向公司机关部门、市场部门、项目管理部门、设计及总承包项目部输出大量青年人才，他们在各自岗位上均取得优秀工作业绩，得到广泛认可。

三、"两个并重"助力青年人才快速成长

重分类培训，夯实青年人才成长基础。加强青年员工基本功训练，年均开展"筑基提能，向海图强"套餐式、定制化系列基础培训110余期，实行周培训、月反馈、季评优，确保培训效果。组织"海洋大论坛"，邀请行业专家、大学教授等开展系列交流活动，提升员工综合能力，拓宽工程视野，解决工程技术难题。组织软件应用情况调查，开展"揭榜挂帅、软件攻关"系列活动，提升青年员工技术能力。

重项目历练，厚植青年人才成长沃土。推行"重培养，压担子，减压力"，加大青年骨干培养。重培养——新员工参与项目优先安排导师作为项目或专业负责人或负责校审工作，在项目中"传、帮、带"。压担子——将急难险重项目、科研、技术基础、QC课题，作为青年人才成长的"墩苗沃土"。减压力——青年员工在项目遇到难题、工程遇到险情时，所有班子成员及专家第一时间组织技术讨论，带队赴现场处理问题，缓解青年员工压力。青年骨干卢壮杰、刘鹏、李春磊等5人作为项目经理，组织实施山东管网南干线等重点工程项目；张玉萍负责世界规模最大的胜利海上三采项目，突破聚合物注入等近10项技术难题，先导试验区块顺利实施，平台日增油165余吨。荀洪顺等入职3年的新员工，通过专业融合联合培养，成为海上风电课题主力军。

十一、文化建设

文化是民族血脉，是国家实力的象征和体现。文化建设，对经济、政治、社会发展、生态文明建设具有促进作用，对引领社会思潮、满足人民需要有直接影响。文化建设，既是物质文明建设的重要条件，又是提高人民思想觉悟、道德水平的重要条件。企业文化建设，是文化建设的一部分，包括制度文化、活动文化和物质文化建设。有三个层面内容：核心层面，企业精神（理想目标、价值追求、意志品质、行动准则）、经营方针（思想、理念、作风、风貌）；行为（制度）层面，员工准则、职业道德、工作纪律、人际关系、团队精神；视觉传播层面，企业标志、标语口号、环境装饰等。本届金银牌队创建出现3篇文化建设案例，均在基层企业文化建设方面独辟蹊径、独树一帜，即《厚植严细文化 打造胜利铁军》《“三心”文化促高质量发展》《促中外融合 铸海外铁军》，编者一并辑录本书，以便兄弟单位效仿。

编者按

执行标准严，组织运行细，业务技术精，措施定夺准。该队以“深耕厚植严细文化，铸就团队发展之魂”为文化发展之路，逐渐培育形成以“严、细、精、准”为核心内涵的“严细”文化，坚持把文化进入管理、融入流程、植入制度，引导员工切实做到岗位尽责、管理升级、创新创效，打造一支“严细成风”胜利铁军旗舰团队。

厚植严细文化　打造胜利铁军

胜利石油工程公司井下作业公司海洋试修工程部试油一队

胜利石油工程公司井下作业公司海洋试修工程部试油一队组建于1984年，有员工60人，党员25人，负责管理使用胜利作业五号平台，承担胜利埕岛海域油水井的试油、作业、大修施工任务。自成立以来，该队始终把抓“三基”当作转作风、强本领、创佳绩过程，先后试出千吨井3口、百吨以上井21口，创26项行业生产高指标新纪录，先后获全国“工人先锋号”“青年文明号”，中石化“基层党支部建设示范点”“金牌标杆基层队”等荣誉称号。

一、坚持文化塑魂，打造高标准海上作业铁军

海上试油作业错取一项资料就可能“枪毙”一个区块，错下一个结论就能毁掉一口油井。该队自组建以来，牢固树立“让甲方满意每一天，为油井负责到永远”服务宗旨，始终把强“三基”当作强作风、强本领、创佳绩的有力抓手，持续提升标准要求、提高工作质量。

严作风塑型。制定班子成员廉洁勤政“十不准”、群众监督“五公开”、模范带头“六个雷打不动”等钢规铁律，以自觉从严精神、率先垂范作风，为员工做出榜

样。在迎战低油价寒冬期、新冠疫情防控复工复产、提速提质提效提产、持续攻坚创效、安全风险识别隐患排查治理等实际工作中，班子成员冲在前、干在先，时时处处发挥示范表率作用。

严思想育人。始终高擎艰苦会战时期形成的“严细成风”团队旗帜，支部班子带头讲文化理念、讲文化故事、讲制度规范，抓好宣传栏、专题片、荣誉陈列室文化阵地建设，切实做到思想教育必严、遵规守矩必严、道德规范必严、问责追究必严，不断增强严细文化的思想认同、情感认同，成为干部员工政治自觉、行动自觉。

严质量律己。将“严之又严工作态度、细之又细工作作风、精之又精工作理念、准之又准工作要求”文化理念，融入生产经营全过程。胜利作业五号平台在天津新港船厂坞修期间，推行质量节点管理模式，仅用68天就高质量完成平台坞修任务，船检116项验收一次合格，被赞誉为“海上蛟龙”。

二、坚持文化引领，构建高效率海上作业平台

经过多年的创新实践与总结提炼，“见红旗就扛，有第一就争”团队理念深深植根于每个干部员工脑海心田，“严细”文化已经成为支撑该队持续创新、持续发展的团队之魂。

以精细生产运行提时效。植“严细就是效益、严细就是生产力”创效理念，切实将严细作风落实到生产运行中，实现配合单位协调到位、生产物资准备到位、车船运输计划到位，做到密切协作不脱节、工序衔接不脱节、物资保供不脱节，努力把每口井都打造成精品工程、品牌工程，被甲方誉为“最放心施工队”。

以精细设备管理保生产。倡导“衷心、诚心、精心、细心”的“四心”设备维护理念，实施“看、听、闻、摸、测、量”六脉设备诊断制度，建立“设备健康档案”，覆盖十大系统2300个检查项点。2020年至2022年，该队对作业1号平台修井机齿轮箱式传动系统进行改造，平台修井机平稳运行8000余小时，未出现传动系统故障，工序一次成功率100%，实现安全生产无事故、环境保护无污染、资料数据无差错，生产时效大幅提升。

以精细技术创新提品质。以党员干部为技术骨干，成立技术攻关小组，研制空心杆内防喷装置，有效防止井喷事故发生，杜绝环境污染；推进井内工具切割技术研究，解决修井作业中管柱解卡方式单一难题。累计完成各类创新成果220项，其中60余项获得局级以上奖励，20项获得国家实用新型专利，实现技术创效2000余

万元；16 项成果获得国家实用新型专利，其中“海上自升式作业平台预压载防倾斜自动操作系统”等 3 项成果获山东省设备管理成果一、二等奖。

三、坚持文化驱动，锻造高品质海上旗舰团队

从严标准规范塑品牌。将“忽视质量等于违法，错取资料等于犯罪”作为职业信条，严格把好技术资料关，数据录取做到“三不差”：时间分秒不差、操作丝毫不差、填写一字不差。施工中，严格执行规范标准不打折、不走样，保证了道道工序全优、项项工作高标，做到施工一口、合格一口、满意一口。

从严队伍管理树形象。坚持用严细文化淬炼队伍，实施统一集体就餐、统一列队上岗、统一时间作息、统一宿舍管理；驻队值班严禁在队饮酒、严禁私自外出、严禁聚众赌博、严禁倒卖物资；轮休在家不准参与黄赌毒邪、不准聚众惹是生非、不准传播负面消息、不准乱交不良朋友，形成事事讲认真、人人讲责任、处处讲规矩的浓厚氛围。

从细挖潜降本提效益。坚持“经营一元钱、节约一分钱”经营管理理念，从细处着眼、小处着手，广泛开展合理化建议、小改小革活动，仅改进使用模块式脚手架一项措施，实现全年挖潜增效 50 余万元；通过开展设备运维人员业务培训、岗位练兵、技术比武等活动，大力提升平台设备维保能力，2022 年突破性实现外委维修费用为零。在胜利石油工程公司劳动竞赛评比中，该队以过硬的经济效益指标连续荣登红旗榜，各项经济效益始终处于胜利东部油区前列。

编者按

该队自组建以来，一直奋战在鄂尔多斯盆地，从增储上产“五大会战”、石油行业“极寒期”到助力上游稳油增气降本提效，在“围绕生产抓党建、抓好党建促生产”中创新党群互动连心、文化聚力凝心、真情帮扶暖心的“三心”文化，为高质量发展提供坚强政治保障。

“三心”文化促高质量发展

华北石油工程公司五普钻井分公司50846HB钻井队

华北石油工程公司五普钻井分公司50846HB钻井队是一支技术过硬、管理精细、作风顽强的队伍。有员工45人，其中党员5人。在作业环境恶劣、施工要求越来越高的情况下，该队创新管理，以党群互动连心、文化聚力凝心、真情帮扶暖心“三心”文化为抓手，形成“党支部—党员—员工”三级“连心”网络，以特色文化引领员工责任心和战斗力持续提升。在多口高难度井施工中屡创纪录，先后获集团公司“金牌基层队”，石油工程公司“两优一先”先进基层党组织、“工人先锋号”，华北石油工程公司“先进基层党组织”“基层创效优胜基层队”等荣誉称号。

一、党群互动连心

该队以密切“党群”关系为重点，积极调动党员参与班组建设、责任区管理、服务员工及和谐队伍建设，不断提升生产经营水平、党建工作质量，有效发挥支部战斗堡垒作用和党员先锋模范作用。

畅通“渠道”理“民情”。支部书记带头，定时到班组和员工宿舍，了解员工思想动态，做到员工心声有人倾听、员工疑惑有人解答、员工困难有人解决。

把握“焦点”解“矛盾”。始终把队伍稳定作为队伍建设重点工作，党员在各自责任区对可能引发的苗头性问题及时发现，抓早抓小、主动化解，做到矛盾在班组掌握，问题在井队解决。

示范“引领”作“表率”。围绕钻井生产、安全管理、班组建设、技能操作及标准化建设等工作，开展“党员五带头”活动，从解决实际问题出发，培养和激发党员敢为人先、敢于实干内在动力。

“两转一会”融“生产”。紧紧围绕生产抓党建，党建工作与生产深度结合。严格“两转一会”制度，将党员责任区由原来建立在班组，转化为直接建立在现场具体作业区域，将施工现场按作业区的不同划分为 5 个片区，由 5 名党员分别承包，形成一个党员管一片，一个支部管全面格局。同时，将党员责任区定性考核转为定量考核，每月评选一个优秀党员责任区进行奖励。

二、文化聚力凝心

通过开展选树典型、培育新人、合理化建议等多种方式推进文化建设，不断增强队伍凝聚力，有效形成“团结、务实、创新、争先”良好氛围。

星星展示——选树典型。在活动室设置“党员风采”“我是明星”“员工天地”等栏目，以图文并茂形式让员工了解先模人物事迹，学有方向、干有目标，形成人人有的学，人人学得来的良好氛围。

成长档案——指出方向。以“员工成长成才”为目标，为员工打通成长成才通道，建立员工成长档案，以能力、特长及个人意愿为依据，帮助找准职业定位，明确职业方向。

为快速提高员工业务技能和规范化操作水平，该队探索创新“双向积分考核培训”模式，双向积分由正积分和负积分两部分组成，考试成绩合格计正分，不合格计负分，考试结果与单井绩效考核挂钩，充分调动员工积极性，提高员工素质，促进井队管理持续提升。在生活区设立技术练兵场和员工学习室，针对不同岗位荐书、送书，营造读书学习浓厚氛围。2019—2022 年，集团公司、华北石油工程公司相关专家多次到该队抽查，员工考试成绩均达到“优秀”。

合理化建议——征出效益。以党建工作融入生产经营为切入点，在“节流”上做文章，将单井成本指标按照类别分解细化，考核到岗位、班组和个人，使成本管理责任落实到每个环节、每个岗位、每名员工。同时，在员工中开展“五小”（小建议、小发明、小创造、小改革、小设计）活动，通过“合理化建议”平台，征集员工献计献策“金点子”30余条，有效推动生产提速提效。

三、真情帮扶暖心

建立走访慰问制度。以“访”为抓手，做到四个“必访”，即员工发生意外或家庭受灾必访，员工生日或患病必访，员工生活遇到困难必访，员工有思想情绪或意见必访。

员工霍某某父亲患重病，走访中得知需昂贵医药费后，队党、政、工、团第一时间联合发起捐款倡议，员工纷纷慷慨解囊，半小时就收到捐款近万元，让大家都感受到大家庭的温暖和组织的关怀。

建立员工爱心档案。涵盖员工本人及亲属基本信息，做到对员工及其亲属家庭状况全面了解，方便及时与亲属联系、沟通。此外，支部、工会协助食堂做好“生日饭”“病号饭”，合理搭配食材，定期更新食谱；定期联系理发人员为员工理发；天气转凉前及时更换门帘，维修、更换热水器、电热器，为浴室铺设防滑垫，购买常备药品等，从细微处体现对员工的关爱，进一步增强队伍凝聚力、战斗力。

编者按

该队在外籍员工管理方面，通过文化融合、安全融合和制度融合，营造队伍和谐氛围、降低作业风险、激发外籍员工工作热情，施工合格率一直保持在100%，日费率始终保持在99%以上，成为科威特市场一支劲旅。

促中外融合　铸海外铁军

华北石油工程公司国际公司科威特项目部SP994修井队

华北石油工程公司国际公司科威特项目部SP994修井队自2015年4月进入科威特市场以来，一直注重外籍员工管理。通过文化融合、安全融合和制度融合，营造和谐稳定的工作氛围，增强外籍员工的凝聚力和向心力，打造了一支作风优良的外籍员工团队，为科威特项目持续健康发展提供了坚强保障。2020—2022年，累计修井作业65井次，施工合格率100%，日费率保持在99%以上，在巩固海外市场的同时，树立良好了“国际铁军”品牌形象。先后获中石化“银牌修井队”、石油工程公司“优秀基层队”等荣誉称号。

一、文化融合，营造和谐氛围

该队外籍员工42人，占队总人数60%，主要来自印度、巴基斯坦、孟加拉国、埃及等国家地区，有着不同的肤色、语言、宗教信仰和风俗习惯。他们始终秉持尊重、包容的态度，从细节入手，从小事做起，宣扬中国“家”文化，促进中外文化融合。日常通过谈心谈话，充分了解每名外籍员工详细情况，尊重每名员工宗教信仰。据现场实情，分房间安排不同派别的人做祷告。据每日生产安排，充分保障穆斯林员工一天5次的朝拜活动。斋月期间，尽量减少安排他们从事繁重的体力工作。同时要求中方人员主动学习阿拉伯文化，积极了解不同文化的社交礼仪，尊重他国文化、传统习惯和生活方式。要求大家在一起工作时，不谈政治和宗教事宜，避免纠纷。

生活细节上，用心关爱外籍员工，建立外籍员工生日台账，员工生日当天，送去暖心贺卡、蛋糕和礼物，用真情打动外籍员工。积极搭建国内、国外文化融合平台，以沙漠篮球赛、运动会等丰富多彩的文体活动为载体，缓解外籍员工的思乡之情，提升外籍员工企业文化认同感、归属感。外籍员工不管是结婚、盖房等喜事，还是亲人生病、家庭矛盾等烦心事，都愿意主动汇报给队上，以寻求慰藉与帮助。

积极实施跨文化交流与融合，让所有人都在受尊重中学会尊重他人，增进彼此之间的信任感、认同感，有效降低文化价值观冲突带来的风险，逐步形成相互信任、互相支持工作氛围，增强外籍员工凝聚力、向心力，有效维护队伍和谐稳定。

二、安全融合，降低作业风险

从新员工加入伊始，就指定专门师傅，利用“传帮带”“师带徒”等，对外籍员工进行安全业务培训，做好外籍员工传帮带和监护工作。为确保外籍员工达到“招之即来、来之能战、战之必胜”水平，针对不同岗位、不同工种，结合生产实际需求，制订详细总体培训计划，组织开展现场培训，并利用视频系统强化培训效果。用化“零”为“整”的方式，充分利用“碎片化”时间，开展安全培训，强化安全意识，让外籍员工在耳濡目染中树立安全意识，养成安全习惯，逐步绷紧“安全第一，从我做起”之弦。

每项作业施工前，引导外籍员工主动开展 JSA 工作安全分析，鼓励外籍员工参与安全案例分析讨论，研判作业中风险项点和预防措施，增强其参与感和主动性。根据发言结果进行系统总结和点评，完善和制定相应的预防措施，进一步巩固提高外籍员工的安全意识和安全技能。

通过安全融合，有效提升外籍员工守牢安全底线的思想自觉，外籍员工岗位操作技能得到持续提升，极大地降低了安全风险，平均井间搬迁时效从 2020 年的 23.6 小时提升到 2022 年的 18.8 小时。

三、制度融合，激发工作热情

外籍员工认同中国式管理制度，愿意接受井队管理，就可以为井队建设和项目发展提供有力支撑。他们不会因一项工作失误或一次任务延误，就去否定一名外籍员工，选人用人有更大耐心和容忍度。通过严格执行奖惩制度，拉开优秀员工和普通员工兑现差距，激发外籍员工想干事能干事的激情热情；对外籍员工岗位不设上限，只要能力够，任何岗位都给其实习机会，大大增强外籍员工工作积极性、主动性，外籍员工逐渐成为主力军。该队先后有 5 名外籍员工荣获公司“优秀外籍员工”称号。

采用外籍员工管理外籍员工模式，经层层考察，选出两名优秀外籍员工为管理者，并获得平台经理授权。其他外籍员工在日常工作中的琐事和倒班计划、预订机票、外出汇款等，包括他们想晋升的想法等，先向这 2 名外籍员工汇报，得到他们同意后，才能获得平台经理批准。通过采用这种方法，极大地调动外籍员工参与日常管理积极性，同时也让外籍员工看到晋升希望，进一步激发了工作热情。